Hans Zehetmair (Hg.)

Glaube, Vernunft, Politik

W0195926

Hans Zehetmair (Hg.)
unter Mitarbeit von
Philipp W. Hildmann

Glaube, Vernunft, Politik

Eine Verhältnisbestimmung

HERDER

FREIBURG · BASEL · WIEN

Originalausgabe

© Verlag Herder GmbH, Freiburg im Breisgau 2009
Alle Rechte vorbehalten
www.herder.de

Umschlaggestaltung: Weiß – Grafik & Buchgestaltung, Freiburg
Umschlagmotiv: Silhouette of three people
walking on Bay Bridge, San Francisco
© Gettyimages

Satz: Barbara Herrmann, Freiburg
Herstellung: fgb · freiburger graphische betriebe
www.fgb.de

Gedruckt auf umweltfreundlichem, chlorfrei gebleichtem Papier
Printed in Germany

ISBN 978-3-451-30193-3

Inhaltsverzeichnis

Einführung

Hans Zehetmair

Mit Spannung blickte die Welt am 12. September 2006 nach Regensburg. Für einen Tag war der „deutsche Papst"[1] Benedikt XVI. dort an „seine"[2] Universität zurückgekehrt, die er als Professor und Vizepräsident geprägt und deren weitere Entwicklung er als Honorarprofessor begleitet hatte. Im Rahmen seiner Begegnung mit Vertretern der Wissenschaft in der universitären Aula Magna hielt er zu diesem Anlass noch einmal eine Vorlesung. Sie trug den Titel „Glaube, Vernunft und Universität. Erinnerungen und Reflexionen". Insbesondere ein darin vorkommendes Zitat aus dem Dialog des gelehrten byzantinischen Kaisers Manuel II. Palaiologos (1350–1425) mit einem gebildeten Perser sollte im Nachklang zu Empörungswellen in der muslimischen Welt führen. Es lautete: „Zeig mir doch, was Mohammed Neues gebracht hat, und da wirst du nur Schlechtes und Inhumanes finden wie dies, dass er vorgeschrieben hat, den Glauben, den er predigte, durch das Schwert zu verbreiten."[3] Im Schatten dieser häufig nur inszenierten, medial gleichwohl intensiv kommentierten Aufregung blieb allerdings

---

[1] So der Titel des Buches von Kissler, Alexander: Der deutsche Papst. Benedikt XVI. und seine schwierige Heimat, Freiburg/Basel/Wien 2005.

[2] Vgl. Zimmer, Alf: Begegnung mit Vertretern der Wissenschaft in der Aula der Universität Regensburg. Ansprache des Rektors der Universität, in: Apostolische Reise Seiner Heiligkeit Papst Benedikt XVI. nach München, Altötting und Regensburg, 9. bis 14. September 2006. Predigten, Ansprachen und Grußworte, hrsg. vom Sekretariat der Deutschen Bischofskonferenz, Bonn 2006 (= Verlautbarungen des Apostolischen Stuhls Nr. 174), S. 69–71, hier S. 69.

[3] Benedikt XVI.: Glaube, Vernunft und Universität. Erinnerungen und Reflexionen, in: Apostolische Reise Seiner Heiligkeit Papst Benedikt XVI. nach München, Altötting und Regensburg, 9. bis 14. September 2006. Predigten, Ansprachen und Grußworte, hrsg. vom Sekretariat der Deutschen Bischofskonferenz, Bonn 2006 (= Verlautbarungen des Apostolischen Stuhls Nr. 174), S. 72–84, hier S. 74.

weitgehend unbemerkt, dass die kritischen Anmerkungen Benedikts XVI. zur islamischen Theologie, die seinen Ausführungen nach ein Gottesbild vertrete, das nicht an Kategorien der Vernünftigkeit gebunden sei, nur der Auftakt waren für eine ebenfalls radikale Kritik an der protestantischen Theologie.[4]

Benedikt XVI. wirft gleich zu Beginn seiner Vorlesung anhand des genannten Palaiologos-Zitats die Frage auf, ob es nur griechisches Denken sei zu glauben, dass nicht vernunftgemäß, nicht σὺν λόγῳ zu handeln, dem Wesen Gottes zuwider sei, oder ob das immer und in sich selbst zu gelten habe? Die Antwort gibt ihm der berühmte Prolog des Johannes Evangeliums: ἐν ἀρχῇ ἦν ὅ λόγος, im Anfang war der Logos. In diesem Vers habe uns Johannes das abschließende Wort des biblischen Gottesbegriffs geschenkt, in dem die verschlungenen Wege des biblischen Glaubens ihre Synthese gefunden hätten. Im Anfang war der Logos, und der Logos ist Gott, so sagt uns der Evangelist. Das Zusammentreffen der biblischen Botschaft und des griechischen Denkens, so die päpstliche Conclusio, war kein Zufall. Manuel II. Palaiologos habe wirklich aus dem innersten Wesen des christlichen Glaubens heraus und zugleich aus dem Wesen des griechischen Denkens, das sich mit dem Glauben verschmolzen hatte, sagen können: „Nicht ‚mit dem Logos‘ handeln, ist dem Wesen Gottes zuwider.“[5] Glaube und Vernunft seien keine Gegensätze, sondern bildeten eine produktive innere Einheit.

Damit unterstreicht Benedikt XVI. noch einmal nachdrücklich die Gedanken seines Vorgängers, in dessen dreizehnter Enzyklika „Fides et ratio“ aus dem Jahre 1998 sich die Aussage findet: „Glaube und Vernunft (Fides et ratio) sind wie die beiden Flügel, mit denen sich der menschliche Geist zur Betrachtung der Wahrheit erhebt. Das Streben, die Wahrheit zu erkennen und letztlich ihn selbst zu erkennen, hat Gott dem Menschen ins Herz gesenkt, damit er dadurch, daß er Ihn er-

---

[4] Vgl. insbesondere die Beiträge von Alf Christophersen, Reinhold Esterbauer, Gerhart Herold und Rolf Schieder in diesem Buch.
[5] Benedikt XVI.: Glaube, Vernunft und Universität, S. 77.

kennt und liebt, auch zur vollen Wahrheit über sich selbst gelangen könne [...]."[6]

Nach diesem Auftakt wiegt die im Fortgang der Regensburger Vorlesung aufgestellte These schwer, dass es massiv befördert durch die Reformation und die liberale Theologie des 19. und 20. Jahrhunderts, als deren herausragender Repräsentant Adolf von Harnack (1851–1930) präsentiert wird, zu einer „Enthellenisierung"[7] des Christentums gekommen sei. Diese habe Logos und Glauben aus ihrer produktiven inneren Einheit herausgelöst mit der Folge, dass die positivistische Vernunft, die jeden Glauben zurückweise und dem Göttlichen gegenüber taub sei, nun Triumphe feiere. Wer jedoch, so Benedikt XVI., die Religion in den Bereich der Subkulturen abdränge, sei unfähig zu einem „Dialog der Kulturen"[8]. Werde die Theologie von einem positivistischen Vernunftbegriff aus wissenschaftlich beurteilt, bleibe nur noch „ein armseliges Fragmentstück"[9] übrig. Zwangsläufig komme es dann auch zu einer Verkürzung des Menschen; die für ihn entscheidenden Fragen nach Religion und Ethos verlören ihren Rang und erhielten den Charakter des bloß Subjektiven. Auf diese Weise werde das Gewissen „zur letztlich einzig ethischen Instanz"[10], die gemeinschaftsbildende Kraft von Ethos und Religion gehe verloren, verfalle der Beliebigkeit. Nach Benedikt XVI. ist dies ein für die Menschheit gefährlicher Zustand, wie heute an den uns bedrohenden „Pathologien der Religion und der Vernunft"[11] wahrgenommen werden könne, die notwendig dann ausbrechen müssten, wo die Vernunft so weit verengt werde,

---

[6] Johannes Paul II.: Enzyklika Fides et ratio an die Bischöfe der katholischen Kirche über das Verhältnis von Glaube und Vernunft. 14. September 1998, hrsg. vom Sekretariat der Deutschen Bischofskonferenz, Bonn, 6. Aufl., 2008 (= Verlautbarungen des Apostolischen Stuhls Nr. 135), S. 5.

[7] Benedikt XVI.: Glaube, Vernunft und Universität, S. 78.

[8] Ebd., S. 83.

[9] Ebd., S. 81.

[10] Ebd.

[11] Ebd.; Benedikt XVI. greift hier einen Gedanken auf, den er bereits an früherer Stelle intensiv mit Jürgen Habermas diskutiert hatte; vgl. zur debatte. Themen der Katholischen Akademie in Bayern 1/2004, Sondernummer: Vorpoliti-

dass ihr die Fragen der Religion und des Ethos nicht mehr zugehörten; die aber auch dort ausbrechen müssten, wo wiederum der Religion das Korrektiv der vernünftigen Reflexion aus dem Blick gerate.

Diese Kritik an den vermeintlich Bindungslosigkeit und Moralverlust befördernden Individualisierungstendenzen des Protestantismus, die im Gefolge der Reformation zu einer Aufspaltung von Glaube und Vernunft geführt hätten, forderte in durchaus positivem Sinne zu einem wissenschaftlichen Disput heraus, den Rolf Schieder bereits knapp vierzehn Tage nach dem Regensburger Ereignis mit einem zwischen Selbstkritik und Streitlust changierenden Essay eröffnete. Auch die Akademie für Politik und Zeitgeschehen der Hanns-Seidel-Stiftung nahm in etwas größerem zeitlichen Abstand die Vorlesung des Papstes zum Anlass, um im Rahmen einer Expertentagung im Frühjahr 2008 noch einmal grundsätzlich, multiperspektivisch und in ökumenischer Offenheit nach dem wechselseitigen Verhältnis von Glaube und Vernunft sowie dessen Auswirkungen auf die Sphäre des Politischen zu fragen. Die im vorliegenden Buch versammelten Beiträge sind aus diesem inspirierenden Gedankenaustausch hervorgegangen.

Zum Auftakt fragt Armin Kreiner, worum es bei der Frage nach dem Verhältnis von Glaube und Vernunft im Kern überhaupt geht. Neben anderem weist er darauf hin, dass die in diesem Kontext häufig anzutreffende Fragestellung irreführend sei, ob es außer- oder oberhalb des Bereichs des rationaler- bzw. begründeterweise Erkennbaren noch einen anderen Bereich gebe, der sich nur glaubend erschließe. Richtig müsse die Frage dagegen lauten, ob religiöser Glaube auch rational vertretbar sei. Kreiner selbst kommt am Ende seiner Ausführungen zu dem Schluss, dass kein vernünftiger Grund dagegen spreche, die Geltung derselben Spielregeln, die Rationalität konstituieren, auch für den Bereich des Glaubens zu beanspruchen.

---

sche moralische Grundlagen eines freiheitlichen Staates. Gesprächsabend mit Jürgen Habermas und Joseph Kardinal Ratzinger.

Dass und auf welche Weise die Weite der Vernunft eine neue und gegenüber den Zeiten Immanuel Kants heute originäre Brisanz gewonnen hat, thematisiert Walter Schweidler in seinem Beitrag über den religiösen Glauben und die Dialektik der Säkularisierung. Was ist das Maß ihrer Selbstkritik, schreibt er, wenn die Vernunft vollständig herrschen soll? Seine Antwort lautet: Wenn unsere Handlungsorientierung ganz auf den Anspruch der Vernunft gegründet wird und wir dennoch ein Korrektiv gegen diesen Anspruch behalten sollen, dann kann dieses Korrektiv nur eines sein, das aus der Vernunft kommt und doch zugleich immer über sie hinausweist – aber sicher nicht auf die Unvernunft, sondern eben auf eine Vernunft, deren Weite der unsrigen ein Kriterium von Selbstkritik vorgibt, von dem Glauben und Wissen gemeinsam ihre Berechtigung beziehen. Damit greift er eine These der Regensburger Vorlesung des Papstes auf, in der Benedikt XVI. ausgeführt hatte, dass wir den Bedrohungen, die uns aus den neuen Möglichkeiten des Menschen erwachsen, nur dann Herr werden können, „wenn Vernunft und Glaube auf neue Weise zueinanderfinden; wenn wir die selbstverfügte Beschränkung der Vernunft auf das im Experiment Falsifizierbare überwinden und der Vernunft ihre ganze Weite wieder eröffnen."[12]

Eine Auseinandersetzung mit dem antireligiösen Furor der selbst ernannten Neuen Atheisten, für die bei genauem Hinsehen alles Böse mit den Juden in die Welt gekommen ist, liefert sodann der Essay Alexander Kisslers über Vernunft und Unglaube. Luzide entlarvt er die vorgebliche Rationalität der politischen Bewegung des Neuen Atheismus und seiner Adepten Richard Dawkins, Christopher Hitchens oder Michael Schmidt-Salomon als Ignoranz und Unvernunft.[13] Gegen den zweckrationalen und in letzter Konsequenz eben unvernünftigen und menschenverachtenden Vernunftbegriff dieser Neuen

---

[12] Benedikt XVI.: Glaube, Vernunft und Universität, S. 83.
[13] Vgl. ausführlich hierzu Kissler, Alexander: Der aufgeklärte Gott. Wie die Religion zur Vernunft kam, München 2008.

Atheisten plädiert Kissler in dem seit Beginn des Jahrhunderts entbrannten Kulturkampf für ein neues Bündnis von Glaube und Vernunft – von jenem Glauben, der sich der Vernunft öffnet, weil er sie in sich trägt, und von jener Vernunft, die den Glauben verstehen will, weil auch sie aus Freiheit geboren ist und Wahrheit sucht.

In seiner Regensburger Vorlesung hatte Benedikt XVI. das innere Aufeinanderzugehen von biblischem Glauben und griechischem, philosophischem Fragen als einen weltgeschichtlich entscheidenden Vorgang gedeutet, der uns auch heute in die Pflicht nehme: „Wenn man diese Begegnung sieht, ist es nicht verwunderlich, dass das Christentum trotz seines Ursprungs und wichtiger Entfaltungen im Orient schließlich seine geschichtlich entscheidende Prägung in Europa gefunden hat. Wir können auch umgekehrt sagen: Diese Begegnung, zu der dann noch das Erbe Roms hinzutritt, hat Europa geschaffen und bleibt die Grundlage dessen, was man mit Recht Europa nennen kann."[14] Damit ist im Blick auf das Verhältnis von Glaube, Vernunft und Politik eine klar europäische Perspektive angesprochen. Folgt man Benedikt XVI., hat die Begegnung von Glaube und Vernunft Europa – und damit auch das politische Europa – eigentlich erst geschaffen. Diese Begegnung, diese produktive innere Einheit ist und bleibt für ihn die Grundlage dessen, was wir mit Recht heute Europa nennen.[15] Die Bedeutung einer solchen Aussage für die Sphäre der Politik ist evident. Erinnert sei etwa an die immer wieder aufbrechenden Debatten über die für die Europäische Union normative Werteordnung und die daraus zu ziehenden Konsequenzen für die brisante Frage nach der Finalität des europäischen Einigungsprozesses.

---

[14] Benedikt XVI.: Glaube, Vernunft und Universität, S. 78.
[15] Vgl. Hildmann, Philipp W.: Die religiösen Fundamente Europas. Mit Benedikt XVI. auf der Suche nach der Seele unseres Kontinents, in: Habemus Papam. Anfragen an das theologisch-politische Profil Benedikts XVI., hrsg. von der Hanns-Seidel-Stiftung, München 2006 (= Politische Studien. Themenheft 1/2006), S. 53–63.

Dass die Europäische Union gleichwohl gut daran täte, sich nicht als einen Werteverbund zu definieren, ist das Thema des Beitrags von Robert Spaemann. Seiner Ansicht nach wird das künftige Europa nur dann eine Rechtsgemeinschaft sein und bleiben können, in der alle Bürger der Länder europäischer Tradition ein gemeinsames Dach finden, wenn es zwar Gemeinschaften mit gemeinsamen Wertschätzungen ermögliche und schütze, selbst aber darauf verzichte, eine Wertegemeinschaft zu sein. Der moderne Rechtsstaat verpflichte seine Bürger zwar zum Gehorsam gegen die Gesetze, so Spaemann, nicht aber zur Identifizierung mit den Wertschätzungen, die diesen zugrunde lägen, das heißt zu einer bestimmten Gesinnung – eine solche Gesinnungskontrolle sei ausschließlich Sache totalitärer Staaten. Und so warnt er Europa anhand von fünf Beispielen eindrücklich davor, das jeweils politisch Korrekte im Namen der Wertegemeinschaft und in der Art und Weise einer Gesinnungsdiktatur zum Maßstab zu erheben sowie die Rede von den Grundrechten sukzessive durch die Rede von den Grundwerten zu ersetzen.

Zu den politischen Konsequenzen philosophischer Reflexion hat sich auch Christoph Böhr immer wieder öffentlich geäußert.[16] Wenn die wichtigste Aufgabe des demokratischen Verfassungsstaates der Schutz der menschlichen Würde sei, so einer der Kerngedanken seines vorliegenden Beitrags zum Verhältnis von Vernunft und Glaube, dann beziehe sich dieser Verfassungsauftrag, also die gesetzliche Verpflichtung zur Gleichförmigkeit des politischen Handelns in der säkularen Welt, auf einen Punkt, der selbst jenseits der Grenzen der säkularen Vernunft liege, nämlich im Metaphysischen und Religiösen. Das aber heiße für das Feld der Politik: Die Demokratie

---

[16] Vgl. etwa Böhr, Christoph: Christlicher Glaube und politische Vernunft. Zur Begründung eines Gesellschaftsentwurfs im Menschenbild, in: Eine Neue Ordnung der Freiheit. Die Sozialethik Johannes Pauls II. – eine Vision für das vereinte Europa, hrsg. von Christoph Böhr und Stephan Raabe, Osnabrück 2007 (= Veröffentlichung der Deutsch-Polnischen Gesellschaft Bundesverband e.V., Band 13), S. 59–76, hier S. 67 f.

13

habe ihren Dreh- und Angelpunkt in einem metaphysischen Postulat, sei also immer mehr als nur ein ausgeklügeltes Regelwerk. Die Metaphysik der Demokratie führe hin zu einer Anthropologie, auf die in der Demokratie nicht nur ausdrücklich Bezug genommen werde, sondern die dem demokratischen Verfassungsstaat am Kreuzungspunkt von Glaube und Vernunft auch sein vorrangiges Telos – eben in der Wahrung der unverfügbaren Würde des Menschen – vorgebe.

Die Regensburger Protestantismuskritik Benedikts XVI. greift neben dem bereits genannten Rolf Schieder auch Alf Christophersen in seinem Beitrag über Glaube, Vernunft und (Sub-)Kultur auf. Er richtet seinen Blick insbesondere auf die gegenwärtige Eiszeit in der Ökumene und macht für diese namentlich das seinerzeit von Joseph Kardinal Ratzinger unterzeichnete Dokument „Dominus Iesus"[17] aus dem Jahre 2000 verantwortlich. Darin wurde den Protestanten bekanntlich aus Rom attestiert, keine Kirche im eigentlichen Sinn, sondern lediglich eine kirchliche Gemeinschaft zu sein. Diesem katholischen Anspruch, dass es eine einzige Kirche Christi gebe, die in der katholischen Kirche subsistiert und vom Nachfolger Petri und von den Bischöfen in Gemeinschaft mit ihm geleitet werde, begegnet Christophersen nach einem Rekurs auf Eberhard Jüngel mit neun pointierten Thesen aus interreligiöser und interkonfessioneller Perspektive.

Dass und weshalb Joseph Ratzinger zunächst ein durchaus kritisches Verhältnis zur katholischen Soziallehre und zum Naturrecht hatte, thematisiert Anton Rauscher in seinen Ausführungen über Benedikt XVI. und das natürliche Sittengesetz. Feinsinnig zeichnet er den sukzessiven Wandel dieser Einstellung des Theologen auf seinem Weg vom Dogmatikprofessor

---

[17] Vgl. Kongregation für die Glaubenslehre: Erklärung Dominus Iesus über die Einzigartigkeit und die Heilsuniversalität Jesu Christi und der Kirche. Antworten auf Fragen zu einigen Aspekten bezüglich der Lehre über die Kirche, hrsg. vom Sekretariat der Deutschen Bischofskonferenz, Bonn, 4. Aufl., 2008 (= Verlautbarungen des Apostolischen Stuhls Nr. 148).

zum Berater Joseph Frings' auf dem Zweiten Vatikanischen Konzil bis hin zu seiner Berufung an die Spitze der Glaubenskongregation und seinen ersten Äußerungen als Pontifex Maximus nach. Die Wende Ratzingers hin zur Soziallehre macht Rauscher in der Auseinandersetzung des nachmaligen Papstes mit der Theologie der Befreiung und der modernen Geistigkeit aus, die in der absoluten Selbstbestimmung des Menschen und im Glauben an die Machbarkeit der Verhältnisse gipfele. Um dieser Gefahr eines religiösen und ethisch-kulturellen Relativismus entgegenzutreten, habe Ratzinger auf die Überzeugung zurückgegriffen, dass im Sein des Menschen auch ein Sollen liege. Immer häufiger habe er sich in der Folge auf das sittliche Naturgesetz respektive das natürliche Sittengesetz berufen, was eine entscheidende Wandlung in seinem Denken darstelle. Es sind die großen Probleme unserer Zeit, so Rauscher, die Ratzinger bewogen haben, die Fundamente des Seins und Erkennens des Menschen neu zu reflektieren, so dass er zuletzt in seiner Enzyklika „Deus caritas est" erklären konnte: „Die Soziallehre der Kirche argumentiert von der Vernunft und vom Naturrecht her, das heißt von dem aus, was allen Menschen wesensgemäß ist."[18]

Eine Verhältnisbestimmung von Glaube, Vernunft und Politik aus der Perspektive eben dieser Katholischen Soziallehre unternimmt sodann Wolfgang Ockenfels. Die politische Bedeutung des christlichen Glaubens für eine freiheitliche Demokratie liegt nach dieser Tradition darin, dass der Glaube einen signifikanten Beitrag zur Erfüllung der Voraussetzungen einer freiheitlichen Demokratie zu leisten versteht, ohne sich in eine funktionale Abhängigkeit von ihr zu begeben. Mit Recht verweist der Autor hier auf das bereits 1964 von Ernst-Wolfgang Böckenförde formulierte Diktum: „Der freiheitliche, säkulari-

---

[18] Benedikt XVI.: Enzyklika Deus caritas est an die Bischöfe, an die Priester und Diakone, an die gottgeweihten Personen und an alle Christgläubigen über die christliche Liebe. 25. Dezember 2005, hrsg. vom Sekretariat der Deutschen Bischofskonferenz, Bonn 2006 (= Verlautbarungen des Apostolischen Stuhls Nr. 171), S. 38.

sierte Staat lebt von Voraussetzungen, die er selbst nicht garantieren kann. Das ist das große Wagnis, das er, um der Freiheit willen, eingegangen ist. Als freiheitlicher Staat kann er einerseits nur bestehen, wenn sich die Freiheit, die er seinen Bürgern gewährt, von innen her, aus der moralischen Substanz des einzelnen und der Homogenität der Gesellschaft, reguliert. Anderseits kann er diese inneren Regulierungskräfte nicht von sich aus, das heißt mit den Mitteln des Rechtszwanges und autoritativen Gebots, zu garantieren suchen, ohne seine Freiheitlichkeit aufzugeben und – auf säkularisierter Ebene – in jenen Totalitätsanspruch zurückzufallen, aus dem er in den konfessionellen Bürgerkriegen herausgeführt hat."[19] Vor diesem Hintergrund lässt sich der spezifische Beitrag des christlichen Glaubens für Ockenfels nach einem dreifachen Politikbezug darlegen – nach seiner eschatologischen, nach seiner ethischen und nach seiner ekklesiologischen Dimension: Bezogen auf die Voraussetzungen der freiheitlichen Demokratie wirke sich die Eschatologie als Vorbehalt gegen jede politische Verabsolutierung aus und sorge für eine elementare Gewaltenteilung. Die Glaubensethik, insoweit sie im Einklang mit dem Naturrecht der praktischen Vernunft stehe, orientiere das Handeln der einzelnen Subjekte und deren Institutionen nach normativen Werten, die als Voraussetzung und nicht als Ergebnis der demokratischen Willens- und Mehrheitsbildung auch den Rechtsstaat beeinflussten. Der ekklesiologische Gesichtspunkt verweise schließlich auf eine rechtlich verfasste Gemeinschaft von Gläubigen, die ihre Wirkung namentlich in der Zivilgesellschaft, aber auch dem Staat gegenüber entfalte.

So erfrischend kritisch wie zum Nachdenken anregend liest sich der folgende Beitrag. Seit dem Zeitalter der Renaissance und des Humanismus gehört die historische Vernunft, die ihre

---

[19] Hier zitiert nach Böckenförde, Ernst-Wolfgang: Die Entstehung des Staates als Vorgang der Säkularisation, in: Ders.: Kirche und christlicher Glaube in den Herausforderungen der Zeit. Beiträge zur politisch-theologischen Verfassungsgeschichte 1957–2002, Münster 2004 (= Wissenschaftliche Paperbacks Bd. 25), S. 213–230, hier S. 229 f.

Aussagen, Urteile und Postulate auf geprüfte und nachprüfbare Quellen stützt, zur europäischen Kultur. Dass sich gerade der Vatikan immer wieder ganz bewusst nicht dieser historischen Vernunft bedient, ist das Thema der Ausführungen von Rudolf Lill über den Umgang des Vatikans mit der Geschichte.[20] Zwar berufe sich der – seit dem neuen „Codex Iuris Canonici" von 1983 verstärkt auf eine Restauration des päpstlichen Zentralismus ausgerichtete – Vatikan gerne auf die Geschichte. Er benutze allerdings vorwiegend diejenigen Elemente, welche seine heutigen Positionen zu bestätigen scheinen, und behandle geschichtliche Fakten und Entwicklungen höchst selektiv. Dies ist für Lill das genaue Gegenteil von historischer Vernunft. Hier siege, so schreibt er, die Dogmatik über die Historie.

Wozu braucht der Glaube eigentlich die Theologie? Ausgehend von dieser Frage legt Reiner Anselm anschließend unter der auf Anselm von Canterbury und Karl Barth rekurrierenden Überschrift „Fides Quaerens Intellectum" in vier Schritten dar, weshalb der christliche Glaube überhaupt der theologischen Reflexion bedarf. Nach einer kurzen Begründung, weshalb die Debatte um das Verhältnis von Glauben und Wissen insbesondere im Protestantismus nicht zur Ruhe kommt, stellt er die pointierte These auf, dass dem individuellen Glauben zwar der Primat zukomme, dass er aber seine spezifische Funktion – nämlich die Vermittlung der Heilsgewissheit – nur mit Hilfe theologischer Reflexion erreichen könne. Welche Rolle der theologisch-ethischen Reflexion konkret für eine christliche Lebensführung zukomme, fragt er sodann in einem dritten Schritt, um in einem letzten Gedanken im Anschluss an Jürgen Habermas noch einmal als Conclusio eine andere Akzentsetzung für die Verhältnisbestimmung von Glauben und Wissen vorzunehmen:[21] Nur dann, wenn die Theologie dem Glauben

---

[20] Vgl. ausführlich hierzu Lill, Rudolf: Die Macht der Päpste, Kevelaer 2006.

[21] Vgl. insbesondere Habermas, Jürgen: Glauben und Wissen. Friedenspreis des Deutschen Buchhandels 2001. Laudatio: Jan Philipp Reemtsma (Sonderdruck), Frankfurt/M. 2001.

die Geschiedenheit von Diesseits und Jenseits, von Gott und Mensch, von Letztem und Vorletztem präsent halte, so Anselm, bleibe der Glaube vor der Gefahr fundamentalistischer Entartung gefeit. Es sei also nicht zuletzt auch das Interesse an einem friedlichen und lebensdienlichen Miteinander, das die „fides" nach dem „intellectum" fragen lasse.

Der Regensburger Vorlesung Benedikts XVI. wendet sich explizit wieder Gerhart Herold zu. Auch er konstatiert, dass die in der Vorlesung formulierte Kritik weniger dem Islam als dem Protestantismus gegolten habe. Das zentrale Stichwort sei in diesem Zusammenhang die „Hellenisierung des Christentums". Benedikt XVI. deute diese als normativen Paradigmenwechsel auf dem Weg der Kirche von Jerusalem über Athen nach Rom. Da sich die Kirchen der Reformation geweigert hätten, diese Hellenisierung als zwingend und wesentlich anzuerkennen, hätten sie den Anspruch aufgegeben, sich christliche Kirche nennen zu dürfen. Im Unterschied dazu sieht Herold in seinem sehr persönlich gehaltenen Beitrag in der Inkulturation der Botschaft Jesu auf der Einbahnstraße von Jerusalem über Athen nach Rom den Weg in die institutionalisierte Unfreiheit. Dagegen kämpften seiner Ansicht nach Islam und Reformation – mit unterschiedlichen Mitteln – für die Freiheit Gottes. Heilen könne nur der Verzicht auf jede Hierarchie, sei es der Kirche oder der Vernunft, der Religionen oder der Werte. Die Gegenwart Gottes in der Welt befreie den Menschen und führe ihn vom „Gotteskomplex"[22] zum Vertrauen in das Leben. So finde der Mensch den Stellvertreter Christi auf Erden nicht im römischen Monopol, sondern in der Vielfalt der Schöpfung.

Dass die Sozialutopie vom irdischen Paradies politisch weiterhin von beunruhigender Relevanz ist, thematisiert der Beitrag von Thomas Brose, mit dem sich der Berliner Religionsphilo-

---

[22] So der Titel des Buches von Horst-Eberhard Richter, auf den sich der Autor bezieht; vgl. Richter, Horst-Eberhard: Der Gotteskomplex. Die Geburt und die Krise des Glaubens an die Allmacht des Menschen, Reinbek 1979.

soph in der Diskussion um politische Heilslehre und bedrohtes Menschenrecht eindrucksvoll zu Wort meldet. Lebensriten und Weltdeutungsmuster der atheistischen DDR, so seine in einem Dreischritt entwickelte These, existierten heute weiter in „säkularisierter" Form als Echo der großen Erzählungen vom irdischen Paradies. Wer Erlösung jedoch von der neuen Gesellschaft und vom neuen Menschen erwarte, so Brose, der falle gefährlich hinter die mühsam erarbeitete Trennung von Politik und Religion, von Glaube und Wissen zurück. Ohne Transzendenzbezug gerieten Menschen ungebremst in den Bannkreis politischer Religion.[23] Principiis obsta, wehret den Anfängen, lautet deshalb das wissenschaftlich begründete Credo des Autors, denn wo ein totalitär geführter Staat sich mit Hilfe geschichtsphilosophischer Dialektik zum Alleinherrscher aufwirft, sind die Menschenrechte zutiefst bedroht.

Ist die Aufklärung Religion geworden? Mit dieser Frage lenkt auch der letzte Text noch einmal die Aufmerksamkeit auf die Regensburger Vorlesung. Ausgangspunkt ist für Reinhold Esterbauer der Umstand, dass sich viele der heutigen Zeitdiagnostiker nicht mehr sicher sind, dass Religion vollständig aufgeklärt werden kann; so spreche etwa der bereits genannte Jürgen Habermas inzwischen von einer „postsäkularen Gesellschaft, die sich auf das Fortbestehen religiöser Gemeinschaften in einer sich fortwährend säkularisierenden Umgebung"[24] einstellen müsse. Frage man nach den Gründen für die Resistenz des Christentums gegenüber seiner völligen Aufklärung, stoße man beim derzeitigen Papst auf die durchaus provokante These, dass die Aufklärung im Christentum Religion geworden und nicht mehr ihr Gegenspieler sei.[25] Esterbauer fragt deshalb zunächst

---

[23] Als „politische Religion" qualifizierte der Philosoph und Staatsrechtler Eric Voegelin (1901–1985) politische Heilslehren, die Staat, Rasse oder Klasse mit dem Ziel sakralisieren, ein innerweltliches Paradies zu schaffen; vgl. Voegelin, Eric: Die politischen Religionen, Wien 1938.

[24] Habermas: Glauben und Wissen, S. 13.

[25] Vgl. Ratzinger, Joseph: Der angezweifelte Wahrheitsanspruch. Die Krise des Christentums am Beginn des dritten Jahrtausends, in: Gibt es Gott? Wahrheit,

in einem Dreischritt, inwieweit sich diese Auffassung halten
lässt erstens angesichts postmoderner Aufsplitterung der Vernunft, zweitens in Anbetracht der Eigenständigkeit des Glaubens gegenüber der Vernunft und drittens im Hinblick auf die
Individualisierung heutiger religiöser Praxis. Zum Abschluss
lässt er seine kritisch-prägnanten Überlegungen in die Frage
nach den Konsequenzen einer solchen Position münden, wie sie
Benedikt XVI. formuliert hat für den Versuch, der heutigen Korrosion des authentisch Christlichen entgegenzusteuern.

In der Summe zeichnen die durchwegs hochkarätigen Beiträge
ein eindrucksvolles Bild von der spannenden Komplexität des
Verhältnisses von Glaube und Vernunft. Sie lassen darüber
hinaus deutlich werden, dass die wissenschaftliche Reflexion
dieses Verhältnisses keineswegs eine rein akademische Finger-
übung darstellt, sondern dass sie tief in die Sphäre des Politischen hineinreicht. Stehen doch in vielen Politikbereichen auf
nationaler und internationaler Ebene normative Weichenstel-
lungen mit weitreichenden Konsequenzen für uns und die uns
nachfolgenden Generationen auf der Tagesordnung. Dabei haben politische Entscheidungsträger nicht nur für die fachliche
Seite der unterschiedlichen Optionen wachsenden Beratungs-
bedarf, sondern auch hinsichtlich ihrer moralischen Verant-
wortbarkeit und ihrer ethischen Fundamente. Dass es in diesem Zusammenhang von größter Tragweite ist, in welchem
Verhältnis für den jeweiligen Entscheidungsträger Glaube, Vernunft und Politik stehen, ist evident.

Es ist eine wesentliche Aufgabe heutiger Meinungsbildung,
auf die Offenheit dieses Vernunftdiskurses zu achten – und dies
nicht nur um Gottes, sondern auch um des Menschen willen.
Denn wenn Glaube nicht durch Vernunft in die Politik vermittelt
wird, drängt rasch Gewalt ins Spiel und diskreditiert nicht nur
den Glauben, sondern auch die Politik. Umgekehrt läuft aber

Glaube, Atheismus, hrsg. von P. Flores d'Arcais und Joseph Ratzinger, Berlin, 2.
Aufl., 2006, S. 7–18, hier S. 9 f. Dieser Aufsatz erschien erstmals im Jahre
2000.

auch die Politik ohne ein transzendentes Korrektiv nur allzu leicht Gefahr, zu einem unvernünftigen und menschenverachtenden Totalitarismus zu pervertieren. Nicht zuletzt deshalb ist es Wunsch und Ziel der Publikation, zu einem ausgewogenen Verhältnis dieses Dreigestirns aus Glaube, Vernunft und Politik beizutragen.

Worum geht es bei der Frage nach dem Verhältnis von Glaube und Vernunft?

Armin Kreiner

1. Rationalität als Tugend

Mit der „Vernunft" verhält es sich ähnlich wie mit der „Wahrheit", der „Freiheit" oder mit anderen großen Worten. Alle reden davon, aber jeder scheint irgendwie etwas anderes damit zu meinen, was unter anderem dazu führt, dass die Verständigung über die Vernunft gelegentlich etwas mühsam und wenig ersprießlich ist. „Vernunft" ist bekanntlich ein extrem vieldeutiger Begriff. Häufig ist statt von „Vernunft" von „Rationalität" die Rede. Ich werde mich im Folgenden dieser Redeweise weitgehend anschließen, auch wenn „Rationalität" nicht weniger vieldeutig ist. Anthony Kenny hat Rationalität als eine Tugend bezeichnet, als die gesunde Mitte zwischen zwei Extremen: Das eine Extrem ist die Leichtgläubigkeit, das andere der Skeptizismus. Während der Leichtgläubige zu viel glaubt, glaubt der Skeptiker zu wenig. Der rationale Mensch bewegt sich in der Mitte von beidem.[1] Doch wie lässt sich diese Mitte ausmachen? Woran soll sich der vernünftige bzw. rationale Mensch orientieren?

2. Das „klassische" Rationalitätsverständnis

Um eine Antwort auf diese Frage zu finden, möchte ich zunächst beim „klassischen" Vernunft- bzw. Rationalitätsverständnis beginnen. Vor zwei Jahren habe ich zusammen mit Norbert Hoerster auf dem Europäischen Forum in Alpbach

---

[1] Vgl. Kenny, Anthony: The Unknown God. Agnostic Essays, London/New York 2004, S. 169.

ein Seminar zum Thema „Rationalität und Gottesglaube" angeboten. Hoerster hat das Seminar damit begonnen, dass er eine Reihe von Eigenschaften Gottes an die Tafel schrieb. Anschließend forderte er mich dazu auf, ihm Gründe für die Überzeugung zu liefern, dass ein Wesen mit genau diesen Eigenschaften existiert. Wenn dies gelänge, wäre der Glaube an Gott vernünftig bzw. rational. Andernfalls wäre es irrational, an Gott zu glauben.

Hinter Hoersters Anliegen steht ein Verständnis von Rationalität, das ich als das „klassische" bezeichnen möchte. Im 18. Jahrhundert hat David Hume dieses Rationalitätsverständnis folgendermaßen auf den Punkt gebracht: „A wise man ... proportions his belief to the evidence".[2] Ersetzt man „weise" durch „rational", dann bedeutet dies: Ein vernünftiger Mensch glaubt nur, was sich beweisen oder begründen lässt. Umgekehrt würde dies besagen: Nur ein Narr glaubt alles! William Clifford hat das gleiche Prinzip im 19. Jahrhundert so formuliert: Es ist – so Clifford – immer, überall und für jedermann falsch, irgendetwas ohne hinreichende Beweise zu glauben.[3]

An diesen Äußerungen wird zweierlei deutlich: Erstens geht es bei der Rationalitätsthematik um die Art und Weise, wie wir mit unseren Überzeugungen umgehen. Nicht unsere Überzeugungen sind rational, sie sind entweder wahr oder falsch, schlimmstenfalls sinnlos. „Rational" bzw. „irrational" bezeichnet die Art und Weise, wie wir mit unseren Überzeugungen umgehen. In diesem Sinn ist Rationalität tatsächlich eine Tugend, d. h. eine Einstellung oder eine Verhaltensweise von Personen, keine Eigenschaft von Aussagen oder Sätzen. Zweitens besagt das klassische Rationalitätsverständnis, dass wir uns dann und nur dann rational verhalten, wenn wir ausschließlich solche Überzeugungen akzeptieren, die sich beweisen oder begründen lassen. Von allen anderen sollte man besser

---

[2] Hume, David: An Inquiry Concerning Human Understanding, in: The Philosophical Works of David Hume IV, London 1826, S. 129.
[3] Vgl. Clifford, William: The Ethics of Belief (1877), in: Belief, Knowledge and Truth, hrsg. von R. R. Ammerman und M. G. Singer, New York 1970, S. 44.

die Finger lassen. In dieser Perspektive fungiert wissenschaftliche Erkenntnis häufig als Inbegriff von Rationalität, denn in der Wissenschaft geht es darum, ausschließlich das zu akzeptieren, wofür entsprechende Evidenzen vorliegen.

3. Zum Verhältnis von Glaube und Vernunft

Beim Verhältnis von Vernunft und (religiösem) Glauben geht es häufig um die Frage, ob es außer- oder oberhalb des Bereichs des rationaler- bzw. begründeterweise Erkennbaren noch einen anderen Bereich gibt, der sich nur „glaubend" erschließt, der den Bereich des rationalerweise Erkennbaren nicht nur inhaltlich überschreitet, sondern gewissermaßen auch ergänzt. Diese Fragestellung ist aus mehreren Gründen irreführend. Würde nämlich „Glauben" in diesem Sinn als unbegründete Zustimmung verstanden, dann wäre von vornherein entschieden, dass es irrational wäre zu glauben, eben weil „unbegründet" per definitionem „irrational" bedeutet.

Im Kontext des klassischen Rationalitätsverständnisses geht es bei der Zuordnung von Glaube und Vernunft nicht um die Frage, ob „nach" der Vernunft – wenn die Vernunfterkenntnis gewissermaßen an ihre Grenzen gestoßen ist – noch etwas kommt, dem man im „Glauben" gerecht werden kann. Es geht vielmehr um die Frage, ob der religiöse Glaube rational vertretbar ist. Dies wäre der Fall, wenn sich die Wahrheits- bzw. Geltungsansprüche des Glaubens irgendwie begründen ließen – genauso wie dies in den Wissenschaften der Regelfall zu sein scheint. In gewisser Weise lässt sich Rationalität mit einem Spiel und seinen Regeln vergleichen. Wer bei diesem Spiel mitmachen will, hat sich an die Regeln zu halten. Tut er dies nicht oder kann es nicht oder will es nicht, ist er einfach draußen. Der Vergleich mit einem Spiel sollte nicht darüber hinwegtäuschen, dass das Ganze einen ernsten praktischen Hintergrund hat.

4. Der Vorwurf des Irrationalismus

In jüngster Vergangenheit sind drei religionskritische Bücher erschienen, die nachdrücklich betonen, dass religiöse Menschen an diesem Spiel nicht teilnehmen können. Der Hintergrund ist in etwa folgender: Religionen verlangen von ihren Anhängern „Glauben", d. h. sie verlangen, Überzeugungen ohne hinreichende Beweise oder Evidenzen zu akzeptieren. In dieser Perspektive erscheint religiöser Glaube als Inbegriff der Unvernunft, als irrational oder – wie es der Physiker Steven Weinberg formuliert hat – als „Beleidigung der menschlichen Würde".[4] In das gleiche Horn stößt der britische Biologe Richard Dawkins, der zurzeit wohl weltweit prominenteste Atheist. Für den britischen Fernsehsender Channel 4 hat Dawkins eine Dokumentation mit dem Titel „The Root of all Evil" produziert. Aus diesem Projekt entstand sein Buch „The God Delusion".[5] Die Wurzel allen Übels ist für Dawkins die Religion, gleich welcher Couleur. Dawkins' Begründung lautet: Religionen fordern von den Menschen, Überzeugungen ohne Beweise oder Indizien zu akzeptieren. Dies führe dazu, die Menschen zu verdummen, womit man sich zur Not noch abfinden könnte. Hinzu kommt aber noch Folgendes, womit man sich nicht mehr abfinden kann: Religionen bringen die Menschen gegeneinander auf, denn jede Religion fordert, etwas anderes zu glauben, was nicht überrascht, denn ohne Absicherung durch rationale Evidenzen sind der Willkür menschlicher Einbildungskraft keine Grenzen gesetzt.

Ähnlich argumentiert auch Sam Harris in seinem Buch „The End of Faith".[6] Harris fürchtet nicht das Ende des religiösen Glaubens, er sehnt es herbei. Religionen, vor allem die abrahamitischen Offenbarungsreligionen, fordern und fördern die Einstellung, Dinge ohne Beweise bzw. ohne Vernunft zu glau-

---

[4] Vgl. ffrf.org/nontracts/quoteS. php, Stand: 4.3.2008.

[5] Vgl. Dawkins, Richard: Der Gotteswahn, Berlin 2007.

[6] Vgl. Harris, Sam: Das Ende des Glaubens. Religion, Terror und das Licht der Vernunft, Winterthur 2007.

ben, und zwar enorm wichtige Dinge, also Dinge, in denen es um Fragen auf Leben und Tod geht. Da in jeder Religion andere Dinge geglaubt werden, stehen einander unterschiedliche Bekenntnisse gegenüber, die bar jeder Vernunft sind, aber letzten Endes auf Gott selbst zurückgeführt werden. Wenn ein Einzelner etwas glaube, für das es keinerlei rationale Begründung gibt, so bezeichne man ihn üblicherweise als „verrückt", glauben hingegen viele Derartiges, bezeichne man sie als „religiös".[7]

Wie Dawkins geht auch Harris davon aus, dass die Welt einem Pulverfass gleicht. Konkurrierende religiöse Ideologien und ein technologisches Vernichtungspotenzial von ungeheuren Ausmaßen bilden zusammen eine hochexplosive Mischung. Es ist zu vermuten, dass die Ereignisse des 11. September 2001 nur das Vorspiel einer Katastrophe sind, in die die Menschheit aufgrund der Unvernunft der Religionen hineinschlittert, also aufgrund des Umstands, Überzeugungen ohne Beweise und Gründe zu akzeptieren. Diese Form des religiösen Glaubens ist für Harris kein Geschenk Gottes, sondern das Meisterwerk des Teufels. Wenn es einen Ausweg gibt, dann nur, wenn wir uns, wie er schreibt, den rettenden Engeln zuwenden, als da sind: Aufrichtigkeit, Liebe und Vernunft.[8]

5. Der Glaube vor dem Anspruch der Rationalität

Wie ging man von christlicher Seite aus traditionell mit diesem klassischen Rationalitätsverständnis um? Wenn ich es richtig sehe, gibt es kein einziges Problem, für das es in der christlichen Tradition eine einhellig vertretene Lösung gab. Dies gilt auch für das Rationalitätsproblem. Vielfach ging man aber davon aus, dass der christliche Glaube sehr wohl rational vertretbar ist. Die Sache wurde also keineswegs so dargestellt, als bestünde der Glaube in einem Sprung ins Blaue hinein. Besonders deutlich wird dies im Hinblick auf die Behauptung der Exis-

---

[7] Harris: Das Ende des Glaubens, S. 72.
[8] Ebd., S. 237.

tenz Gottes. Die christliche Tradition ging bis weit in die Neuzeit hinein überwiegend davon aus, dass sich die Existenz Gottes mit bestimmten Argumenten beweisen lässt, so dass sie über jeden vernünftigen Zweifel erhaben ist. Das heißt, von Ausnahmen abgesehen, ließ man sich auf das klassische Rationalitätsverständnis ein. Man akzeptierte die Spielregeln und war davon überzeugt, dass sich die christlichen Geltungsansprüche beweisen oder hinreichend begründen lassen und dass es aus diesem Grund rational gerechtfertigt ist, an Gott zu glauben. Umgekehrt galt der Atheismus traditionell als eine durch und durch irrationale, völlig haltlose Position.

In diesem Zusammenhang spielten die traditionellen Gottesbeweise eine zentrale Rolle. Sie galten als plausible Argumente, die eigentlich jeden vernünftigen und unvoreingenommenen Menschen überzeugen mussten. Diese Einschätzung der Gottesbeweise hat sich seit der Kritik von David Hume und Immanuel Kant geändert. Die Gottesbeweise haben erheblich an Überzeugungskraft eingebüßt, und zwar im Wesentlichen aus zwei Gründen: Ein Gottesbeweis ist ein Argument, das von bestimmten Prämissen ausgeht und davon auf die Existenz Gottes schließt, weil angeblich nur die Existenz Gottes das Vorliegen der in den Prämissen genannten Sachverhalte erklären kann. Die Kritik hat nun gezeigt, dass entweder die Prämissen umstritten sind oder dass die Prämissen auch alternativ – also atheistisch bzw. naturalistisch – erklärbar sind.

Diese Diskussion zieht sich bis in die gegenwärtige Debatte um „Intelligent Design" hinein durch. Das während des 18. Jahrhunderts hoch im Kurs stehende teleologische Argument ging von der Prämisse aus, dass in der Welt komplexe und zielgerichtete Strukturen existieren und dass solche Strukturen nicht durch Zufall, sondern nur durch einen göttlichen Planer bzw. Designer entstehen konnten. Der Darwinismus brachte eine teleologiefreie Erklärung komplexer organischer Strukturen und schien diesen Gottesbeweis daher aus den Angeln zu heben. Die Debatte um „Intelligent Design" dreht sich um die Frage, ob der Darwinismus tatsächlich eine erfolgreiche naturalistische Erklärung darstellt. Die Vertreter des „Intelligent

Design" bezweifeln dies vehement.[9] Sie versuchen gewissermaßen, den teleologischen Gottesbeweis wiederzubeleben, allerdings ohne durchschlagenden Erfolg.[10]

Nach dem klassischen Rationalitätsverständnis ist es in dem Maße vernünftig bzw. legitim, eine bestimmte Überzeugung zu akzeptieren, in dem sich diese Überzeugung beweisen oder begründen lässt. Diesem Rationalitätsverständnis zufolge kann man vernünftigerweise an Gott glauben, sofern sich für dessen Existenz entsprechende Gründe liefern lassen. Ist dies nicht der Fall, kann man natürlich immer noch an Gott glauben, aber eben nicht mehr rationalerweise. Am Beginn der Neuzeit ging man mehrheitlich davon aus, dass sich die Existenz Gottes beweisen lässt und dass sich die anderen christlichen Glaubenswahrheiten als glaubwürdig nachweisen lassen. Glaube und Vernunft bildeten ein komplexes und harmonisches Ganzes: Der Glaube ergänzte bzw. komplettierte einerseits die Vernunfterkenntnis. Andererseits rechtfertigte und begründete die Vernunft die Glaubensinhalte und erwies genau dadurch den Glauben als rational gerechtfertigt.

Im Laufe der Neuzeit haben sich die Mehrheitsverhältnisse langsam, aber nachhaltig verschoben. Nach und nach bekam diese harmonische Synthese Risse, bis sie schließlich zerbrach. Heute geht die Mehrheit der Intellektuellen nicht mehr davon aus, dass sich die religiösen Wahrheitsansprüche rational begründen lassen. Die Beweise und Begründungen wurden gewogen und für zu leicht befunden. Das Ergebnis ist, dass für viele der Atheismus die rationale Ausgangsposition ist. Religion steht dagegen unter dem Generalverdacht, irrational, weil unbegründbar zu sein.

Wie sich der Atheismus in der Öffentlichkeit präsentiert, hängt entscheidend davon ab, wie die religiöse „Unvernunft" bewertet wird. Der Atheismus verhält sich in der Regel ruhig,

---

[9] Vgl. z.B. Behe, Michael J.: Darwins Black Box. Biochemische Einwände gegen die Evolutionstheorie, Gräfelfing 2007.

[10] Zur Kritik vgl. Forrest, Barbara/Gross, Paul R.: Creationism's Trojan Horse. The Wedge of Intelligent Design, Oxford, 2. Aufl., 2004.

sofern Religiosität als harmlos oder als gesellschaftlich irgendwie nützlich eingeschätzt wird. Er wird dagegen missionarisch und aggressiv, wo dies nicht der Fall ist. Dort wird dazu aufgerufen, sich gegen die religiöse Unvernunft zur Wehr zu setzen und dem Spuk endlich ein Ende zu machen, wie dies Christopher Hitchens in seinem Buch „God is not great"[11] fordert.

6. Die relativistische Vernunftkritik

Seit geraumer Zeit ist nun das klassische Rationalitätsverständnis selbst in eine tiefe Krise geraten. Nicht religiöse Apologeten, sondern Philosophen, die traditionellen Sachwalter der Vernunft, haben das Projekt der Selbstkritik der Vernunft vorangetrieben und das Ideal einer Begründbarkeit unserer Überzeugungen als völlig unrealistisch und illusionär entlarvt. Diverse Philosophien, die häufig unter dem Label „Postmoderne" subsumiert werden, haben die Idee einer universalen Vernunft verabschiedet und für einen mehr oder weniger radikalen Relativismus plädiert, wonach jeder nach seiner eigenen Façon selig werden soll. Der springende Punkt besagt, dass keiner alle anderen zu ihrem Glück zwingen darf – weder im Namen Gottes noch im Namen von Vernunft oder Wahrheit. Üblicherweise liegt dem Relativismus ein erkenntnistheoretischer Skeptizismus zugrunde, der davon ausgeht, dass die Wahrheit an sich ohnehin nicht erkennbar ist, so dass jeder seine eigene Wahrheit haben und danach leben kann. Nicht von ungefähr sehen einige Relativisten hinter der modernen Berufung auf die *eine* Vernunft nichts anderes als die Fortsetzung des Glaubens an den *einen* Gott – mit den gleichen unliebsamen Konsequenzen. An die Stelle des religiösen Fundamentalismus und seiner übernatürlichen Gewissheiten trat der aufklärerische Fundamentalismus der Vernunft mit seinen natürlichen Gewissheiten. Beiden Fundamentalismen liegt eine intolerante

---

[11] Vgl. Hitchens, Christopher: Der Herr ist kein Hirte. Wie die Religion die Welt vergiftet, München 2007.

Haltung gegenüber abweichenden Meinungen zugrunde. Dagegen verspricht der Relativismus eine tolerante und pluralistische Zukunft.

Vielfach wird bereits das Geltendmachen objektiver Wahrheitsansprüche als im Keim fundamentalistisch gebrandmarkt, als Ausdruck von Intoleranz und Überheblichkeit. Im Namen vermeintlich universaler Vernunftkriterien wurden angeblich Minderheiten unterdrückt. Die Verabschiedung des Ideals der *einen* Vernunft und ihrer allgemeinverbindlichen Spielregeln stellt es jedem frei, guten Gewissens zu glauben, woran er glauben will. Jeder darf seine eigenen persönlichen Überzeugungen äußern, aber keiner darf Wahrheiten geltend machen, die den Anspruch erheben, für alle zu gelten. Unter relativistischen Vorzeichen darf jeder behaupten, was er will, solange es nur einigermaßen authentisch oder witzig oder betroffen wirkt. Ob es in einem objektiven Sinn wahr ist, lässt sich ohnehin nicht entscheiden. Infolgedessen hat sich der rationale Diskurs samt seiner Spielregeln erübrigt. An seine Stelle trat gewissermaßen die Talkshow – eine Veranstaltung ohne anstrengende Argumente, ohne komplexe Begründungen, ohne langwierige Schlussfolgerungen, dafür aber kurzweiliger und unterhaltsamer. Zutreffend hat Harry Frankfurt die Abwendung vom „Ideal der Richtigkeit" und die Hinwendung zum „Ideal der Aufrichtigkeit" als Folge des antirealistischen Skeptizismus bezeichnet. „Statt sich in erster Linie um eine richtige Darstellung der gemeinsamen Welt zu bemühen, wendet der Einzelne sich dem Versuch zu, eine aufrichtige Darstellung seiner selbst zu geben."[12]

7. Relativismus als Chance?

Von religiöser Seite aus ist es natürlich verführerisch, sich einer der vernunftkritischen Positionen anzuschließen. Die Vorteile liegen auf der Hand: Sollte sich tatsächlich herausgestellt haben, dass religiöse Wahrheitsansprüche dem rationalen Be-

---

[12] Frankfurt, Harry S.: Bullshit, Frankfurt a. M. 2006, S. 72.

gründungsdruck nicht mehr standhalten können und infolgedessen als irrational erscheinen, eröffnet die relativistische Vernunftkritik einen Ausweg aus dieser Bredouille. Erweist sich die Idee der einen universalen Vernunft als Chimäre, dann macht es natürlich auch wenig Sinn, die religiösen Wahrheitsansprüche als vernünftig ausweisen zu müssen. Die Versuche, dem klassischen Rationalitätsideal nachzuhecheln, wirken nicht nur widersinnig, sondern geradezu lächerlich. Umgekehrt bedeutet dies, dass man als religiöser Mensch unbehelligt von irgendwelchen Legitimationszwängen leben und glauben kann, wie es einem gefällt. Wo Wahrheit zu einer Sache des Standpunkts wird, gilt Astrologie im Prinzip als genauso respektabel wie Astronomie und Ufologie als genauso vertretbar wie Theologie – vorausgesetzt, der Unterhaltungswert stimmt.

8. Die Fehlbarkeit der Vernunft

Wie soll man sich angesichts dieser Konstellation verhalten? Einerseits möchte ich dafür plädieren, an der Idee einer universalen Vernunft festzuhalten. Diese Idee ist kein obsoletes Relikt der Aufklärung oder Moderne, wie dies die relativistische Vernunftkritik gerne suggeriert. Der Relativismus ist im Übrigen auch keineswegs die frohe befreiende Botschaft, als die er sich versteht. Andererseits scheint das klassische Rationalitätsverständnis tatsächlich unhaltbar und überzogen zu sein. Dürften wir nur das für wahr halten, was sich beweisen lässt, stünden wir mit ziemlich leeren Händen da. Das Ideal der Beweisbarkeit lässt sich nicht einmal in den Wissenschaften verwirklichen.

Worin besteht aber dann Rationalität, wenn nicht in der Begründbarkeit oder Beweisbarkeit der Überzeugungen? Rationalität hat etwas mit Spielregeln zu tun, und zwar mit Spielregeln, an die sich idealerweise alle zu halten haben. Das scheint die zentrale Idee von Vernunft zu sein. Streicht man die Universalität, so hat man die Idee der Rationalität überhaupt verabschiedet. Wenn so gut wie alles irgendwie rational sein kann, ist unterm Strich nichts mehr rational. Die nächste

Frage lautet dann: Wie sind diese Spielregeln beschaffen? Wie sollte man idealer- bzw. rationalerweise mit seinen Überzeugungen umgehen? Und die abschließende Frage lautet: Sollen sich auch religiöse Menschen an diese wie auch immer beschaffenen Spielregeln halten?

Ich kann die Fragen, die ich hier leichtsinnigerweise angesprochen habe, nicht abschließend beantworten. Ich gehe davon aus, dass wir unsere (zumindest nicht-trivialen) Überzeugungen nicht definitiv beweisen können. Das bedeutet umgekehrt, dass wir in dem Bewusstsein leben müssen, uns irren zu können. Das ist die Grundeinsicht der Philosophie des Kritischen Rationalismus von Karl Popper. Ein vernünftiger Mensch versucht, im Bewusstsein seiner eigenen Fehlbarkeit seine Überzeugungen im Einklang mit den Regeln der Logik und dem Zeugnis der Erfahrung zu halten. Wo dieser Einklang gestört zu sein scheint, versucht er, seine Überzeugungen zu modifizieren oder zu korrigieren. Es gibt zwar nur *eine* Wahrheit, aber es gibt keinerlei Wahrheitsgarantien. Deshalb verhält sich der rationale Mensch kritischen Einwänden gegenüber aufgeschlossen und konkurrierenden Überzeugungen gegenüber tolerant. Um andere von seiner Sicht der Dinge zu überzeugen, setzt er auf die Macht des besseren Arguments. Er tut dies in dem Bewusstsein, dass er sich irren könnte und dass der andere Recht haben könnte und dass der Diskurs, also der Austausch von Argumenten, das geeignete Mittel ist, um herauszufinden, was jeweils wohl der Fall sein könnte. Solange keine triftigen Einwände gegen seine Überzeugung vorliegen, hält er daran fest, ohne ausschließen zu können, dass nicht in Zukunft solche Einwände auftauchen werden. Wer in etwa so mit seinen Überzeugungen umgeht, geht rational damit um. Er hält die Mitte zwischen Leichtgläubigkeit und Skeptizismus, zwischen Zu-viel-Glauben und Zu-wenig-Glauben.

9. Vernünftiger Glaube?

Kann man auch als religiöser Mensch mit seinen Überzeugungen auf diese Weise umgehen? Soll man das überhaupt? – Die Beantwortung dieser Frage hängt wiederum davon ab, wie man die Verhältnisbestimmung von Glaube und Vernunft vornimmt. Beginnt der Glaube erst dort, wo die Vernunft an ihre vermeintlichen Grenzen gestoßen ist? Oder geht es um die Frage, ob dieselben Spielregeln, die Rationalität konstituieren, auch für den Bereich des Glaubens Geltung beanspruchen? Im ersten Fall wäre der Glaube definitionsgemäß unvernünftig, weil jenseits der Vernunft. Im zweiten Fall müsste sich der Glaube irgendwie mit den Spielregeln arrangieren.

Wenn dabei die eben vorgeschlagenen Spielregeln gelten sollen, ist davon auszugehen, dass es für fehlbare und irrtumsanfällige Menschen keine nicht-willkürlichen Wahrheitsgarantien gibt. David Tracy hat in seinem Regelwerk des rationalen Diskurses die Bereitschaft aufgenommen, zu argumentieren, falls es notwendig ist, Konfrontation nicht zu scheuen, falls sie erforderlich ist, und seine Meinung zu ändern, falls die Evidenzen dies nahelegen.[13] Auch wer glaubt, besitzt keine Garantien, vor Irrtum gefeit zu sein. In diesem Sinn spricht kein Grund – zumindest kein vernünftiger – dagegen, als Glaubender die Regeln des Spiels namens Rationalität einzuhalten.

---

[13] Tracy, David: Plurality and Ambiguity. Hermeneutics, Religion, Hope, London 1988, S. 19.

Die Weite der Vernunft

Der religiöse Glaube und die Dialektik der Säkularisierung

Walter Schweidler

1. Die Vernunft und ihre Grenzen

„Nichts ist so gerecht verteilt wie der Verstand: Jeder meint, er hat genug davon."[1] So beginnt die Abhandlung von René Descartes, die wie kaum ein anderes philosophisches Werk den Ausgangspunkt und lange Strecken der Entwicklung der modernen Naturwissenschaften bestimmt hat. Der Satz ist von Descartes selbstverständlich ironisch gemeint; er soll daran erinnern, dass unser Verstand sich nicht nur im kritischen Umgang mit den Fakten und mit unseren Meinungen über sie bewähren muss, sondern auch in der Rückwendung auf sich selbst, also in der Selbstkritik. Kant hat das Vermögen zum selbstkritischen Umgang mit den Grenzen unseres Verstandes dann als das wesentliche Charakteristikum der Vernunft begriffen, durch welches unser Denken fähig dazu, aber auch verantwortlich dafür ist, seine eigenen Grenzen zu bestimmen.[2] Auf der philosophisch-theoretischen Ebene stand dabei für Kant – aus historisch klar nachvollziehbaren Gründen – der eine von den beiden Aspekten, unter denen diese Grenzbestimmung zu leisten ist, ganz im Vordergrund, nämlich die Gefahr der Überdehnung des Vernunftanspruchs, also die Gefahr, mit unbegründeter Verstandesakrobatik etwas beweisen zu wollen, was nur dem Glauben zugänglich ist. Selbstkritik der Vernunft

---

[1] Descartes, René: Discours de la méthode, 1e partie, in: Oeuvres et lettres, Gallimard 1953, S. 126.
[2] Kant, Immanuel: Kritik der reinen Vernunft, in: Werke, Band II, Darmstadt 1983, B 823.

34

hieße also wesentlich, dem Übermut des Verstandes Grenzen zu ziehen; wobei Kant jedoch so eindeutig wie nur möglich in den Schlusspassagen seiner „Grundlegung zur Metaphysik der Sitten"[3] festhielt, dass diese Begrenzungsleistung, mit der wir zwar nicht das Unverstehbare, aber wenigstens den Grund seiner Unverstehbarkeit verstehen, dass also diese Selbstkritik der Vernunft etwas ganz und gar Vernünftiges, ja dass sie gewissermaßen die Sphäre des originär vernünftigen Verhaltens zu den Grenzen unseres Lebens selbst ist.

Nun gibt es allerdings auch den gegenteiligen Aspekt: Genauso unvernünftig wie den Anspruch des Verstandes über seine Grenzen hinaus auszuweiten ist es, ihn davon abzuhalten, bis an diese Grenzen zu gehen. Schaut man noch einmal auf das Wort von Descartes zurück, dann zeigt sich ja, dass seine ironische Spitze eher auf diesen zweiten Aspekt zielt. Die Sicherheit, man habe genug Verstand, kann auch der Ausdruck von Borniertheit sein: man hat genug von der Anstrengung, die das Verstehenkönnen einem abverlangt. Bekanntlich hat Kant auch diesem zweiten Aspekt Aufmerksamkeit gewidmet, nämlich in seiner Bestimmung der Aufklärung als des Ausgangs des Menschen aus eben dem Zustand, in dem er sich weigert, sich seines Verstandes in dem ihm möglichen Umfang zu bedienen.[4] Kant sah also durchaus die Gefahr der unvernünftigen Verengung genauso wie die der übermäßigen Ausweitung unserer Vernunftansprüche, und wenn die Rückbesinnung auf die Weite der Vernunft nichts anderes wäre als die Erinnerung an diese beiden Aspekte als solche, dann würden wir damit nicht über das hinausgehen, was uns spätestens seit Kant geläufig ist.

---

[3] Kant, Immanuel: Grundlegung zur Metaphysik der Sitten, in: Werke, Band IV, Darmstadt 1983, BA 128.
[4] Kant, Immanuel: Beantwortung der Frage: Was ist Aufklärung?, in: Werke, Band VI, Darmstadt 1983, A 481.

2. Die Selbstunterschätzung der Vernunft

Aber so ist es nicht. Das Thema „Weite der Vernunft" hat eine neue und gegenüber damals originäre Brisanz gewonnen. Warum? Weil eine Voraussetzung, die Kant in Bezug auf die beiden Aspekte offenbar gemacht hat, nicht oder jedenfalls nicht mehr gilt. Es handelt sich um eine Voraussetzung, die nicht den Inhalt, sondern die Ursachen betrifft, aus denen sich die Überdehnung bzw. die Unterschätzung des Anspruchs unserer Vernunft ergeben. Darin unterscheiden sich beide Aspekte nämlich für Kant ganz grundlegend: Die Überschätzung ihres Anspruchs ist eine Gefahr, die von der Vernunft selbst ausgeht und daher auch den ganz eigentümlichen Prozess ihrer Selbstkritik erfordert, während ihr die Verengung ihres Anspruchs essenziell von außen aufgezwungen wird und daher ihr eher normales Potenzial auf den Plan ruft, das Potenzial zur vernünftigen Kritik der Unvernunft. Die Überdehnung der Vernunft ist, auf eine holzschnittartige Formel gebracht, das Ergebnis ihrer inneren Zwiespältigkeit, die sie als die Vernunft eines endlichen Wesens, des Menschen, hat; während ihre Verengung das Ergebnis des Wirkens von irrationalen Mächten ist, also der überkommenen traditionalen Weisen des Aberglaubens und der ihnen entspringenden ideologischen Sakralisierung politischer Institutionen.

Wenn wir heute von der Dialektik der Säkularisierung sprechen,[5] dann geht es im Wesentlichen um die Einsicht, dass diese Zuordnung zu einseitig, ja dass sie falsch gewesen ist. Sie hat einen blinden Fleck. Kant nannte ja das Feld, auf dem die Vernunft ihre Zwiespältigkeit entfaltet und auf dem wir die selbstkritische Auseinandersetzung mit ihr zu führen haben, die „transzendentale Dialektik", und er räumte ein, dass wir

---

[5] Habermas, Jürgen/Ratzinger, Joseph: Dialektik der Säkularisierung. Über Vernunft und Religion, Freiburg/Basel/Wien 2005; vgl. Horster, Detlev: Habermas und der Papst. Glauben und Vernunft, Gerechtigkeit und Nächstenliebe im säkularen Staat, Bielefeld 2006; Schweidler, Walter (Hrsg.): Postsäkulare Gesellschaft. Perspektiven interdisziplinärer Forschung, Freiburg i.Br./München 2006.

dem Schein, in den wir durch sie verstrickt werden, niemals endgültig entkommen, sondern dass wir nur lernen können, mit ihm umzugehen.[6] Wenn nun der Begriff „Säkularisierung" in seinem weiten, mehr oder weniger geschichtsphilosophischen Sinne den Prozess meint, in dem traditionale und insbesondere religiöse Sinnbestimmungen des menschlichen Lebens durch die vollständige Herrschaft der Vernunft überwunden werden sollten,[7] dann ist es eigentlich logisch, dass mit dem Machtanspruch der Vernunft auch ihre dialektische Komponente verabsolutiert zu werden droht, dass also die Dialektik der Vernunft zur Dialektik des Prozesses wird, mit dem sie sich als die alleinige Sinnstifterin der menschlichen Verhältnisse durchsetzt. Und es ist ebenso logisch, dass es, wenn man dieser Gefahr entgegentreten will, umso mehr auf die Selbstkritik der Vernunft ankommt. Was aber ist, wenn Vernunft vollständig herrschen soll, noch das Maß ihrer Selbstkritik? Die Antwort kann eigentlich nur lauten: ihre ganze Weite! Wenn unsere Lebensbeziehungen und unsere Handlungsorientierung ganz auf den Anspruch der Vernunft gegründet werden und wir dennoch ein Korrektiv gegen diesen Anspruch behalten sollen, dann kann dieses Korrektiv nur eines sein, das aus der Vernunft kommt und doch zugleich immer über sie hinausweist. Es muss also ein Maß sein, von dem her die Vernunft ermessen kann, was ihr aufgegeben und vorgegeben ist, so dass sie in ihm sich selbst erblickt und zugleich das erblickt, was sie nicht erreicht hat – denn hätte sie es erreicht, wäre es nicht mehr ihr Korrektiv. Worin kann dieses Maß bestehen?

---

[6] Vgl. Kant: Kritik der reinen Vernunft, B 825; vgl. B 354 f., B 737.

[7] Zu dieser Definition vgl. Spaemann, Robert: Postsäkulare Gesellschaft, in: Postsäkulare Gesellschaft. Perspektiven interdisziplinärer Forschung, hrsg. von Walter Schweidler, Freiburg i.Br./München 2006, S. 68. Eine dieser kritischen entsprechende affirmative Verwendung des Vernunftbegriffs im Kontext der Charakterisierung einer säkularisierten Gesellschaft findet sich etwa bei Rawls, John: Politischer Liberalismus, Frankfurt a. M. 1998, S. 17, wonach der politische Liberalismus von einer gesellschaftstragenden Gerechtigkeitskonzeption nicht verlangt und nicht behauptet, „dass sie wahr, sondern dass sie vernünftig sei". Vgl. dazu Schweidler, Walter: Der gute Staat, Stuttgart 2004, S. 297 ff.

In der Antwort auf diese Frage zeigt sich, dass Kants Prinzip, nämlich das Prinzip der Selbstkritik der Vernunft, von ungebrochener Aktualität ist, während hingegen seine Einschränkung auf den Aspekt der Übersteigerung überholt ist und wir vielmehr über eine der Vernunft selbst innewohnende Tendenz zur Selbstverengung sprechen müssen – also gewissermaßen nicht mehr über den Übermut, sondern über die Verzagtheit der Vernunft. Wenn insoweit die Dialektik des Prozesses der Säkularisierung noch die Frucht einer Dialektik eben der Vernunft ist, die in diesem Prozess zur Herrschaft gelangt, dann können wir die Defizite, vor die sich diese Vernunft durch ihn gestellt sieht, nicht mehr in eindimensionaler Weise auf äußere Widerstände zurückführen, die ihrem Vormarsch Grenzen setzen, sondern wir müssen genau den Faktor ins Spiel bringen, dem Kant nur für die Überdehnung, nicht aber für die Verengung des Vernunftvermögens Erklärungskraft zumessen wollte: den Faktor der Endlichkeit, der schlicht bedeutet, dass der Anspruch, „die" Vernunft zur Herrscherin unseres Lebens zu machen, nolens volens der Anspruch *unserer* Vernunft, der Anspruch endlicher Lebewesen ist, die konstitutionell in der Versuchung stehen, den ihnen je beherrschbaren Spielraum vernünftiger Lebensgestaltung mit der ganzen Weite der Vernunft selbst zu verwechseln.

Es ist die These der Regensburger Vorlesung von Papst Benedikt gewesen, dass im Umgang mit genau dieser Versuchung die Selbstkritik der neuzeitlichen Vernunft ihre Pointe findet – eine Pointe, die darin besteht, dass wir nicht etwa im Gegenzug gegen sie, sondern um ihretwillen „die selbstverfügte Beschränkung der Vernunft auf das im Experiment Falsifizierbare überwinden und der Vernunft ihre ganze Weite wieder eröffnen"[8] müssen. Diese These steht in der genannten Vorlesung im Kontext einer Verteidigung des Wissenschaftsanspruchs der Theologie, aber ihr Hintergrund ist viel weiter und reicht bis zum

---

[8] Ansprache von Papst Benedikt XVI. an der Universität Regensburg vom 12.9.2006: „Glaube, Vernunft und Universität. Erinnerungen und Reflexionen", zitiert nach der vom Vatikan herausgegebenen Fassung vom 22.11.2007.

Horizont unseres gesamten gegenwärtigen Wissenschafts- und Kulturbegriffs. Es gibt ganz ohne Zweifel eine Dynamik der voluntaristischen Selbstverengung, um nicht zu sagen der Selbstverleugnung, die darauf hinausläuft, Vernünftigsein mit der Kompetenz gleichzusetzen, zu wissen, wann man von der Vernunft genug hat und wie man ihre Stimme auf kontrollierte Weise abzuwürgen vermag. In der Philosophie kennen wir diese Attitüde schon seit langem als den Kommunikations-abbruch, der sich ereignet, wenn Fragen, auf die man keine un-mittelbar operationalisierbare Antwort geben kann, mit der Behauptung zurückgewiesen werden, man verstehe gar nicht, was mit ihnen und den Wörtern gemeint sei, mit denen sie for-muliert sind. Es ist die „linguistische Philosophie", so hat der bedeutende Anthropologe Ernest Gellner es ironisch auf den Punkt gebracht, die eine so merkwürdige Revolution hervor-gebracht hat: Während es lange üblich war, in akademischen Zirkeln vorzugeben, dass man etwas verstehe, obwohl man es nicht versteht, hat sie nun das Gegenteil bewirkt, nämlich dass man behauptet, etwas nicht zu verstehen, was man in Wahrheit versteht;[9] Robert Spaemann hat es einmal die Strategie des „methodischen Kannitverstaan" genannt.

Was auf dieser theoretischen Ebene noch ein Lächeln her-vorrufen mag, wird zum Lebensernst, wenn die Äußerung per-sönlicher Überzeugungen, etwa der Überzeugungen von einer metaphysischen Sinnbestimmung unseres Lebens, als Störfak-tor des politisch korrekten Zusammenlebens betrachtet wird, also als ein Faktor, der daraufhin beurteilt werden muss, ob er mit den Steuerungsbedingungen einer globalisierungstaugli-chen Produktions- und Konsumgesellschaft noch vereinbar sei. Der italienische Historiker Roberto de Mattei, der an den Verhandlungen über den europäischen Verfassungsentwurf be-teiligt war, spricht in diesem Zusammenhang von der Neuauf-lage des Projekts der Auflösung der Philosophie in Ideologie, wie es der modernistische Totalitarismus Gramscis einst kon-zipiert hat; diese Auflösung entspricht, so sagt de Mattei, „der

---

[9] Gellner, Ernest: Words and Things, London 1979, S. 83.

Auflösung der Wahrheit durch die Macht, wenn auch nicht durch die materielle, sondern die psychologische und gesellschaftliche Macht. Das geschieht durch die Diskriminierung der Fragen, oder besser, durch die Schaffung eines neuen ‚gemeinsamen Sinns', für den die Interpreten der Ideologie sorgen und in dem nicht mehr die traditionellen metaphysischen Fragen auftauchen."[10]

Ganz auf der so charakterisierten Linie liegt es, wenn der Publizist Jan Philipp Reemtsma die Auffassung vertritt, dass man im „säkularen Staat" das Zusammenleben mit den religiösen Menschen, das heißt denen, die meinen, dass das wissenschaftliche Wissen „die Welt in ihrer Gesamtheit – oder in ihrem Kern oder ihrem Sinn – nicht erfassen kann"[11], nur unter dem Gesichtspunkt der Respektierung einer Art kulturellen Fremdkörpers organisieren kann, und auch dies nur hypothetisch: „Wenn es zuträfe, dass die säkulare Gesellschaft ohne Religiosität in ihr nicht wirklich lebensfähig wäre, folgte daraus, dass der Religiosität tatsächlich Respekt entgegengebracht werden müsste, denn man sollte nicht das missachten, worauf man angewiesen ist."[12] Damit ist die Rückseite des in den Fragen des interreligiösen Zusammenlebens oft bemühten Grundwerts „Toleranz" auf den Punkt gebracht: Toleranz ist ihrer verfassungsgeschichtlichen Herkunft nach[13] eine Kategorie nicht der Gewährleistung vorstaatlicher Rechte, sondern der staatlichen Gewährung prinzipiell rücknehmbarer Entfaltungsspielräume für Untertanen, die nicht auf derselben Ebene stehen wie die staatstragenden Bürger. Wenn das „vernünftige" Verhältnis zu

---

[10] Mattei, Roberto de: Laizismus und Religion, in: Postsäkulare Gesellschaft. Perspektiven interdisziplinärer Forschung, hrsg. von Walter Schweidler, Freiburg i.Br./München 2006, S. 279.

[11] Reemtsma, Jan Philipp: Muss man Religiosität respektieren? Über Glaubensfragen und den Stolz der säkularen Gesellschaft, in: Le Monde diplomatique, deutsche Ausgabe vom 12.8.2005.

[12] Ebd.

[13] Vgl. dazu Kriele, Martin: Befreiung und politische Aufklärung. Plädoyer für die Würde des Menschen, Freiburg i.Br. 1980, S. 47; vgl. auch Schweidler, Walter: Toleranz: Legitim oder Legitimierend?, in: Ethik und Sozialwissenschaften. Streitforum für Erwägungskultur 4/1997, S. 457–460.

metaphysischen und religiösen Grundfragen darauf hinauslaufen soll, dass diejenigen, die solche metaphysischen und religiösen Fragen stellen, von den „Vernünftigen" aus steuerungsrationalen Gründen toleriert werden sollten, dann wird der Streit um den Begriff des Vernünftigen und um die Weite, die ihn definiert, zu einer ganz und gar nicht mehr akademischen, sondern zu einer hochpolitischen Überlebensfrage. Und in der kulturellen Konstellation, in der dieser Streit sich allmählich anbahnt, zeigt sich exemplarisch, was Dialektik der Säkularisierung bedeutet. Denn diese Konstellation hat sich gegenüber der, in welcher Kant die Selbstkritik der Vernunft anmahnte, auf frappierende Weise umgekehrt: Der Papst fordert die Besinnung auf die „Weite der Vernunft", die Überwindung der Verkürzung des Vernunftbegriffs auf technokratisch-relativistische Rationalität, während die Devise, störende und den gesellschaftlichen Zusammenhalt irritierende Fragen zu marginalisieren und letztendlich sogar zu zensieren,[14] im Namen des „säkularen Staates" erhoben und damit in jenem Prozess der Säkularisierung verankert wird, der doch zur unbegrenzten Herrschaft der Vernunft führen sollte. Ist es wirklich die Pointe des Vernünftigseins, entscheiden und notfalls dekretieren zu können, wann es mit dem Vernünftigseinwollen genug ist?

3. Vernunft jenseits der Grenzen der Wissenschaft

Ich möchte versuchen, zum Verständnis dieses Streits von philosophischer Seite zwei Gesichtspunkte beizutragen, einen wissenschaftstheoretischen und einen ontologischen. Der wissenschaftstheoretische Gesichtspunkt betrifft den Status gewisser Fragestellungen, welche die Grenzen des naturwissenschaftlichen Denkens markieren. Wir verdanken ja der wissenschaftstheoretischen Reflexion des 20. Jahrhunderts enorm klärende

---

[14] Vgl. Kauffmann, Clemens: Clash of Views: Was fehlt dem politischen Liberalismus zur Moral des 21. Jahrhunderts?, in: Werte im 21. Jahrhundert, hrsg. von Walter Schweidler, Baden-Baden 2001, S. 199–219, insbesondere S. 209 ff.

Einsichten in die Erkenntnisstruktur insbesondere des naturwissenschaftlichen Forschens, so insbesondere die Heraus-
arbeitung des sogenannten „Hempel-Oppenheim-Modells"
der wissenschaftlichen Erklärung.[15] Dieses Modell hat in entscheidender Weise die Struktur und den Anspruch einer auf
Naturkausalität beruhenden Faktenerklärung präzisiert. Jede
naturwissenschaftliche Erklärung besteht nach diesem Modell
in der Ableitung von Ereignissen (Aussagen über Ereignisse)
aus Ausgangsdaten (Aussagen über Ausgangsdaten) und Naturgesetzen (Aussagen über allgemeine Zusammenhänge von
Ereignisarten). Der Einsturz einer Tribüne ist erklärt, wenn
die relevanten Aussagen über seine Ausgangsdaten (Material,
Konstruktion, Gewichtsbelastung durch Zuschauer, tekto-
nische Daten etc.) in Verbindung mit den relevanten Naturgesetzen (Gravitation, Fallgesetze, ggf. Zerfallsprozesse im Holz
etc.) zu dem Ergebnis führen, dass das zu erklärende Ereignis
eingetreten ist, weil ein Ereignis dieser Art immer eintreten
würde, wenn Ausgangsdaten der gegebenen Art vorhanden
sind. Es ist also die Konstanz des Naturverlaufs, auf der unsere
Erklärungen und unsere Rationalität im Umgang mit ihnen
ganz und gar beruhen. Wie aber steht es mit dieser Konstanz
selbst? Ist sie naturwissenschaftlich erklärbar? Wenn das Modell stimmt, ist eine solche Erklärung ausgeschlossen, und
zwar nicht aus metaphysischen, sondern aus ganz simplen logischen Gründen. Denn die „Erklärung" der Naturkonstanz
würde ja nichts anderes heißen als Erklärung der Naturgesetze,
und Erklärung der Naturgesetze hieße gemäß dem Modell ihre
Ableitung aus Ausgangsdaten und – Naturgesetzen. So aber
käme man allenfalls zu umfassendsten Gesetzmäßigkeiten,
also Beschreibungen des Naturverlaufs, aber nicht zu seiner Erklärung. Wittgenstein hat es „die Täuschung der ganzen modernen Weltanschauung" genannt, dass sie meine, auf dem
Weg zu immer umfassenderer Beschreibung schließlich zu einer

[15] Vgl. dazu eingehend Stegmüller, Wolfgang: Probleme und Resultate der Wissenschaftstheorie und Analytischen Philosophie, Band I: Wissenschaftliche Erklärung und Begründung, Berlin/Heidelberg/New York 1969.

Erklärung der Natur zu kommen.[16] Und eine parallele Feststellung gilt ja für die Kette der „Ausgangsdaten": Genauso wie die naturwissenschaftliche Erklärung der Naturkonstanz ist die des Beginns der Kette der Ausgangsdaten, also des Anfangs der Welt, aus logischen Gründen undenkbar, denn sie könnte nur aus der Ableitung des ersten Ausgangsdatums aus Gesetzen und früheren Daten bestehen. Zugleich aber sagt uns die Naturwissenschaft, dass die Annahme eines ersten Ausgangsdatums, eines „Urknalls" aus den Beobachtungen und ihrer rationalen Rekonstruktion zu folgern ist. So führt uns die naturwissenschaftliche Analyse der Konstanz der Natur und ihrer Implikationen mit ihrer eigenen Notwendigkeit auf Fragen, die wir mit ihren Mitteln prinzipiell nicht beantworten können. Sind diese Fragen deshalb irrational?[17] Sie sind es nur, wenn man einen Begriff von Rationalität dekretiert, der durch die Grenzen der naturwissenschaftlichen Methode definiert ist. Dann fallen die Fragen nach dem Grund der Welt, ihres Anfangs und ihrer Zugänglichkeit für unsere Vernunft in den Bereich des „Unvernünftigen". Aber das ist ersichtlich ein dezisionistischer Akt: Projektion der Beschränktheit eines bestimmten Vernunftbegriffs auf vermeintliche Schranken der Vernunft selbst. Wenn man diesen Dezisionismus verweigert, dann kommt man zu nichts anderem als der Feststellung, dass wir hier eben an den Grenzen der naturwissenschaftlichen Methode angelangt sind, an denen wir die durchaus rationale Frage stellen können und müssen, was Rationalität ist und worin sie ihren Grund hat. Genau dies ist gemeint, wenn der Papst am Ende seiner Vorlesung sagt, die Naturwissenschaft müsse „die rationale Struktur der Materie wie die Korrespondenz zwischen unserem Geist und den in der Natur waltenden rationalen Strukturen ganz einfach als Gegebenheit annehmen, auf

---

[16] Wittgenstein, Ludwig: Logisch-philosophische Abhandlung, Frankfurt a. M., 13. Aufl., 1978, § 6.371.
[17] Hempel selbst hat diesen Ausweg angedeutet, ihn aber nicht befriedigend, sondern rein dezisionistisch begründen können. Vgl. dazu Rescher, Nicholas: Die Grenzen der Wissenschaft, Stuttgart 1985, S. 211, m.w.N.

der ihr methodischer Weg beruht. Aber die Frage, warum dies so ist, die besteht doch und muss von der Naturwissenschaft weitergegeben werden an andere Ebenen des Denkens ...".[18]

4. Vernunft jenseits der Grenzen des Wissens

Der zweite Gesichtspunkt, den ich anführen möchte, betrifft eben die Frage des rationalen Umgangs mit den Grenzen unseres Wissens. Hier kommt nun das Verhältnis von Wissen und Glauben ins Spiel, und zwar „Glauben" in einem weiten, nicht auf religiösen Glauben eingeschränkten Sinne. Es ist eine altbekannte und nichtsdestoweniger herausfordernde Feststellung der Sprachphilosophie, dass man von Wissen nur sprechen kann, indem man über die Tatsachen spricht, die völlig unabhängig von unserem Wissen bestehen. „Hans weiß, dass alle Schwäne weiß sind, aber es sind gar nicht alle Schwäne weiß", ist eine unsinnige Aussage. Deswegen kann ja auch die Beteuerung „Ich weiß, dass ... x" niemals ein Beweis für „x" sein. „Es muss erst erwiesen werden, dass er's weiß ...", sagt der unübertreffliche Wittgenstein.[19] Ob ich etwas weiß oder nicht, darüber entscheiden die Fakten. Und trotzdem ist das Wissen doch etwas eminent Persönliches: mein Wissen, dein Wissen, Hans' Wissen. Ob man weiß, entscheidet sich nicht in einem selbst, aber dass man weiß, wenn man denn weiß, weiß man aus sich selbst. Was ist denn dann eigentlich das Höchstpersönliche am Wissen? Was zeigt sich, wenn sich herausstellt, dass man sicher war, etwas zu wissen und es doch anders war? „Man vergisst eben immer den Ausdruck: ‚Ich glaubte, ich wüsste es'", sagt Wittgenstein dazu.[20] Ist das am Wissen, was nicht durch Tatsachen konstituiert ist, am Ende der Glaube?

---

[18] Ansprache von Papst Benedikt XVI. an der Universität Regensburg vom 12.9.2006: „Glaube, Vernunft und Universität. Erinnerungen und Reflexionen", zitiert nach der vom Vatikan herausgegebenen Fassung vom 22.11.2007.
[19] Wittgenstein, Ludwig: Über Gewissheit, Frankfurt a. M. 1979, § 14.
[20] Ebd., § 12.

Wir dürfen ja auch nicht vergessen, dass man zwar sagen kann: „Hans glaubt, dass x, aber es ist nicht so, dass x", aber dass man nicht sagen kann: „Ich glaube, dass x, aber es ist nicht so, dass x". Auch das Glauben ist, wo es geäußert und nicht bloß beschrieben wird, an die Tatsachen gebunden. Und in dieser Bindung an die Tatsachen besteht die Verbindung zwischen Glauben und Wissen, die keine Identität, aber eine Konvergenz von beidem begründet: es ist die uns und die Welt, zu der wir gehören, verbindende *Wahrheit*, auf die wir uns beziehen, wenn wir wissen und wenn wir glauben – wie auch, wenn wir nur zu wissen glauben. Auch und gerade die Wissenschaft ist ein beständiger Übergang vom Glauben zum Wissen und auch wieder zurück zur Einsicht, dass wir nur zu wissen glaubten. Auch das ist ja eine der großen und durch den imponierenden Prozess der Selbstkritik, der zu ihr führte, besonders glaubwürdig bestätigten Einsichten der durchaus positivistisch inspirierten Wissenschaftstheorie des 20. Jahrhunderts gewesen, dass ausnahmslos jede naturwissenschaftliche Theorie, einfach weil sie universale Sätze beinhaltet und diese niemals endgültig verifizierbar sind, hypothetischen Status hat. Was wir heute als wahr ansehen, wird eines Tages durch anderes widerlegt und ersetzt sein. Dennoch hat es Sinn, von Wissen zu sprechen, denn die Widerlegung des vermeintlich Wahren wird immer nur durch wahre Einsichten geschehen; wir stehen in der Wahrheit, auch wenn wir sie niemals mit dem Stand, den wir ihr in der Formulierung als Inhalt unseres Wissens geben, endgültig werden identifizieren können. So verweist die Wahrheit über unsere Vernunft hinaus, aber sicher nicht auf die Unvernunft, sondern eben auf eine Vernunft, deren Weite der Unsrigen ein Kriterium von Selbstkritik vorgibt, von dem Glauben und Wissen gemeinsam ihre Berechtigung beziehen.

5. Vernunft jenseits des Abstimmbaren

Was ist das Fazit dieser philosophischen Bemerkungen? Es ist, dass Rationalität sich wesentlich zeigt und bewähren muss im Umgang mit beiden Seiten unseres Zugangs zur Wahrheit, also mit Wissen und Glauben und damit auch mit dem Übergang zwischen beidem und mit der Grenze, über die hinweg dieser Übergang immer wieder erfolgt. Irrational in dem spezifischen Sinne einer bornierten Verengung des menschlichen Vernunftanspruchs ist derjenige, der sich dieser Komplexität nicht stellt und nur die eine der beiden Seiten als Inbegriff von Rationalität gelten lassen will – sei es den Glauben oder eben auch das Wissen. Und zwar gilt dies in besonderem Maße im Bereich der politischen Rationalität. Diese gäbe es nämlich überhaupt nicht, wenn die vernünftige Orientierung des menschlichen Lebens und Zusammenlebens allein auf Wissen in dem Sinne gestützt werden könnte, den wir im Hempel-Oppenheim-Modell expliziert finden. Wenn wir die Probleme unseres Lebens mit den Mitteln der Naturwissenschaft lösen könnten, dann wäre die Politik wie natürlich auch die Religion schon längst durch angewandte Naturwissenschaften ersetzt worden oder wenigstens auf dem Weg dazu, durch sie ersetzt zu werden. Im Grunde war dies die Vision von Descartes, und wer immer an ihr festhalten will, trägt zumindest die Beweislast. Rechtsstaat und Demokratie sind, wie das Prinzip der Würde jeden menschlichen Lebens, Ausdruck der Einsicht, dass nicht die wissenschaftliche, sondern die spezifisch menschliche, also die Vernunft, die in jedem Menschen wohnt und nur von ihm auf seine je unreduzierbare Weise verwirklicht werden kann, die Quelle der Orientierung unseres Lebens und Zusammenlebens sein kann. Das bedeutet nicht, dass die Trennung von Wissen und Glauben für politische Rationalität nicht wichtig wäre; sie ist es durchaus. Der moderne Verfassungsstaat ist ganz wesentlich aus dem Ringen um religiöse Glaubensfreiheit hervorgegangen. Aber Glaubensfreiheit hieße in diesem Ringen und heißt bis heute nicht primär Freiheit vom Glauben, genauso wenig wie Meinungsfreiheit Freiheit von der Meinung oder

Pressefreiheit Freiheit von der Presse heißt. Glaubensfreiheit ist
für den modernen Staat von seinem Ursprung an bis heute primär die Freiheit von der Unterdrückung des Glaubens und somit Schutz des Glaubens um dessentwillen, was an ihm schüt-
zenswert und damit das spezifisch Humane ist. Weil der Kern
des modernen Begriffs von politischer Rationalität darin besteht, wie Ernst Cassirer es unüberholbar formuliert hat, „dass
das Prinzip, welches die Grenze der staatlichen Machtbefug-
nisse bezeichnet, zugleich die ideelle Rechtfertigung des Staates
in sich"[21] schließt, legitimiert sich dieser Staat auch und wesentlich durch die Grenze, die ihm gezogen ist, wenn es um
den religiösen Glauben geht. Aber das heißt nicht, dass er diese
Grenze als die Grenze der Vernünftigkeit ansieht, jenseits derer
irrationales Chaos tobt. Sondern er respektiert diese Grenze so
wie die Grenze der freien Meinung oder der freien Presse, weil
er Freiheit als das Prinzip des spezifisch menschlichen Zugangs
zur und Umgangs mit der Wahrheit respektiert, besser: weil er
sie als dieses begriffen hat.

Von dieser Bedeutung auch und wesentlich des religiösen
Glaubens her kann man noch einmal markieren, worin die Gefahr besteht, welche die Dialektik der Säkularisierung mit sich
bringt. Die genuine Rationalität des modernen Staates besteht
darin, dass er sich auf die Regelung der vorletzten Fragen beschränkt und die Vernünftigkeit im Umgang mit den letzten
Fragen in der Sphäre persönlicher Sinnfindung und Lebensver-
antwortung seiner Bürger verortet. Er versagt sich damit prinzipiell, die Herrschaft über die ganze Weite der Vernunft für
sich in Anspruch zu nehmen. Dieses Prinzip bricht dann zusammen, wenn wir, seine Bürger, unseren Vernunftbegriff der-
gestalt einengen, dass überhaupt nur noch der Umgang mit den
vorletzten Fragen darunter fällt und die letzten Fragen dem
Reich des „Irrationalen" zugeordnet werden. Denn dann erklären wir, ob wir wollen oder nicht, die Prozeduren der Regelung
der vorletzten Fragen für gleichbedeutend mit der Verwirklichung der Vernünftigkeit in der Welt. Dann tritt genau das

---

[21] Cassirer, Ernst: Freiheit und Form, Darmstadt, 4. Aufl., 1975, S. 318.

ein, was die Säkularisierung verhindern und aus der Welt
schaffen wollte: Der Staat übernimmt die Gesamtverantwor-
tung für die Rationalität im Umgang mit dem Sinn und der
Orientierung des menschlichen Lebens. Vernünftig ist dann
nur noch, was die staatlich organisierte Öffentlichkeit dafür
gelten lässt – eine Entwicklung, die sich übrigens am Bedeu-
tungswandel des Begriffs „öffentliche Vernunft" zwischen
Kant und Rawls ganz exemplarisch aufzeigen lässt.[22] Das wird
im Endeffekt bedeuten, dass die Fragen der Menschenwürde
und der Menschenrechte in Angelegenheiten der politischen
Abstimmung überführt werden; in Bezug auf solche Kernfra-
gen wie der nach dem Beginn und der Identität menschlichen
Lebens sind wir mitten in diesem Prozess begriffen. Das Dialektische daran ist, dass die Demokratie ihre Legitimations-
basis beseitigt, wenn sie dasjenige, wovor sie sich legitimiert,
selbst auf Abstimmung gründet. Eine politische Ordnung, die
sich auf das Prinzip der Mehrheitsherrschaft stützt, muss sich
vor dem rechtfertigen, was nicht selbst auf Abstimmung beruht, wenn sie zeigen will, dass sie ihm besser gerecht wird als
jede andere Art von politischer Ordnung. Sie ist auf die Rationalität des Unabstimmbaren angewiesen.

---

[22] Vgl. dazu Kauffmann, Clemens: Strauss und Rawls. Das philosophische Dilemma der Politik, Berlin 2000.

Vernunft und Unglaube

Wie rational ist die politische Bewegung des Neuen Atheismus?

Alexander Kissler

„Es bleibt schwierig." Mit diesen drei Worten wandte sich der Komiker Walter Giller regelmäßig an das Publikum des Zweiten Deutschen Fernsehens. Zuvor oder danach sah man Menschen, die auf komische Weise an den Umständen scheiterten oder an sich selbst. „Es bleibt schwierig": Diese Erkenntnis gilt heute mehr denn je, sie scheint geradezu das Signum des 21. Jahrhunderts zu werden. Schwierig, da unübersichtlich ist die Lage des Menschen geworden. Sämtliche Debatten, die heute unser Zusammenleben bestimmen, etwa die Fragen, ob gerechtes Handeln global möglich ist, ob Verantwortung für Nächste und Fernste gleichermaßen gilt, ob des einen Wohl immer des anderen Wehe sein muss, ob Leistung, Kraft und Stärke die einzigen Kriterien gelingenden Lebens sind, ob in einer Demokratie auch die Toten und die Ungeborenen Stimmrecht haben, ob die Wirklichkeit ganz aufgeht in dem, was sich sehen, berühren und messen lässt, ob das Wissen vom Verwerten überhaupt zu trennen ist, das Erkennen vom Entkernen – all diese Problemfelder sind letztlich Varianten der einen Frage. Diese eine Frage lautet: Was ist der Mensch?

Wollte man diese Frage im Konsens beantworten, so könnte man sich vielleicht auf die schwammige Aussage einigen, dass der Mensch nicht vom Brot allein lebt. Wovon aber noch? Was braucht er außer einem Dach über dem Kopf und Nahrung auf dem Tisch? Wohin soll der Mensch sich wenden, wenn die Arbeit getan oder endlich gefunden ist, wenn die Informationen, die man zuvor gesammelt hatte, angewandt wurden, der Input den Output generierte?

Zu den weitestverbreiteten Sinn- und Trostsystemen zählen traditionell das Wissen und der Glaube. „Wissen ist Macht", hoffte einst Francis Bacon, und in der Tat kann jenes Wissen, das sich nicht im Anwenden und Verwerten, im Machen und Modeln erschöpft, die Macht haben, dem Leben einen Sinn zu geben über den Augenblick hinaus. Kaum etwas Befriedigenderes ist buchstäblich denkbar als das stete Lernen und Nachsinnen, der Flug der Weisheit mit den Schwingen der Neugier in nie betretenes Land. Wahr ist aber auch: Bloßes Wissen macht traurig.

Augustinus von Hippo, der Autor der „Bekenntnisse", war es, der diesen Zusammenhang vor knapp 1.600 Jahren als einer der Ersten erkannte. Er bezog in seiner Deutung einer Bibelstelle aus dem Alten Testament scientia und tristitia aufeinander, das Wissen und die Traurigkeit. Ebendiesen Zusammenhang hat unlängst ein bekannter Theologe aufgegriffen und hinzugefügt: „In der Tat; wer nur alles ansieht und erfährt, was in der Welt geschieht, wird traurig werden. Aber Wahrheit meint mehr als Wissen: Die Erkenntnis der Wahrheit zielt auf die Erkenntnis des Guten. [...] Die Wahrheit macht uns gut, und das Gute ist wahr: Dies ist der Optimismus, der im christlichen Glauben lebt." So sprach der bekannte Theologe, um Augustinus von Hippo verständlich zu machen, und der Theologe sollte wissen, wovon er redet, denn sein Name ist Joseph Ratzinger, genannt Benedikt XVI.

„Bloßes Wissen macht traurig": Wie aktuell dieser Satz ist, konnte Benedikt nicht wissen, als er ihn niederschrieb. Der Satz wurde ohne Benedikts Zutun Bestandteil einer letztlich ungehaltenen Rede – einer Rede, die Benedikt zwar schreiben, aber nicht vortragen konnte. Sie war gedacht als Verbeugung vor Europas größter Universität, der römischen „La Sapienza", einer Gründung Papst Bonifaz' VIII. Eine sehr lautstarke professorale und studentische Minderheit sah im geplanten Auftritt Benedikts einen Affront. Der Papst, so hieß es, vertrete „religiösen Obskurantismus" und „kirchliche Präpotenz". Beides, der Anspruch auf Allmacht und die rückständige Lehre, sei unvereinbar mit der Laizität einer Universität.

Kaum jemand außerhalb des Aktivistenkreises der sogenannten „antiklerikalen Woche" sprang den Professoren und Studenten bei. Staatspräsident Napolitano schämte sich für diese „unzulässige Manifestation von Intoleranz". Ministerpräsident Prodi sagte: „Ich halte es für unannehmbar, dass der Papst nicht an einer Universität sprechen kann, die ein Ort des Dialogs und der Kultur ist – und die Umstände, die dazu führten, haben mich wirklich traurig gemacht."

Benedikt XVI. verzichtete also auf den für den 17. Januar 2008 geplanten Besuch der ehemals päpstlichen Universität „La Sapienza" und veröffentlichte die Rede in Schriftform. Gewachsen ist so gewiss die Trauer, die ein Wissen auch schenken kann: in diesem Fall das traurige Wissen, dass wir in einen Kulturkampf eingetreten sind, und dass die vermeintlichen Verteidiger von Wissen und Vernunft oftmals Ignoranz und Unvernunft im Schilde führen. Wer namens der Aufklärung einen Dialog verweigert, der entlarvt seine angebliche Aufklärung als finstersten Fundamentalismus – oder schlicht als Pflaster für den Größenwahn.

Kaum anders verhält es sich hierzulande mit den Aktivitäten der Giordano-Bruno-Stiftung, die sich offiziell eine „Denkfabrik für Humanismus und Aufklärung" nennt; deren Vorstandssprecher zieht durch die Talkshows und Volkshochschulen der Republik mit dem Slogan: „Glaubst du noch oder denkst du schon?" Sehr ähnlich klingt das Credo des Säulenheiligen der „Denkfabrik", des Kirchenkritikers Karlheinz Deschner: „Ich denke, also bin ich nicht Christ." Und im September 2007 stand auf einem Pappschild am Rande des Papstbesuches in Österreich zu lesen: „Denken statt beten."

Benedikt XVI. selbst setzt gegen solche Vorurteile einen, wie er schreibt, „Optimismus, der im christlichen Glauben lebt." Was ist damit gemeint? An der entsprechenden Stelle seiner Rede führt er eine vermittelnde Kategorie zwischen Wissen und Glauben ein: die Wahrheit. Von ihr gelte: „Die Wahrheit macht uns gut, und das Gute ist wahr." Christlicher Optimismus heißt also, dass – erstens – die Wahrheit existiert und erkennbar ist, und dass – zweitens – diese Wahrheit zur Tat drängt, dass sie Gutes mit sich führt und motivierend ins Werk setzt. Am Guten, und zwar an den guten Folgen für alle möglicherweise Betroffenen, erkennt man demnach die Wahrheit.

1. Wissen ohne Wahrheit und die „Wissenschaftsgläubigkeit"

Die antiklerikalen Agenten bestreiten diese beiden Voraussetzungen: Sie sagen, Wahrheit gebe es nicht, sondern nur unterschiedliche Grade der Plausibilität und das, was der experimentelle Naturwissenschaftler die Korrektheit eines Verfahrens nennt; Wahrheit sei nichts anderes als ein Sprachspiel, das man dann anwende, wenn unter identischen Bedingungen identische Ergebnisse wiederholbar sind. Die Wahrheit der experimentellen Naturwissenschaft, ließe sich sagen, ist die Wahrheit ihrer Methoden. Mit dieser Ansicht aber verlässt das Argument den Aktivistenkreis; eine solche Ansicht ist längst die Geschäftsbedingung der gesamten säkularen Öffentlichkeit geworden – und darum lohnt es sich, genau hinzuhören, wenn die sogenannten Neuen Atheisten das Wort erheben.

Eine ganz ins Prozedurale verlegte Wahrheit kann naturgemäß nichts mit dem Guten zu schaffen haben. Ethisch enthaltsam, heißt es darum, sei jedes Verfahren, erst die Zwecke ließen sich bewerten. Um ein Beispiel anzuführen: Ein und dasselbe Wissen kann demnach in die Technik der Atombombe oder des Atomkraftwerks münden, in Krieg oder Wärme, Zerstörung oder Friede.

Da ist Benedikt XVI. anderer Meinung: Der Wert des Wissens bemisst sich vielmehr daran, ob es, wie Jürgen Habermas formuliert, „wahrheitssensibel" ist. Wissen und Wahrheit lassen sich, laut Benedikt, laut Habermas, von Anfang an nicht voneinander trennen, ein unschuldiges Wissen gibt es nicht. Diese Ansicht bestätigten die Protestierer der „Sapienza" gerade durch ihre grimmigen Reden: Das Wissen, das allein sie meinen, ist im Kern verdorrt, weil es Meinungsfreiheit nur für die eigene Meinung anerkennt; weil es als wissenswert nur gelten lässt, was auf Wahrheit verzichtet.

Als hätte Benedikt es geahnt, schreibt er in seiner ungehaltenen Rede: „Die christliche Botschaft sollte von ihrem Ursprung her immer Ermutigung zur Wahrheit und so eine Kraft gegen den Druck von Macht und Interessen sein. [...] Die Gefahr der westlichen Welt – um nur davon zu sprechen – ist es heute, dass der Mensch gerade angesichts der Größe seines Wissens und Könnens vor der Wahrheitsfrage kapituliert. Und das bedeutet zugleich, dass die Vernunft sich dann letztlich dem Druck der Interessen und der Frage der Nützlichkeit beugt."

An diesem Punkt befindet sich der Mensch des Jahres 2008: Sein Wissen ist in ungeahnte Höhen gewachsen, es explodiert täglich. Allein in den ersten Wochen des neuen Jahres hörten wir staunend: zum ersten Mal sei ein lebensfähiger menschlicher Embryo geklont worden, zum ersten Mal sei ein Lebewesen – ein Bakterium – aus einem komplett künstlich erzeugten Genom hergestellt worden. Bald könne man, so die entsprechende Schlagzeile, die menschliche DNA als e-Mail-Anhang versenden. Menschenzucht via Internet? So weit ist es nicht, so weit wird es vermutlich nie kommen, doch überraschen täte es uns nicht. Der Mensch hat Hand angelegt an sein Innerstes, an seine Nerven und Gene – und auch die Experten für künstliche Schönheit beklagen sich nicht über mangelndes Interesse.

Der jüdische Mathematiker Giorgio Israel, ebenfalls Dozent an der „Sapienza", wusste nach den Unruhen, die in einer Besetzung des Rektorats kulminierten, Erstaunliches zu berichten. An seiner Universität, sagte er, habe sich eine „Ersatztheologie" herausgebildet, eine „Wissenschaftsgläubigkeit", die jeden anderen Glauben als Angriff auf ihr eigenes Weltbild begreife.

Damit scheint mir der Kern der Debatte berührt. In Zeiten, da die Kirchen kaum mehr von Mission reden, gibt es noch die eine standfest missionarische Religion: die „Wissenschaftsgläubigkeit" – und Wissenschaft meint hier das Beharren auf Formeln und Statistiken und Experimenten als den einzigen Instrumenten, um die Wirklichkeit zu erfassen. Nichts ist an Experimenten und Formeln auszusetzen; nur eben: sie sind nicht der einzige, nicht der vollständige Zugang zur Wirklichkeit.

Hinzu kommt: Wenn die säkular gedeutete Vernunft nicht nur in den Naturwissenschaften triumphiert, sondern auch im Glauben herrschen soll, wenn nur ein Glaube sich vernünftig nennen darf, der mit dem Wahrheitsbegriff des Experiments kompatibel ist, dann ist der Triumph der säkularen Vernunft total – und totalitäre Zustände waren noch nie ein Grund zur Freude. Der Grundsatz aus der Politik, dass eine Regierung nur so stark ist wie ihre Opposition, gilt auch hier.

Es ist nicht Aufgabe des Glaubens, über die Korrektheit naturwissenschaftlicher Aussagen zu befinden – und umgekehrt maßen Naturwissenschaftler sich eine Rolle an, die ihnen nicht zukommt, wenn sie sich zum Richter über den Glauben aufschwingen, bis hin zu der immer öfter zu hörenden These, die Existenz Gottes sei wissenschaftlich widerlegt. Im „Manifest des evolutionären Humanismus" etwa der Giordano-Bruno-Stiftung heißt es kurz: „Keine der bestehenden Religionen ist mit den Ergebnissen der wissenschaftlichen Forschung noch in Einklang zu bringen."

Wenn außerdem, wie unlängst geschehen, ein Psychologe die Bibel zu „Unsinn" erklärt und ein Biologe den Glauben zur „Geisteskrankheit", dann handelt es sich um die Privatmeinung von Menschen, die als Wissenschaftler tätig sind. Es handelt sich keineswegs um wissenschaftliche Aussagen. Windfall profits nennt man in der Marktwirtschaft solche Gewinne außerhalb des eigentlichen Geschäftsfeldes. Dass man von solchen Profiten sehr auskömmlich leben kann, beweist ein Blick auf die Bestsellerlisten: Nur fünf Sachbücher verkauften sich anno 2007 in Deutschland besser als die atheistische Streitschrift „Der Gotteswahn" des Oxforder Evolutionstheoretikers Richard Dawkins.

Ein anderer englischer Schriftsteller, Gilbert Keith Chesterton, hat einmal gesagt, vor genau hundert Jahren übrigens: „Die Vernunft selbst ist eine Sache des Glaubens. Davon auszugehen, dass unsere Gedanken überhaupt in einer Beziehung zur Wirklichkeit stehen, ist ein Glaubensakt." Und er fuhr fort:

„In eben dem Maß, wie die Religion geschwunden ist, schwindet auch die Vernunft. [...] Sie sind beide Beweismittel, die sich ihrerseits der Beweisbarkeit entziehen." Dergleichen Stand- und Glaubensfestigkeit kann sich nicht jeder zueigen machen, und wie stets bei Chesterton sitzt auch hinter dieser Aussage die Lust an der Provokation, die Freude am Paradox.

Dennoch: Weder Vernunft noch Glaube lassen sich ins Raster der Versuchsanordnung zwingen, eine bestimmte Spielart von Vernunft meint aber, dem Glauben genau diese Kasteiung abverlangen zu können. Unser ganzes Leben beruht jedoch auf dem Wahrheitsgehalt von Realitäten, die weder im Experiment noch im Dreisatz errechnet werden können, auf dem Wahrheitsgehalt etwa von Liebe, Treue, Opfer. Die Vermutung, die Welt sei vollständig begreifbar unter Ausblendung all dessen, scheint mir weniger vernünftig als Chestertons Einsicht, Glaube meine grundsätzlich „eine Gewissheit, die sich auf etwas Unbeweisbares richtet". Und diese unbeweisbare, aber sehr reale Gewissheit kann mal der Glaube an einen Gott sein, mal der Glaube an die Vernunft. Das eine wie das andere lässt sich nicht aus der Welt schaffen, ohne dass wir auf unsere Menschlichkeit verzichten.

2. Die Geburt des Judentums als Stunde Null des Bösen?

Die experimentell zugespitzte Vernünftigkeit, in deren Namen die Neuen Atheisten das Wort ergreifen, ist aus einem weiteren, sehr gewichtigen Grund das Gegenteil von Vernunft – das Gegenteil jener lernbereiten, selbstkritischen Haltung, die schon in ihrem Namen die Bereitschaft anzeigt, sich hörend, „vernehmend" zur Welt zu verhalten. Der Münsteraner Philosoph Werner Schneiders hat eindrücklich dargelegt, dass Vernunft stets nur Resultat eines Dialogs sein kann. Das denkende, empfindende Ich öffnet sich für „irgendeine prinzipielle Intelligibilität", für einen Geist, einen Sinn, den es nicht herstellen, wohl aber wahrnehmen kann. Vernunft ist dann am Werk, wenn – um noch einmal Werner Schneiders zu zitieren – das Hörvermögen des Menschen, die „Menschenvernunft", auf die „Seinsvernunft" trifft, auf das allen Erscheinungen zugrunde liegende geistige Prinzip. Heute jedoch werde leider „Vernunft weitgehend als bloßes spontanes Denken verstanden, das sich seine Regeln selbst gibt oder sogar seinen Gegenstand selbst erzeugt". Aus den Dialogen sind Monologe geworden, aus den vernünftigen Denkern Bauchredner in eigener Sache.

Und als solche plappern sie leider zuweilen nicht nur krauses, sondern bedenkliches Zeug. Was nämlich verbindet die neu gewandeten Atheisten? Der Hass auf das, was sie Separatismus nennen und den sie vor allem den Juden vorwerfen. Schlagen wir nach bei Richard Dawkins. Er schreibt in seinem „Gotteswahn": Die im Judentum „sorgfältig geförderten Spaltungstendenzen" reichten aus, um die Religion zu einer „bedeutsamen Kraft des Bösen in der Welt zu machen". Diese Aussage will er gleichermaßen für Judentum, Christentum, Islam gelten lassen; „in meinem Zusammenhang kann man die drei abrahamitischen Religionen fast immer als ununterscheidbar betrachten".

Damit ist das Schlüsselwort ausgesprochen – in doppelter Hinsicht: zur mangelnden Gabe der Unterscheidung bekennt sich Dawkins lustvoll. Anders ist der Unwille, sich mit den historischen wie theologischen Besonderheiten der drei großen Weltreligionen substanziell auseinanderzusetzen, nicht zu erklären. Der faktisch nicht gegebenen Ununterscheidbarkeit – selbst die Floskel von den „drei abrahamitischen Religionen" führt in die Irre, wie unlängst Remi Brague dargelegt hat – entspricht ein wütender Drang, eine herrische Leidenschaft für eben das: für die Ununterscheidbarkeit als Prinzip.

Die gewissermaßen säkulare Erbsünde, die mit den Juden laut Dawkins in die Welt kam, besteht in ihren „sorgfältig geförderten Spaltungstendenzen". Dawkins definiert sie als die „absichtliche, gezielte Unterstützung der natürlichen Neigung der Menschen, Gruppenangehörige zu begünstigen und andere Gruppen auszuschließen". Ein solches Verhalten sei eben eine „bedeutsame Kraft des Bösen in der Welt". Würden etwa die Menschen sich über alle Grenzen von Nation und Glaube hinweg verheiraten, gäbe es schon nach wenigen Generationen keine religiös verschärften Konflikte mehr – dieser Hoffnung geben Dawkins und Adepten sich hin.

Dem neutestamentlichen „Das Heil kommt von den Juden" setzen sie letztlich entgegen: „Das Böse kam von den Juden". In dieser Plattheit wird es denn auch ausgesprochen: „Der Gott des Alten Testaments [...] ist die unangenehmste Gestalt in der gesamten Literatur. Er ist eifersüchtig und auch noch stolz darauf; ein kleinlicher, ungerechter, nachtragender Überwachungsfanatiker; ein rachsüchtiger, blutrünstiger ethnischer Säuberer; ein frauenfeindlicher, homophober, rassistischer, Kinder und Völker mordender, ekliger, größenwahnsinniger, sadomasochistischer, launisch-boshafter Tyrann." An anderer Stelle im Binnenraum des nämlichen „Gotteswahns" heißt es: „Das Judentum war ursprünglich ein Stammeskult um einen einzigen, äußerst unangenehmen Gott, voller krankhafter Versessenheit auf sexuelle Beschränkungen, mit dem Geruch verbrannten Fleisches, mit einem Überlegenheitsgefühl gegenüber Konkurrenzgöttern und mit der Exklusivität des auserwählten Wüstenstammes."

Weit weniger derb, doch im selben Duktus erklärt auch die Giordano-Bruno-Stiftung die Geburt des Judentums zur Stunde Null des Bösen. In der 2007 erschienenen „Enzyklopädie für freie Geister und solche, die es werden wollen", heißt es: „Wie Stammvater Abraham sahen auch seine *treuen* [Hervorhebung durch den Autor] Nachfahren, die gläubigen Juden, Christen und Muslime, nur selten ein Problem darin, im Namen Gottes die Klingen zu schleifen und sich untereinander und gegenseitig abzumetzeln." Kurz gefasst: Ohne Judentum kein Christentum und kein Islam, ohne Judentum kein Separatismus, ohne Separatismus kein Übel, keine Gewalt, keine Explosion des Bösen – so lautet der Cantus firmus der Neuen Atheisten.

Ergo ist selbiger weder vernünftig noch neu. Bei Lichte betrachtet, haben die meisten Neuen Atheisten lange Bärte. Was nämlich lesen wir bei dem ersten systematischen Christentumsgegner, bei Celsus? Um das Jahr 180 schrieb dieser in seiner Streitschrift „Gegen die Christen": Die Christen bildeten

„heimliche Verbindungen untereinander außerhalb der gesetzlichen Ordnungen". Der „Religionseinheit der Weltvölker" stünde der „Separatismus der Juden und Christen" im Weg. Diesen klassisch-heidnischen Zusammenhang hat auch Peter Sloterdijk im Sinn, wenn er in seinem Buch über „Gottes Eifer" festhält: „Schon gebildete Römer der frühen Kaiserzeit fühlten sich vom Separatismus der Juden so sehr irritiert, dass sie ihnen den Titel ‚Feinde des Menschengeschlechts' anhefteten (den Cicero ursprünglich zur Ächtung von Seeräubern geprägt hatte)."

Auch bei Celsus ist das unbefragte Ideal der faktisch in den Atheismus führende Polytheismus. Die Vermischung des Glaubens versteht sich demnach von selbst, das Eigene ist begründungspflichtig – daran hat sich bis heute nichts geändert. Man betrachte nur die schleichende Überführung der Theologie in Religionswissenschaft. Die Urchristen hatten zudem, folgt man Celsus, den ordentlichen Verfahrensweg verlassen, es versäumt, bei der zuständigen Behörde einen Antrag zu stellen auf Kultusfreiheit in der Nachfolge Jesu. Das kann Celsus, wie die meisten Religionskritiker ein Verteidiger des Üblichen, Normalen, Wohltemperierten, nicht gutheißen.

3. Auf dem Weg zu einer globalen Ethik

Mit den Juden sei kein Staat zu machen: Dieser Vorwurf wird später gegen die Christen ebenso scharf erhoben; sie gelten ihrer heidnischen Umwelt als atheistische Kultusverweigerer. Für den römischen Geschichtsschreiber Sueton waren sie Anhänger eines „neuen und üblen Aberglaubens". Sie hätten eben wissen müssen, dass „die Kirche der antiken Religion der Staat war" (Hans Otto Seitschek). Die Zählebigkeit dieser Verunglimpfung, die dem lautstark reklamierten Toleranzgebot zuwider läuft, zeigt sich auch jenseits atheistischer Pamphlete, wie es sie zu allen Zeiten gegeben hat. Kurz vor dem Weihnachtsfest 2006 widmete der „Spiegel" seine Titelgeschichte dem Judentum. Im Tempel zu Jerusalem, wusste das Wochenmagazin, liefen einst „bärtige Priester mit Kleidern, an denen blaue Kordeln hingen, umher. Sie schlachteten Stiere. Bei einem der Riten benetzten sie ihre Ohrläppchen mit Widderblut. "

Ganz offenbar ekelt sich der Autor, der nichts als die reine, wissenschaftlich erwiesene Wahrheit verkünden will, vor einer solchen Religion. Und vor Gläubigen, die sich einfach, wie in Ägypten geschehen, „abschotteten. Sie suchten Kennzeichen. Das Heilighalten des Sabbat, die Reinheitsvorschriften und Ess-Tabus – jetzt wurden sie entwickelt." Wer Dinge tut, die im Nützlichen sich nicht erschöpfen, Dinge, zweckfrei, aber sinnvoll, einem Höheren zu Ehren, der musste und muss mit dem Widerstand der Vernunftdogmatiker rechnen.

Celsus verstörte an den Christen des Weiteren, dass sie „verschrieene Menschen" waren, die „schlimmsten Zöllner und Schiffer", allerorten nur „die Einfältigen und Niedrigen und Unverständigen und Sklaven und Weiblein und Kindlein". Was Celsus „den Ausschluss der Weisen und Guten" nennt, ist nichts anderes als der christliche Protest gegen die von Celsus propagierte Hochkultur. Der neue Bund will eben gerade kein Klub der klügsten oder angesehensten Köpfe sein. Derlei intellektualistische Anmaßung ist Sache des Celsus (und heute des Richard Dawkins und des Christopher Hitchens und des Michael Schmidt-Salomon), nicht des galiläischen Zimmermanns. Bis in unsere Tage ist der Stachel offenbar: Milliarden Menschen lassen sich von den klugen Argumenten atheistischer Wissenschaftler partout nicht den Glauben rauben.

Wenn denn, dieser problematischen Lesart zufolge, das Böse von den Juden kam – worin bestünde die Hoffnung, die die Neuen Atheisten an die Überwindung alles Religiösen knüpfen? Die Antwort kann nicht überraschen: keine „Religionseinheit der Weltvölker" wie noch bei Celsus ist das Telos, wohl aber der globale Triumph des von Dawkins skizzierten „ethischen Zeitgeistes". Darunter versteht die Elite der Antireligiösen eine unaufhaltsame Entwicklung hin zu einer Epoche, deren Gewaltbereitschaft in gleichem Maße sinke, wie die Religionsfeindlichkeit und Wissenschaftsfreundlichkeit wachse. Der „ethische Zeitgeist" soll zur Durchsetzung einer strikt areligiös gedachten „globalen Ethik" führen.

59

Dieser Zeitgeist, im Original deutsch, ist laut Dawkins identisch mit der „einheitlichen Richtung" des sogenannten „Fortschrittstrends": Die „Welle des wechselnden ethischen Zeitgeistes [...] bewegt sich immer weiter", hin zum Guten, zu mehr Bildung, mehr Gleichberechtigung, mehr Wissen, mehr Frieden. Man brauche sich nur ins Gedächtnis zu rufen, dass Adolf Hitler, „der die Grenzen des Bösen nach allgemeiner Ansicht in bis dahin unerforschtes Gelände ausweitete, zur Zeit eines Caligula oder Dschinghis Khan nicht sonderlich aufgefallen wäre". Insofern könne es keinen Zweifel geben: Auf lange Sicht werde sämtliche Religion, insofern sie eine Manifestation des Bösen ist, verschwinden.

Die „globale Ethik", die auf diese Weise ins Werk gesetzt werden soll, hat eine klar umrissene Agenda: Dawkins, Hitchens und viele Protagonisten der Giordano-Bruno-Stiftung eint nicht nur die Verwerfung des Gottesbegriffes. Sie alle sind auch für ein maximal liberalisiertes Abtreibungsrecht, für Sterbehilfe, für Embryonenforschung und Klonversuche, für „gender mainstreaming", die politische Einebnung also der Geschlechterdifferenz, und für eine Abkehr von Naturrecht und Menschenwürdedenken zugunsten von Utilitarismus und Interessenethik.

Der vorläufige Endpunkt einer solchen Aufwärtsentwicklung, die ein radikaler Abschied wäre von der Welt, wie wir sie kennen, bleibt für Dawkins nicht im Dunkeln: „Der Philosoph Peter Singer vertritt [...] die Ansicht, wir sollten auch den ‚Speziesismus' hinter uns lassen und die menschliche Behandlung auf alle biologischen Arten ausweiten, die es aufgrund der Leistungsfähigkeit ihres Gehirns zu schätzen wissen. Vielleicht ist das ein Hinweis, in welche Richtung sich der ethische Zeitgeist in zukünftigen Jahrhunderten entwickeln könnte. Es wäre die natürliche Fortschreibung früherer Reformen wie der Abschaffung der Sklaverei und der Frauenemanzipation."

Erst also wenn der letzte Schimpanse das Wahlrecht und der letzte Delphin die Staatsbürgerschaft erhalten haben, wird die Menschheit sich im Zustand vollendeter Aufklärung befinden: Ein solches – hier zugespitztes – Szenario könnte in neoatheistischer Sichtweise der Endpunkt sein einer rationalen Betrachtung von Welt und Mensch. Man soll abermals und wie bei Celsus die sogenannte kritische oder aufgeklärte Vernunft daran erkennen, dass sie Unterschiede einebnet, Ungleiches gleich behandelt und keine Absonderung duldet. Die Menschen sollen sich nicht länger verschließen vor den anderen Lebewesen und diese in ihre „Gemeinschaft der Gleichen" (Singer) eingemeinden – wenn, ja wenn die Tiere nur ähnlich schlau sind wie der Homo sapiens. Nicht das Menschsein an sich, sondern die „Leistungsfähigkeit ihres Gehirns" (Dawkins) macht Lebewesen zu Menschen. Der Leitspruch des René Descartes, „Ich denke, also bin ich", zeigt seine Kehrseite: Wer sein will, der muss denken können.

Eine allerletzte Frage wäre noch zu stellen, und sie stellen, heißt sie beantworten. Warum ist ausgerechnet zu Beginn des 21. Jahrhunderts der anschwellende Zornesgesang der Neuen Atheisten im Begriffe, die weltanschauliche Großwetterlage umzugestalten? Wenn es denn stimmt, dass unsere Zeit eine Zeit ist der wirbelnden Globalisierung, dann hat der Neue Atheismus trotz wellenförmig wiederkehrender religiöser Aufschwünge gute Chancen, zur Weltdoktrin aufzusteigen. Was zeichnet ihn aus? Eine kühle Leidenschaft, die alles Besondere aussondern, alles Uneinheitliche vereinheitlichen will, und ein zweckrationaler Vernunftbegriff, der zwischen Erkennen und Entkernen, zwischen Wissen und Verwerten keinen Unterschied macht. Genau das aber deckt sich mit der Geschäftsgrundlage der Globalisierung. Auch sie betreibt erstens die Vereinheitlichung der Ansprüche wie auch der Techniken, diese Ansprüche zu befriedigen und im Befriedigen neue Ansprüche zu generieren; zweitens die Uniformierung der Lebenswelten, der Denkweisen, der Körper- und Menschenbilder.

Darum gibt es keine Alternative zu einem neuen Bündnis von Vernunft und Glaube – von jenem Glauben, der der Vernunft sich öffnet, weil er sie in sich trägt, und von jener Vernunft, die den Glauben verstehen will, weil auch sie aus Freiheit geboren ist und Wahrheit sucht. Auf diesem gemeinsamen Pfad können die Agenten der wahren Vernunft sich begegnen,

61

ob in frommer oder unfrommer Ausgestaltung, und nur auf diesem gemeinsamen Pfad kann jener Unvernunft, die als Aufklärung erscheinen will und die nun leider mit den Namen „Sapienza" und Giordano Bruno belegt ist, gewehrt werden.

Europa ist kein Werteverbund*

Robert Spaemann

Von gut und böse redet niemand mehr, der intellektuell etwas auf sich hält. Von Werten reden heute alle. Parteien debattieren über Grundwerte, Verfassungen werden als Wertordnungen verstanden. Und ob wir in einem Zeitalter des Werteverfalls oder des Wertewandels leben, wird landauf, landab erörtert. Die Kirchen empfehlen sich der Gesellschaft weniger durch den Anspruch, den Willen Gottes kundzutun und die Auferstehung von den Toten zu bezeugen, als durch das Angebot, die Gesellschaft durch Wertevermittlung zu stabilisieren und der Jugend Wertorientierung zu geben. Die NATO soll nach Ansicht des englischen Premierministers nicht mehr Territorien, sondern Werte verteidigen. Sie soll die westliche Wertegemeinschaft schützen und neuerdings auch zu deren offensiver Ausbreitung beitragen.

Der Rede von Werten haftet eine tiefe Zweideutigkeit an. Sich auf Werte zu berufen, ist entweder trivial oder gefährlich. Oder besser: Die Rede von Werten ist trivial und gefährlich zugleich. Gefährlich ist sie wegen ihrer Zweideutigkeit. Trivial ist sie insofern, als natürlich jeder Gesellschaft gewisse Wertschätzungen gemeinsam sind. Der Bestand an solchen Gemeinsamkeiten in dem, was wir schätzen und was wir verabscheuen, ist in den modernen, hoch entwickelten Gesellschaften im Vergleich zu älteren Lebensordnungen geschrumpft. Man kann, wenn man will, denselben Tatbestand auch positiv ausdrücken und sagen, die Vielfalt an Lebensformen, Überzeugungen und Wertschätzungen habe zugenommen. Wir sprechen dann von Pluralismus, ein Begriff, der eher positive Konnotationen hat.

* Dieser Wiederabdruck (aus Cicero, April-Heft 2004, S. 38 ff.) erfolgt mit freundlicher Genehmigung des Autors und der Zeitschrift Cicero – Magazin für politische Kultur.

Aber auch in pluralistischen Gesellschaften gibt es einen unverzichtbaren Bestand an Gemeinsamkeiten, ein gewisses gemeinsames Repertoire an Assoziationen, das sich mit öffentlich wichtigen Begriffen verbindet. Die Gemeinsamkeit an Assoziationen beruht auf einem gemeinsamen Fundus von Erinnerungen. In der Familie gibt es das „Weißt du noch ...", das alle in ein gemeinsames Gespräch zieht. Auch Nationen haben einen solchen Bestand. Auf ihm beruhen zum Beispiel öffentliche Feste. Eine radikal pluralistische Gesellschaft kann keine gemeinsamen Feste feiern. Das ist ein großer Verlust.

Man muss sich klar machen: Der Pluralismus hat seinen Preis. Und der Preis, den der totale Pluralismus verlangt, ist zu hoch. Er würde jede Hochkultur zerstören und das Zusammenleben von Menschen unmöglich machen. Es sind allerdings nun ganz bestimmte Wertschätzungen, deren Gemeinsamkeit in einer pluralistischen Gesellschaft unverzichtbar ist. Dazu gehört einerseits die Wertschätzung der Toleranz, also der Bereitschaft, Menschen auch dann zu achten und in ihre Sphäre persönlicher Freiheit nicht einzugreifen, wenn ihre Überzeugungen, Wertschätzungen und Lebensformen von den eigenen abweichen. Diese Achtung findet ihren Ausdruck im Recht, in einer freiheitlichen Rechtsordnung. Es ist das Recht, das den Einzelnen bis zu einem gewissen Grad unabhängig macht von der freiwilligen Achtung und Toleranz, ja sogar vom Gewissen seiner Mitmenschen, indem es die Respektierung dieser Freiheitssphäre erzwingt. Jede Rechtsordnung ist eine Zwangsordnung. Nur so kann sie die Freiheit eines jeden garantieren. Die Gesetze erzwingen Gehorsam auch von denen, die ihnen nicht zustimmen. Das klingt unfreundlich, aber man kann dasselbe auch freundlich ausdrücken und sagen: Die Gesetze des modernen Rechtsstaats schreiben nicht vor, dass man den Wertschätzungen zustimmt, die ihnen zugrunde liegen.

Wenn ich von der Gefährlichkeit der Rede von der Wertegemeinschaft spreche, dann möchte ich den Blick lenken auf die Tendenz, die Rede von Grundrechten allmählich mehr und mehr zu ersetzen durch die Rede von Grundwerten. Mir erscheint dies in keiner Weise harmlos. Zwar ist es, wie ich zu Beginn sagte, natürlich so, dass der Kodifizierung von Rechten und Pflichten durch eine Verfassung Wertungen, Wertschätzungen zugrunde liegen. Und es ist wichtig, dass in einem Gemeinwesen solche tragenden Wertschätzungen öffentlich gestützt und weitergegeben werden. Die Situation eines Landes wie Algerien ist nicht wünschenswert. Dort wurde der Mehrheitswille durch eine Militärdiktatur an seiner Verwirklichung gehindert, weil dieser Mehrheitswille eben gerade nicht westliche Demokratie, sondern islamisches Recht will. In dieser Situation gibt es nur die Wahl zwischen zwei verschiedenen Diktaturen, einer traditionellen und demokratischen auf der einen Seite, einer emanzipatorischen Minderheitendiktatur auf der anderen. Ein auf allgemeinem Wahlrecht beruhender, durch Grundrechte eingeschränkter Parlamentarismus kann nur existieren, wenn die Mehrheit des Volkes das will. Aber eben dies kann durch die Institutionen des Rechts zwar gefördert, nicht aber garantiert werden. Wenn der Staat dies garantieren will, dann muss er selbst zu dem werden, was er gerade ausschließen soll, zu einer Gesinnungsdiktatur, oder, wie es heute euphemistisch heißt, einer „Wertegemeinschaft".

Das Dritte Reich war zweifellos eine Wertegemeinschaft. Sie nannte sich „Volksgemeinschaft". Die damals als die höchsten betrachteten Werte: Nation, Rasse, Gesundheit standen allemal über dem Recht, und der Staat war, ähnlich wie im Marxismus, nur eine Agentur dieser höchsten Werte. Darum stand die Partei, die den Werten unmittelbar verpflichtet war, im Zweifelsfall immer über dem Staat. Nun gibt es gewiss immer wieder Situationen, in denen Bürger den Gehorsam gegen ein Gesetz verweigern, weil dieses Gesetz ihren Überzeugungen von fundamentalen Rechten des Menschen widerspricht. Wo aber die Staatsgewalt – unter Berufung auf höhere Werte – es für legitimiert erachtet, Menschen etwas zu verbieten, ohne dass dies gesetzlich verankert wäre, da ist Gefahr im Verzug. Hier fünf Beispiele für diese Gefahr:

1. Seit einigen Jahren hat ein Begriff in die politische Sphäre Einzug gehalten, der dort von Rechts wegen nichts zu suchen hat: der Begriff der „Sekte". „Sekte" ist ein negativ besetzter Ausdruck, mit dem traditionelle christliche Kirchen kleinere christliche Gemeinschaften bezeichnen, die sich von diesen Kirchen aus Gründen des Glaubensbekenntnisses oder der religiösen Praxis abgespalten haben. In der Sprache der staatlichen Rechtsordnung hat dieser Begriff eigentlich nichts verloren. Jeder Zusammenschluss von Bürgern aufgrund gemeinsamer Überzeugungen muss dem Staat gleich gelten, solange er nicht gegen die für alle geltenden Gesetze verstößt oder zu solchem Verstoß auffordert. Das ist aber leider nicht mehr der Fall. Sekten werden unter staatliche Beobachtung gestellt, es wird von Staats wegen vor ihnen gewarnt, und ihre Mitglieder werden von öffentlichen Ämtern möglichst ferngehalten. In dem neuen politischen Verständnis sind Sekten Gemeinschaften, die sich durch gemeinsame Überzeugungen definieren, Überzeugungen, die von denen der Mehrheit der Bürger oder der politischen Klasse abweichen. Kriterium für den Sektencharakter einer Gruppe ist ferner, dass sie für ihre Überzeugung missionarisch wirbt, und schließlich, dass sie einen starken Binnenzusammenhalt besitzt, oft auch eine strenge hierarchische Struktur sowie manchmal eine charismatische Persönlichkeit an ihrer Spitze.

Da all diese Kriterien vage sind und da es in liberalen Staaten bisher nicht verboten ist, solchen Gemeinschaften anzugehören, ist die Aufnahme in den Katalog der Sekten eine Ermessensfrage für die Inhaber des öffentlichen Interpretationsmonopols, und ihre Verfolgung geschieht in der Regel durch informellen Druck, vor allem durch Diskriminierung ihrer Mitglieder. Warum kann ein Staat etwas gegen Sekten haben? Nur darum, weil er anfängt, sich selbst als „Gemeinschaft", als Wertegemeinschaft zu verstehen, als Großkirche, die Dissidentengemeinschaften ausschließt. Als einen der drei höchsten Werte, zu deren Verinnerlichung jeder Bürger verpflichtet sein soll, bezeichnete der französische Staatspräsident unlängst die Toleranz. Toleranz gegen Anderssein ist wertvoll, weil Selbstsein, Identität es wert ist, respektiert zu werden. Toleranz bedeutet

Geltenlassen von Anderssein, ethnischem, kulturellem, sexuellem oder überzeugungsmäßigem Anderssein. Toleranz ist ein hoher Wert, weil er in der Würde menschlichen Selbstseins gründet. Ich kann Achtung verlangen vor meiner Überzeugung auch von dem, der sie für falsch hält, weil die Achtung nicht dem Inhalt meiner Überzeugung, sondern mir gilt, der ich mich mit ihr identifiziere. Wenn der andere die Überzeugung für schlecht hält, wird er, wenn er mir wohl will, versuchen, sie mir auszureden. Wir werden streiten und uns gleichzeitig tolerieren. Die Verankerung der Toleranz in der Überzeugung von der Würde der Person ist eine solide Verankerung. Wo hingegen Toleranz zum höchsten Wert stilisiert wird, wo sie selbst an die Stelle der Überzeugungen tritt, die zu respektieren sind, da wird sie grundlos und hebt sich selbst auf.

Die Forderung, andere Überzeugungen zu achten, wird zur Forderung, keine Überzeugungen zu haben, aufgrund deren man gegenteilige für falsch hält und die man nicht als Hypothese zur Disposition zu stellen bereit ist: Überzeugungen also, die man auch anderen nahezubringen und aufgrund deren man anderen die ihrigen auszureden versucht. Überzeugungen zu haben, ist dann bereits Intoleranz. Die Toleranzforderung verwandelt sich in eine intolerante Dogmatisierung des Relativismus als der herrschenden Weltanschauung, die den Menschen schrankenlos disponibel macht für jede Art von kollektiver Zumutung. Das Schlagwort, das man für Überzeugungen bereithält, lautet: „Fundamentalismus". John Rawls, der des Fundamentalismus sicher unverdächtig ist, hat unlängst betont, dass ein Satz wie „Außerhalb der Kirche ist kein Heil" überhaupt nicht im Gegensatz stehen muss zu einer liberalen Gesellschaft, solange nämlich nicht versucht wird, Menschen mithilfe des staatlichen Arms zu ihrem Heil zu zwingen. Die christlichen Kirchen sind schlecht beraten, wenn sie ihre Sektenkritik mit der staatlichen verbinden und sich nicht schützend vor diese Gruppen stellen, auch wenn sie deren Überzeugungen für falsch halten. Wenn sie weiter wie bisher schrumpfen, ist es ohnehin nur eine Frage der Zeit, bis sie selbst öffentlich als Sekten wahrgenommen werden. Dass die gegenwärtige katholische Kirche eine Großsekte sei, kann man bereits bei Hans Küng lesen, und wenn man die eben genannten Kriterien zugrunde legt, ist das nicht einmal falsch. Aber nun beginnt der staatliche Arm, sich eine Zivilreligion zuzulegen. Die mühsam erworbene Errungenschaft des liberalen Rechtsstaats wird wieder preisgegeben, wenn der Staat sich als Wertegemeinschaft versteht, auch wenn es eine „liberale" Wertegemeinschaft ist, die Liberalismus als Weltanschauung statt als Rechtsordnung versteht. Die Sektenverfolgung ist ein ziemlich sicherer Indikator für die hier drohende Gefahr, die Gefahr eines liberalen Totalitarismus.

2. Ein weiterer Indikator ist es, wenn staatliche Institutionen aufgeboten werden, um bestimmte verfassungskonforme politische Positionen öffentlich zu ächten. So versucht man in Deutschland – sehr im Unterschied z. B. zur Schweiz – eine öffentliche Diskussion um die Frage der Zuwanderung von Ausländern dadurch zu verhindern, dass restriktive Positionen oder gar ein ethnisch-kulturelles Selbstverständnis der Nation als unanständig tabuisiert und mit den Gewalttätigkeiten gegen Ausländer in Beziehung gebracht werden. Das Selbstverständnis eines Staates soll nicht dem Risiko eines demokratischen Diskurses ausgeliefert werden. Dass so etwas in der politischen Auseinandersetzung geschieht, muss man hinnehmen. Gefahr ist nicht im Verzug, wenn Demonstrationen „gegen rechts" stattfinden. Gefahr ist im Verzug, wenn der Staat bis hin zum deutschen Bundespräsidenten diese Kundgebungen organisiert oder ihnen höhere Weihen gibt. Außerdem ist es ein Offenbarungseid staatlicher Ohnmacht. Das Mittel des Staates gegen Gesetzlosigkeit und Gewalt – von Inländern gegen Ausländer und von Ausländern gegen Inländer – ist die Polizei; darüber hinaus besteht es in der staatsbürgerlichen Erziehung, die den Respekt vor rechten und linken Positionen vermittelt sowie die Ablehnung von Gewalt, wie immer diese sich rechtfertigen mag. Der Staat als „Bündnis gegen rechts" – das ist die Wertegemeinschaft anstelle des Staates, und hier müssen die Alarmglocken läuten.

3. Schließlich ist auch die Quarantäne, die über Österreich verhängt wurde, ein weiteres Indiz. Asylantenheime brannten in Deutschland, Immigranten wurden in Spanien gejagt, Neonazis demonstrierten in Schweden. Nichts dieser Art geschah in Österreich. Und von dem Minderheitenstatus der Slowenen in Kärnten können die Minderheiten in Frankreich nur träumen. Aber darauf kam es gar nicht an. Es ging überhaupt nicht um Rechte und deren Verletzung, sondern um Werte und deren verbale Artikulation. Es ging um Political Correctness. Es ging darum, dass eine ordnungsgemäße Regierungsbildung in Wien nicht wegen einiger unverantwortlicher verbaler Entgleisungen eines beteiligten Parteipolitikers unterblieb. In diesem Fall trug nach einem Gutachten dreier „Weiser" das Recht glücklicherweise den Sieg über die Wertegemeinschaft davon, was übrigens die deutsche Bundesregierung nicht daran hinderte, mit der Ächtung des Nachbarn noch eine Weile fortzufahren. So etwas wie gemeinsame Wertschätzungen ins Spiel zu bringen, ist so lange in Ordnung, wie es sich um Fragen der Zuwanderung in einen Staat oder der Aufnahme in eine Staatenföderation handelt. Da es keinen Rechtsanspruch darauf gibt, ist kein Staat gegenüber den Bewerbern für seine Auswahlkriterien rechenschaftspflichtig. Jede „Ausgrenzung", sei es aus Gründen der Religion, des Berufs, der Nationalität oder des Vermögens, ist hier prinzipiell erlaubt. Es gibt kein Menschenrecht auf Bürgerrecht in jedem Land. Wohl aber ist es nach europäischer Rechtsauffassung unzulässig, Bürgerrechte aus einem dieser Gründe zu entziehen oder einzuschränken.

4. Das vierte Beispiel ist der Kosovo-Krieg. Er ließ bereits ahnen, was auf uns zukommen sollte und mit dem Irakkrieg ja auch tatsächlich auf uns zukam. Dieser Krieg wurde bekanntlich geführt im Namen „unserer Werte". Nun dient ein Interventionskrieg zur Verhinderung der Vertreibung eines ganzen Volkes aus seiner Heimat zweifellos einer „gerechten Sache". (Man wundert sich allerdings, dass der deutsche Außenminister erst anlässlich dieses Falles die Entdeckung machte, dass es Angriffskriege zugunsten einer gerechten Sache gibt.) Mit dem geltenden Völkerrecht war

69

die Führung eines solchen Krieges allerdings unvereinbar, worauf unter anderem Henry Kissinger und Helmut Schmidt hingewiesen haben. Das Völkerrecht erkennt nur noch den Verteidigungskrieg gegen Angriffe auf das eigene Territorium oder das Territorium verbündeter Staaten an. Was deshalb Anlass zu Bedenken gibt, ist, dass der neue Sachverhalt nicht etwa zu einer Revision der völkerrechtlichen Ächtung des Angriffskriegs führte – durch präzise Definition anerkannter Rechtfertigungsgründe für einen solchen – sowie zur Kündigung der entgegenlautenden bisherigen Verträge. Die „Werte", um die es ging, ermächtigten vielmehr diejenigen, die in ihrem Namen handelten, die geltenden Rechtsnormen einfach zu ignorieren. Auch hier wieder: Wer im Namen der Wertegemeinschaft handelt, steht über dem Recht. Man nannte das einmal Totalitarismus.

5. Mein letztes Beispiel ist das dramatischste. Es ist der Vortrag der deutschen Justizministerin Zypries im Oktober 2003 an der Berliner Humboldt-Universität, in dem sie für eine Freigabe in vitro erzeugter menschlicher Embryonen für Forschungszwecke plädierte. Ihre Argumentation hatte die Form einer Werteabwägung. Sowohl die Existenz des Embryos als auch die Forschungsfreiheit seien Werte. Diese müssten gegeneinander abgewogen werden, und als Resultat einer solchen Abwägung habe die Forschungsfreiheit den Vorrang. Ich will hier nicht auf die Kriterien der Ministerin eingehen und nicht auf ihre Definition von Personalität, zu der nicht nur aktuelles Selbstbewusstsein gehört – Schlafende, Säuglinge und Altersdemente sind demnach nicht Personen – ‚sondern auch das tatsächliche Anerkanntsein. Wer als Person nicht anerkannt ist, ist nicht Person. Was uns in diesem Zusammenhang interessieren muss, ist die Tatsache, dass hier das Recht auf Leben als „Wert" betrachtet wird, der gegen einen anderen Wert abzuwägen und diesem anderen unter Umständen zu opfern ist. Die Forschungsfreiheit obsiegt in diesem Falle natürlich. Sie ist ein vorbehaltloses Grundrecht.

Der Staatsrechtler Martin Kriele hat vor vielen Jahren schon darauf hingewiesen, dass in vorbehaltlose Grundrechte durch die Forderung der Respektierung der Rechte anderer nicht „eingegriffen" wird, sondern dass sie sich von vornherein darauf gar nicht erstrecken. Die Freiheit der Kunst muss nicht in ihrem Wert abgewogen werden gegen das Recht eines Menschen darauf, dass sein Auto nicht einbetoniert wird. Und „nie ist in der Verfassungsgeschichte der Wissenschaftsfreiheit jemand auf den Gedanken gekommen, Galilei hätte das Recht haben sollen, sein Fernrohr ohne Einwilligung des Eigentümers in für die Himmelsbeobachtung günstig gelegenen fremden Gebäuden zu installieren, wenn die Abwägung zwischen Wissenschaftsfreiheit und Eigentumsfreiheit in diesem Fall zu einem Vorrang der Wissenschaftsfreiheit führe. Erst in der Bundesrepublik der siebziger Jahre soll das plötzlich anders geworden sein: Hier sollen sich Künstler und Wissenschaftler im autonomen Individualismus austoben dürfen, ohne auf die Rechte ihrer Mitmenschen Rücksicht zu nehmen. Glücklicherweise hat dieser neue Gedanke aber noch nicht auf die verantwortliche Entscheidungspraxis durchgeschlagen. Diese sieht vielmehr so aus: Der Trompeter mag blasen, wo und so viel er will – aber nicht auf Kosten unserer Nachtruhe; der Künstler mag Autos einbetonieren – aber nicht das unsere; der Wissenschaftler mag Bücher, Mikroskope und Observatorien benutzen – aber nicht diejenigen anderer Leute, ohne deren Einwilligung; und dies alles ohne Wenn und Aber." Wenn aber die Subjekte, die allen Werten und Wertungen zugrunde liegen, selbst als „Werte" verstanden werden, dann wird ihr Rechtsstatus zu einem Objekt der Abwägung, die Kriterien dieser Abwägung werden durch die Wertungen derer bestimmt, die ihre Interessen am effektivsten durchzusetzen imstande sind. Die Schwächsten bleiben auf der Strecke.

Meines Erachtens ist das Reden von der Wertegemeinschaft der paradoxe Ausdruck eines moralisch-politischen Relativismus. Charles Peguy nannte ihn „Modernismus", und Modernismus hieß für ihn „nicht glauben, was man glaubt." Gut und böse, schön und hässlich, ehrenhaft und verächtlich, das alles ist nur Ausdruck subjektiver, individueller oder kollektiver Wertungen. Wir werten, aber die westlichen Relativisten setzen doch ihre Wertungen sogleich in Klammer. Und was außerhalb der Klammer bleibt, ist eben der Relativismus, den sie mit Toleranz verwechseln und mithilfe dieses Kunstgriffs zum höchsten Wert proklamieren. Da aber jeder, der bestimmte Überzeugungen hat, die er nicht zur Disposition zu stellen bereit ist, als intolerant gilt und es gegen Intoleranz keine Toleranz geben soll, hebt sich die Toleranzforderung selbst auf. Sie gilt nur gegenüber Relativisten. Aber was heißt dann „Wertegemeinschaft?" Es ist nicht die nicht institutionalisierbare, verborgene Gemeinschaft derer, die versuchen, das Gute zu erkennen und zu tun, sondern die organisierte Gemeinschaft derer, die die Wahrheit bereits gefunden haben, man könnte sagen: die Parodie der christlichen Kirche. Denn diese Wahrheit ist die, dass es mit Bezug auf gut und böse so etwas wie Wahrheit nicht gibt. Die Menschenrechte sind etwas, worauf wir uns geeinigt haben. Der Versuch, auch Menschen anderer Kulturen zu deren Anerkennung zu bewegen, krankt eben an diesem Begriff der Wertegemeinschaft. Denn wenn „unsere Werte" das Ergebnis unserer Geschichte und unserer Optionen sind, dann gibt es keinen Grund – außer einen rein machtpolitischen –, andere auf unsere Optionen einzuschwören, also z. B. darauf, die Menschenwürde überall in Institutionen parlamentarischer Demokratien und individualistischer Menschenrechte zu konkretisieren. Werte sind aber in Wirklichkeit niemals das, wofür wir optieren, sondern das, was allen Optionen vorausgeht und diese Optionen begründet, also das, woran wir wirklich glauben. Wofür wir, aufgrund dieses Glaubens, optiert haben und optieren, das ist eine Rechtsordnung.

Die Wertebasis einer modernen Rechtsordnung aber verlangt, dass die Rechte der Bürger, des Zusammenschlusses von Bürgern, nicht davon abhängen, ob die Bürger diese Wertebasis teilen, vorausgesetzt, sie gehorchen den Gesetzen. Auch wenn dieser Gehorsam nur der ist, der auch einer fremden Besatzungsmacht entgegengebracht wird, um das Weiterleben zu ermöglichen. Man gehorcht auch ihr, aber nicht, weil man ihrer Wertegemeinschaft angehört, sondern weil man den Wert des inneren Friedens kennt, pax illis et nobis communis, wie Augustinus schrieb. Das künftige Europa wird nur dann eine Rechtsgemeinschaft sein können, in der alle Bürger der Länder europäischer Tradition ein gemeinsames Dach finden, wenn es Gemeinschaften mit gemeinsamen Wertschätzungen ermöglicht und schützt, selbst aber darauf verzichtet, eine Wertegemeinschaft zu sein.

Vernunft und Glaube

Politische Konsequenzen einer philosophischen Reflexion

Christoph Böhr

Am Beginn dieses Beitrages soll eine begriffliche Klärung stehen. Was ist gemeint, wenn von Vernunft die Rede ist? Der Begriff, wie er im Folgenden Verwendung findet, bezeichnet die Fähigkeit, genauer zu verstehen, wie es um Mensch und Welt bestellt ist, und zwar auf eine begründete, also grundsätzlich für Dritte nachvollziehbare, weil regelgebundene Weise. So allgemein auch diese begriffliche Bestimmung gehalten ist, so schwierig gestaltet sich von Anfang an der Versuch, den Anspruch der Vernunft zur Geltung zu bringen. Ein erster Hinweis auf deren begrenzte Reichweite ergibt sich schon aus unserem Verständnis ihrer Bedeutung. Und zwar nicht deshalb, weil die Fähigkeit, vernünftig zu denken, zu gering ausgeprägt wäre. Vielmehr stößt der Mensch, gerade indem er sich der Vernunft bedient, schnell an ihre – und damit an seine – Grenzen. Die Vernunft des Menschen ist ein Fenster, durch das wir die eigene Begrenztheit wahrnehmen.

1.   Anspruch und Reichweite der Vernunft: viele Fragen und wenig Antworten

Aus diesem Grund ist es wenig verwunderlich, dass Menschen dazu neigen, die Fähigkeit vernünftiger Erkenntnis zu überschätzen. So schnell der Mensch an die Grenzen der Vernunft stößt, so sehr missfällt ihm, dass der Blickwinkel, den ihm seine Vernunft erschließt, so eng bemessen ist. Zuhauf und alltäglich machen Menschen diese Erfahrung der Begrenzung ihres Gesichtsfeldes. Da ist es naheliegend, die Grenzen genauer in den

Blick zu nehmen, um wenigstens diesseits jener Grenzen sicher sein zu können, dass auf unsere Vernunft Verlass ist.

Wie weit trägt unsere Vernunft? Die Beantwortung dieser Frage ist nicht einfach. Also überlegen wir, die Vernunft selbst zum Gegenstand vernünftiger Betrachtung zu machen, um auf diese Weise mehr über ihre Stärken und Schwächen zu erfahren. So tritt die Vernunft sich selbst gegenüber: Vernunft reflektiert Vernunft. Sie wird zur kritischen Vernunft und hat davon einigen Gewinn. Jeder Gebrauch der Vernunft, der nicht mit einer Kritik ihrer selbst einhergeht, führt leicht in die Irre. Eine Vernunft, die sich selbst reflektiert, also selbstreflexiv wirkt, verspricht uns zwar immer noch keine letztgültige, aber doch eine sehr viel größere Sicherheit in der Beantwortung aller Fragen, von denen wir meinen, dass sie einer vernünftigen Erörterung bedürfen.

In der Einsicht, dass Vernunft selbstreflexiv werden kann – und um ihrer selbst willen werden muss –, findet sich die vielleicht größte Errungenschaft des europäischen Denkens. Sie beginnt spätestens bei Platon und wird im weiteren Verlauf maßgeblich entwickelt durch Thomas von Aquin, René Descartes und Immanuel Kant. Alle Genannten wussten um die Bedeutung der Frage, wie weit der Mensch seiner Vernunft überhaupt trauen kann.

Das Ergebnis, von Immanuel Kant – in einer bis heute unüberbotenen Weise – gleich im allerersten Satz seiner Vorrede zur ersten Auflage der „Kritik der reinen Vernunft" festgehalten, ist nicht nur ernüchternd, sondern auch in höchstem Maße beunruhigend: „Die menschliche Vernunft hat das besondere Schicksal in einer Gattung ihrer Erkenntnisse: daß sie durch Fragen belästigt wird, die sie nicht abweisen kann, denn sie sind ihr durch die Natur der Vernunft selbst aufgegeben, die sie aber auch nicht beantworten kann, denn sie übersteigen alles Vermögen der menschlichen Vernunft."[1]

---

[1] Kant, Immanuel: Kritik der reinen Vernunft, 1781, A VII; Kants Werke werden, wenn nicht anders vermerkt, nach der Ausgabe von Wilhelm Weischedel zitiert.

Schon an diesem Punkt wird klar, dass diese festgestellte Schwäche der menschlichen Vernunft tief greifende Folgen für die Politik hat. Denn wenn nicht sie, die Vernunft, alle wichtigen und zumal von ihr selbst aufgegebenen Fragen zu beantworten vermag, wer oder was gibt uns dann jenes Mindestmaß an Sicherheit, auf die wir bauen müssen, wenn Entscheidungen mit uneingeschränkter Verbindlichkeit zu treffen sind? Dort, wo nicht alles unentschieden bleiben kann und wo Festlegungen, beispielsweise in der Form von Gesetzen, mit Zwang durchgesetzt werden müssen, sind wir längst daran gewöhnt, uns auf eine Krücke zu stützen, weil die Vernunft uns im Stich lässt. Zwei – und die vielleicht wichtigsten – Substitutionen menschlicher Vernunft, die uns als Entscheidungshilfe dienen, seien hier genannt: zunächst die Mehrheitsregel, die festlegt, dass dort, wo Vernunft uns die erwartete Sicherheit nicht zu gewähren vermag, nach der Mehrzahl der Stimmen darüber entschieden wird, was, zumindest vorläufig, verbindlich gilt. Anspruchsvoller als diese Mehrheitsregel, deren Unzulänglichkeit nicht weniger Misstrauen hervorzurufen geeignet ist als die Schwäche unserer Vernunft, ist ein Entscheidungsvorschlag, der auf der Goldenen Regel aufbaut: Hier steht die geforderte Reziprozität des Handelns im Mittelpunkt der Überlegung, die dann, zu Ende gedacht, in die Universalisierbarkeit einer Antwort einmündet und auf diese Weise ihre Verbindlichkeit, zumindest bis auf weiteres, begründet.

In beiden Fällen ist von einer Regel die Rede, die der Substitution der Vernunft dient – und dienen muss, weil die Vernunft selbst, Kant folgend, uns zwar eine Reihe von Fragen aufgibt, bei deren Beantwortung sie uns allerdings im Stich lässt. Sowohl die Mehrheitsregel als auch die Goldene Regel substituieren in diesen Fällen die ausbleibenden Antworten der menschlichen Vernunft. Sie geben uns eine Art von Wanderstock an die Hand, mit dem wir auf dem Weg zu einer Entscheidung, wenn auch humpelnd, vorankommen, weil wir uns auf ihn stützen können, da die Vernunft uns keine hinlängliche Sicherheit mehr zu geben vermag, falls das Ziel dieses Weges jenseits der Grenzen der verlässlichen Einsicht unserer Vernunft liegt. Genau das aber ist der Fall, wo es zum Beispiel um die Grundlagen menschlichen Zusammenlebens geht – Fragen also berührt werden, die sich von der Sache her nicht allein mit einem Rückgriff auf unsere Erfahrung beantworten lassen, die aber auch von unserer Vernunft nicht hinlänglich sicher beantwortet werden. Wäre das anders, müssten wir nicht nach einer solchen Krücke Ausschau halten. Der Gehbehelf ist erforderlich, weil entschieden werden muss, obwohl die Vernunft offenlässt, was zu tun ist.

Dort aber, wo die menschliche Vernunft an ihre Grenzen stößt und uns folglich im Stich lässt, beginnt der Glaube des Menschen. Glaube ist demnach nichts Unvernünftiges oder gar Widervernünftiges. Im Gegenteil: Glaube ist etwas durch und durch Vernünftiges schon deshalb, weil die Vernunft selbst uns zu ihm hinführt. Genauer gesagt: Die Vernunft weist unserer Einsicht einen Weg, der zum Glauben führt. Sie umreißt einerseits die zulässigen Grenzen des Glaubens wie sie ihn andererseits selbst erst in sein Recht setzt. Deshalb ist Glaube mehr und anderes als Wissen. Denn Glaube bezeichnet das, was der Mensch mit seiner Vernunft nicht hinreichend fassen kann, aber gleichwohl aus Gründen der Vernunft für wahr hält. Sowohl der religiöse als auch der philosophische Begriff des Glaubens, so unterschieden sie im Weiteren auch sind, haben dieses rudimentäre Verständnis gemeinsam.

In der Feststellung dieser Gemeinsamkeit ergibt sich ein vorläufiges erstes Zwischenergebnis in der Bestimmung des Verhältnisses von Vernunft und Glaube: Beide stehen in einem eigenen Recht sowie in einem Verhältnis wechselseitiger Verwiesenheit. Einen Widerspruch zwischen Glauben und Wissen kann es nicht geben, weil Wissen auf die Welt des sinnlich Erfahrbaren, Glaube hingegen auf die Welt des Übersinnlichen jenseits aller Erfahrung zielt.[2] Wo die Vernunft unsere Fragen

---

[2] Diese so getroffene Unterscheidung, die wir gemeinhin und zu Recht mit dem Namen Kants verbinden, sehe ich im Übrigen schon in Hebr 11,1 (in der Übersetzung von Klaus Berger und Christiane Nord) zum Ausdruck gebracht: „Der Glaube ist selbst der Beweis für das, was man nicht sehen kann."

nicht mehr beantworten kann, verweist sie uns selbst an den Glauben. Was wir wissen können, müssen wir nicht glauben – und umgekehrt: Wir können nur glauben, was wir nicht wissen können.[3] Glaube ist also alles andere als eine Substitution der Vernunft. Vernunft und Glaube sind aufeinander zugeordnet. Sie zielen auf zwei verschiedene Weisen menschlicher Erkenntnis und Einsicht. Deshalb gehört der Glaube zur conditio humana: Wie immer der Mensch bestimmte Fragen, denen er schlechterdings nicht ausweichen kann, weil seine Vernunft ihn unablässig darauf aufmerksam macht, auch beantwortet: In der Antwort findet sich die Antwort seines Glaubens. Ob er die Existenz Gottes bejaht oder ob er diese Existenz verneint: Jeder der beiden Sätze ist ein Glaubenssatz, und das heißt nicht mehr und nicht weniger, als dass es dem Menschen nicht möglich ist, einem jeglichen Glauben zu entsagen. Denn auch die Antwort des Agnostikers mündet in eine Selbsttäuschung: Die Sache unentschieden zu lassen, entbindet nicht davon, bestimmte Fragen zu beantworten, die von Art und Bedeutung der Frage her im Leben eines Menschen nicht unentschieden bleiben können. Für deren Beantwortung muss aber, so oder so, ein Fundament gelegt werden. Man kann, wie es der Agnostiker für sich geltend macht, eine Hypothese als Fundament wählen. Das ist dann aber nichts anderes als das, was der Begriff des Glaubens als Postulat immer von vorneherein mit einschließt.

---

[3] In dieser wechselseitigen Bezüglichkeit von Wissen und Glaube findet sich, zusammengefasst, das Ergebnis der kritischen Philosophie Kants; vgl. Kant: Kritik der reinen Vernunft, 2. Aufl., 1787, B XXX: „Ich musste also das Wissen aufheben, um zum *Glauben* Platz zu bekommen." Kants Kritik ist mitnichten Glaubenskritik, sondern ausschließlich Vernunftkritik: an einem vorgetäuschten Wissen, das bei näherem Hinsehen als Wissen keinen Bestand hat. Erst die Abgrenzung von Wissen und Glaube begründet Moralität. Denn nicht der Nachvollzug von Wissen, sondern die Entscheidung zu glauben setzt ein moralisches Subjekt voraus. Ohne einen Glauben, der kein Wissen ist, gibt es schlechterdings keine moralische Praxis.

2. Glaube und Vernunft: Wo verläuft die Grenze?

Deshalb ist in der Tat die Frage entscheidend, wo die Grenze zwischen Glaube und Vernunft verläuft.[4] Anders gesagt: Wie weit trägt die Vernunft und wie weit trägt der Glaube? Wie gehen wir um mit dem, was unsere Vernunft übersteigt, das aber unverzichtbar vorausgesetzt werden muss, weil ansonsten unsere Vernunft gar nicht vernünftig sein könnte: die Frage nämlich nach dem Absoluten, oder, wie der Gläubige sagt, die Frage nach Gott?

Menschliche Vernunft ist nicht dazu in der Lage, das Absolute zu berechnen. Sie ist aber ebenso wenig in der Lage, das Absolute zu widerlegen.[5] Die Sache nun in der Schwebe, also unentschieden zu lassen, ist weder unsere Vernunft in der Lage, denn sie drängt auf eine Antwort, noch gestattet uns das der Lebensalltag, weil leben nichts anderes heißt, als in jedem Augenblick das Unentschiedene hinter sich zu lassen, also zu wählen und zu entscheiden. Für diese Entscheidung aber hängt oft alles davon ab, wie der Mensch zuvor die Frage nach der Existenz des Absoluten beantwortet hat. Hier nun, so scheint es, tut sich ein wirkliches und kaum zu überwindendes Dilemma auf. Wie nämlich will ein Mensch, von seiner Vernunft zwar auf die Frage aufmerksam gemacht, aber dann beim Versuch der Beantwortung von ihr im Stich gelassen, zu dieser Entscheidung finden?

---

[4] Kant hat die Antwort auf diese Frage in ein schönes Bild gekleidet; vgl. Reflexionen Kants zur kritischen Philosophie. Aus Kants handschriftlichen Aufzeichnungen, 2 Bände, hrsg. von Benno Erdmann, Leipzig, 1. Aufl., 1882–1884, neu hrsg. von Norbert Hinske, Stuttgart-Bad Cannstatt 1992, Band 2, Refl. 1733, S. 508: „Wenn wir die Natur als den Continent unserer Erkenntnisse ansehen, und unsere Vernunft in der Bestimmung der Grenzen derselben besteht, so können wir diese nicht anders erkennen, als sofern wir das, was die Grenzen macht, den Ocean, der sie begrenzt, mit dazu nehmen, davon wir aber nur noch die Ufer erkennen, nämlich Gott und die andere Welt, die notwendig als Grenzen der Natur betrachtet werden, obzwar von ihnen unterschieden und für uns unbekannt."

[5] Gerade das macht die Festigkeit des Glaubens aus; vgl. Kant, Immanuel: Was heißt: sich im Denken orientieren?, 1786, A 321: „Zur *Festigkeit* des Glaubens gehört das Bewußtsein seiner *Unveränderlichkeit*. Nun kann ich völlig gewiß sein, daß mir niemand den Satz: Es ist *ein Gott,* werde widerlegen können; denn wo will er diese Einsicht hernehmen?"

In dieser verzwickten Lage kommt uns dann doch die Vernunft zu Hilfe und weist uns auf einen Zusammenhang hin, den sie als Ergebnis ihrer selbstreflexiven Prüfung vorzeigen kann: Wahrheit gibt es nur, wenn es Gott, nämlich das Absolute, gibt, wie umgekehrt gilt: Wenn es das Absolute, nämlich Gott, nicht gibt, macht auch der Begriff der Wahrheit keinen Sinn. Wenn es kein Absolutes gibt, dann ist jeder Begriff, in dessen Bedeutung eine Bezugnahme zum Absoluten aufleuchtet, indem er beispielsweise einen unbedingten Anspruch erhebt, sinnlos. Ohne den Bezugspunkt des Absoluten ist alles null und nichtig, alles beliebig und am Ende alles gleich gültig. Es gibt dann kein rechts und links, kein vorne und hinten, kein gut und böse, kein richtig und falsch. Das aber hieße nicht mehr und nicht weniger, als dass wir uns in einem ewigen Rundlauf befänden: außerstande, mit Bedacht und gegenüber Dritten rechtfertigungsfähige, also nicht nur mit der Macht des Stärkeren durchzusetzende Ziele zu bestimmen oder gar solche Ziele anzusteuern, die wir für wichtiger halten als andere Ziele – und dabei den Anspruch zu erheben, dass andere uns in diesen Festlegungen folgen.

Spätestens an diesem Punkt in der Abfolge der Gedanken sind wir mitten in der Anthropologie angekommen, denn hier kommt der Mensch ins Spiel. Eine phänomenale Beschreibung der Entfaltung unseres Menschseins zeigt nämlich mit Nachdruck, dass uns im Leben eben nicht alles gleichgültig ist. Manches ist uns unwichtig, vieles im Leben ist uns hingegen wertvoll. Unter den Dingen, die einem Menschen im Leben wichtig sind, gibt es solche, die für uns nur einen relativen Wert haben, wohingegen wir andere wertvolle Dinge – Einstellungen, Beziehungen, Überzeugungen – um nichts auf der Welt missen möchten: um keinen Preis sind wir bereit, sie aufzugeben.

In diesem Zusammenhang gibt uns Sophie Scholl ein gutes Beispiel, die, noch blutjung, das Angebot, sich aus dem Schlamassel fadenscheinig herauszureden, nicht wahrgenommen hat. Weder sah sie sich in der Lage, als Mitläuferin unauffällig zu bleiben, noch brachte sie es übers Herz, ihre Mittäterschaft als belanglos darzustellen. Sie sah keine Möglichkeit, wie es ihr von ihren Häschern nahegelegt wurde, ihrem Handeln als einer vermeintlichen Folge von Missverständnissen seine Bedeutung zu nehmen. Was war der Beweggrund, den ein junges Mädchen im Angesicht des sicheren Todes zu diesem Handeln führte? Es war ganz sicher, wie wir wissen, nicht Abenteuerlust, nicht Verwirrung, Leichtfertigkeit oder Verführung. Es war der Anruf ihres Gewissens, der so stark, so laut und unüberhörbar war, dass ihr die Bereitschaft, der Überzeugung zu folgen, wichtiger und wertvoller war als die ihr ausdrücklich angebotene Aussicht, dem Henker zu entkommen und ihr Leben zu retten. Können wir sagen, sie sei damit Opfer einer Verblendung geworden, anders gefragt: Hat sie ihre innere Stimme falsch gedeutet, überschätzt oder gar nur sich eingeredet?

Ihr Beispiel und die vielen anderen von Sokrates bis zu den namenlosen Unbekannten, die sich gestern wie heute nicht bereitfinden, roher Gewaltherrschaft zu weichen, wenn der Preis für ihr Überleben in der Leugnung ihres Gewissens besteht, zeigen: Es gibt Dinge in unserem Leben, die sind uns wertvoller als alles andere – wichtiger selbst als das Überleben. Ist das nur Einbildung?

Gegen diese Vermutung spricht die Phänomenologie unseres Lebensvollzugs. Der Mensch, so kann man zusammenfassend sagen, erlebt sich als Bürger zweier Welten. Warum? Nicht nur, weil ihn eine abstrakte Deduktion zu dieser Einsicht führt, sondern weil uns eine phänomenale Deskription des Lebensvollzugs auf Schritt und Tritt darauf aufmerksam macht. Mit einem Bein steht der Mensch in der Welt seiner sinnlichen Wahrnehmung, einer Welt des Bedingten. Mit seinem anderen Bein steht er in der Welt des Übersinnlichen, der Welt des Unbedingten. Diese Behauptung ist nichts anderes als die Beschreibung einer Selbsterfahrung – also das, was ich eine phänomenale Deskription nenne.[6] Ein Mensch hat eben gleichermaßen Anteil an beidem: Er weiß um das Be-

---

[6] Kant, der umgekehrt von den Bedingungen der Möglichkeit menschlicher Erkenntnis ausgeht, spricht in diesem Zusammenhang von einer „Illustration" der durch die transzendentale Deduktion gewonnenen Begriffe a priori in der Erfahrung; vgl. Kant: Kritik der reinen Vernunft, B 126.

dingte und ahnt das Bedingungslose. Nur so hat er die Möglichkeit der Selbstbestimmung in Freiheit: Er verortet sich in der Welt auf eigene Rechnung. Er setzt sich seine Zwecke und ist damit selbst Zweck, also Subjekt. Wäre er nicht sich selbst Zweck, könnte er sich seine Zwecke nicht setzen. In einem Satz gesagt: Der Mensch ist nicht Verfügungsmasse, sondern selbstbestimmter Entscheider: der Unverfügbare, der er, wie er geht und steht, immer auch ist. Genau das verstehen wir unter dem Begriff der Würde.

Dieser Zusammenhang hat schwerwiegende Folgen gerade auch im Blick auf die politische Praxis. Dass der Mensch eine Existenz auf der Grenze zwischen der Welt des Bedingten und der Welt des Unbedingten führt, wird in Artikel 1 der deutschen Verfassung, des Grundgesetzes, zum Ausdruck gebracht. Dort wird gleich zu Beginn der Begriff der unantastbaren Würde eingeführt. Dieser Begriff meint nichts anderes als die politische Beschreibung des oben angedeuteten anthropologischen Sachverhalts. Im Begriff der unantastbaren Würde findet sich der Kreuzungspunkt von Glaube und Vernunft – das, was ich Politische Theologie nenne. Ohne den Glauben an ein Absolutes macht der Begriff der Würde keinen Sinn. Das wird im Übrigen auf einen Schlag deutlich, wenn man sich die Debatte über die unterschiedlichen Konzepte einer gestuften Würde vor Augen führt. Wird der Begriff der Würde an Bedingungen geknüpft und damit zu einem Begriff, der nicht mehr die Vorstellung des Unbedingten, sondern die Welt des Bedingten repräsentiert, fallen sein Inhalt und seine Bedeutung in sich zusammen. Als Grundlage für die von ihm abgeleiteten Menschenrechte taugt er dann eben nur noch sehr bedingt, weil er, als Begriff, selbst nur noch einen bedingten Sinn vergegenwärtigt.

3. Würde: die Teilhabe des Menschen am Unbedingten

So liegt es auf der Hand, dass die deutsche Verfassung im Begriff der Würde den Dreh- und Angelpunkt des von ihr beschriebenen gesamten politischen, sozialen und ökonomischen Ordnungsgefüges findet. Mehr noch: In der Frage nach dem Verständnis menschlicher Würde und einer so oder so gegebenen Antwort auf diese Frage findet sich der Mittelpunkt jedweder Verfassungsordnung. Diese Frage zielt auf nichts anderes als auf die Bitte um Auskunft, in welches Verhältnis zum Absoluten sich der Mensch selbst setzt. Oder anders gefragt: Welches Bild macht sich der Mensch von sich selbst? Diese Frage hat beileibe eben nicht nur privaten Charakter, so sehr sie auch die Intimität der personalen Existenz eines Menschen berührt. Immer ist die Frage – als Kernfrage der Politischen Theologie einer öffentlichen Ordnung – auch eine das gesamte Gemeinwesen betreffende. Deshalb gibt es keine Verfassung, die sich um eine Antwort auf diese Frage herumdrücken kann.

Die Entscheidung des Grundgesetzes folgte zugunsten eines Menschenbildes, das den Menschen in einer anteilnehmenden Beziehung zum Absoluten sieht. Deshalb achtet ihn unsere Verfassungsordnung als unverfügbar und unantastbar.[7] Damit hat jeder – als Individuum – den größten, uneingeschränkten Schutz, der denkvorstellbar ist. In dieser Konsequenz findet sich übrigens der Ansatzpunkt einer praktischen Universalisierbarkeit der Geltung des Würdeschutzes. Denn nur der Begriff der Würde, der allein unter der Voraussetzung der Anerken-

---

[7] Dieses Menschenbild hat jetzt das britische Unterhaus verworfen. Am 20.5.2008 beschloss es mit großer Mehrheit, zukünftig die Züchtung von Designerbabys zu erlauben: Die künstliche Zeugung eines Menschen dient dann ausschließlich den fremden Zwecken Dritter. Diese genetische Manipulation wird euphemistisch umschrieben als die Herstellung von Rettungsgeschwistern: Menschen also, die nicht um ihrer selbst willen gewollt werden, sondern deren Selektion ausschließlich dem Gesichtspunkt folgt, ob ihre körperliche Beschaffenheit für die Zwecke und Absichten Dritter taugt. Sie werden ins Leben gerufen allein deshalb, weil ein anderer Mensch sie zu seinem Nutzen in Gebrauch nimmt. Ihre Zeugungsabsicht folgt einem Bedarf, den nur sie als menschliches Ersatzteillager befriedigen können.

nung eines Absoluten Sinn macht, erfüllt die Bedingung, als handlungsleitender Begriff der Maxime der Reziprozität zu genügen. Die aber ist, wie oben schon angedeutet, genau jene unverzichtbare Krücke, die das Handeln des Menschen stützt, wenn ihn seine Vernunft bei der Beantwortung der von der Vernunft selbst aufgeworfenen drängenden Fragen gleichwohl im Stich lässt.

Wenn oben davon die Rede war, dass nur ein bedingungsloser Begriff menschlicher Würde jedwedem Menschen den größten, uneingeschränktesten Schutz bietet, dann ist diese Feststellung die unmittelbare Folge eines Glaubens, der dem Denken der Vernunft mit Notwendigkeit[8] entspringt – Folge also einer Bestimmung des Beziehungsverhältnisses, das der Mensch – nicht nur im Einklang mit seiner Vernunft, sondern unnachgiebig von ihr gefordert – zwischen sich und dem Absoluten aufbaut. Diese Feststellung gewinnt eine noch größere Bedeutung, als ihr ohnehin schon zukommt, im Zusammenhang mit einer Lebensangst, die sich unvermeidlich aufdrängt angesichts der unzähligen Bedrohungen des Menschen in einer Welt, die – weithin als Ausdruck eines Denkens unter den Vorzeichen der Moderne verstanden – jede Bezugnahme zum Absoluten leugnet, in der also alles bedingt ist. Denn in einer solchen Welt ist der Mensch selbst nicht mehr und nicht weniger als nur noch Teil eines Beziehungsgefüges zwischen allerlei Bedingtem. Damit verliert er seinen Rang als Zweck an sich und wird verfügbar in den Händen Dritter: des tatsächlich Stärkeren, der zufälligen Mehrheit, der vermeintlich Klügeren, kurzum: aller potenziellen Despoten, die sich das Recht anmaßen, in einem anderen, nämlich angeblich höheren Recht zu leben als ihre Mitmenschen.

Spätestens an diesem Punkt sind wir mitten im politischen Streit der Gegenwart angekommen: Allenthalben wird heute

---

[8] Auf die Begründung dieser Notwendigkeit zielt die gesamte Vernunftkritik Kants; vgl. Kant, Immanuel: Vorlesungen über die Metaphysik, hrsg. von Karl Heinrich Ludwig Pölitz, Erfurt 1821, Neudruck Darmstadt 1975, S. 266: „Was nun aber eine nothwendige Voraussetzung unserer Vernunft ist, das ist eben so, als wenn es nothwendig wäre." Die beiden Vorlesungsnachschriften, die der Ausgabe zugrunde liegen, stammen aus der zweiten Hälfte der 80er-Jahre.

die Frage erörtert, ob die Würde jedwedes Menschen tatsächlich unantastbar ist. Oder ist es vielmehr so, dass die der Würde geschuldeten Grundrechte einschränkbar, abstufbar, fallweise sogar auszusetzen sind, weil dem Begriff der Würde selbst eine Beziehung zum Absoluten abgesprochen wird?

Nun kann kein Zweifel bestehen, dass es Fälle gibt, die eine Einschränkung des Schutzes, der durch die Grundrechte gewährleistet wird, zulässig machen. Aber es sind dies ausnahmslos Fälle, in denen die Würde eines unschuldig Angegriffenen nur gesichert werden kann, wenn die Rechte eines mutwillig Angreifenden verletzt werden. Doch selbst in einem solchen seltenen Grenzfall bleibt die Würde eines Menschen unantastbar, muss also der Eingriff in die Rechte eines mutwillig Angreifenden jenseits der Grenzen einer Infragestellung seiner Würde bleiben. Das ist der Sinn des Verbots der Folter selbst dann, wenn ihr Einsatz möglicherweise ein unschuldiges Leben zu retten vermag. Dass auch in einem solchen Fall angedrohter Folter (gegenüber dem Entführer Jakob von Metzlers) eine kluge Rechtsprechung zu einem lebensnahen Urteil findet, hat vor wenigen Jahren ein deutsches Gericht eindrucksvoll bewiesen. Es bedarf nicht einer Abkopplung des Terminus der Würde vom Attribut ihrer Unantastbarkeit, um auch in schwierigen Grenzfällen eine Rechtsordnung vor lebensfremder und selbstgerechter Überhöhung zu schützen.

Genau dieses Ziel wird aber von denen verfolgt, die ausdrücklich einen, nach unterschiedlichen Lebenslagen abgestuften Begriff der Würde des Menschen ins Spiel bringen – und sei es um eines hilfsbedürftigen Kranken willen, wie es das britische Unterhaus jetzt beschlossen hat. Denn die weder bestreitbare noch tatsächlich bestrittene Folge einer solchen inhaltlichen Neubestimmung des Würdebegriffs führt unmittelbar zu der Erlaubnis, Menschen unter bestimmten Umständen verfügbar zu machen für Dritte: meist verbunden mit dem Hinweis, dass die gedachten Umstände – beispielsweise das vorgeburtliche Leben eines Menschen oder ein Leben in einem lang andauernden komatösen Zustand – die Feststellung höchst zweifelhaft erscheinen lassen, im jeweils vorliegenden Fall sei der Mensch ein

Mensch.[9] Die bis dahin eindeutige Semantik des Begriffes Mensch verändert sich schlagartig zu einer semantischen Vieldeutigkeit, wenn der Begriff der Würde abgestuft gedacht wird. Denn dann läuft alles darauf hinaus, eine Vielzahl von Lebenslagen zu beschreiben, in denen die menschliche Physis mal mehr oder mal weniger Träger einer eben je nach Lebenslage unterschiedlich festzulegenden Würde ist.

Im Kern geht es in dieser Auseinandersetzung um zwei voneinander zu unterscheidende und nicht miteinander zu vereinbarende Menschenbilder, die sich genau an diesem einen Punkt widerstreiten, nämlich im Blick auf die Frage: In welches Verhältnis setzt sich der Mensch zum Absoluten? Um diese Frage beantworten zu können, muss die vorgelagerte Frage geklärt werden, welche Verhältnisbestimmung von Glaube und Vernunft aller Politik vorausgeht.

Zusammenfassend lassen sich zwei Schlussfolgerungen beschreiben: Zunächst ist festzustellen, dass es wohl keine Frage gibt, die – für das individuelle Leben wie für das soziale Zusammenleben der Menschen gleichermaßen – auch nur annähernd so wichtig ist wie eben diese Verhältnisbestimmung von Glaube und Vernunft. Denn von der Antwort auf diese Frage hängt alles ab: unser Menschenbild, unsere Verfassungsordnung, eben alles, was in Staat und Gesellschaft wichtig, bedeutsam und deshalb geschützt ist. Und sodann ist festzuhalten, dass die deutsche Verfassung auf diese so entscheidende Frage eine zukunftsweisende Antwort gegeben hat, die von den Müttern und Vätern des Grundgesetzes zudem mit einer Gültigkeit auf alle Ewigkeit ausgestattet wurde – mit gutem Grund und natürlich nicht zuletzt im Blick auf den vorangegangenen Schrecken der Gewaltherrschaft und des Völkermords. Diese zukunftsweisende, nach unserer Verfassung für alle Ewigkeit gültige Antwort wird heute jedoch sowohl durch die gesellschaftliche Wirklichkeit (nicht zuletzt in anderen Ländern) als auch durch die wissenschaftliche Erörterung zunehmend in

---

[9] Vgl. dazu Böhr, Christoph: Wann ist der Mensch ein Mensch? Zur ethischen Konsequenz eines profanen Arguments, in: Die Tagespost, 1.3.2008.

Frage gestellt. Gelegentlich geschieht das eher zurückhaltend durch den Versuch einer Umwertung der Bedeutung des Begriffs von der Würde des Menschen, immer häufiger jedoch in einer ganz ausdrücklichen, ja kämpferischen Weise. Es ist demnach allerhöchste Zeit, das Verhältnis von Glaube und Vernunft im Blick auf die Folgen dieser Verhältnisbestimmung für die Politik neu auf die Tagesordnung zu setzen.

4. Die Autorisierung des Glaubens durch die Kritik der Vernunft

Dabei bleibt uns heute verwehrt, die Antwort, so verführerisch sie auch nach wie vor sein mag, zu übernehmen, wie Thomas Hobbes sie gegeben hat: „authoritas, non veritas, facit legem."[10] Hobbes fand zu dieser Antwort aus zwei Gründen: Weil der durch einen Streit über die Wahrheitsfrage verursachte Bürgerkrieg ein Ausmaß angenommen hatte, das alle zivilisatorischen Errungenschaften zu gefährden drohte, und er zudem keine Möglichkeit sah, eine Begründung von Wahrheit – in Glaubensfragen – zu entwickeln, die nachvollziehbar ist auch für den, der selbst keinen Anteil an deren Offenbarung hat. Was blieb unter diesen Voraussetzungen, falls der Streit trotzdem beigelegt werden sollte, zunächst anderes übrig, als einem durchgängigen Positivismus des Rechtes das Wort zu reden? Die staatliche Gewalt schien ihre friedenstiftende Aufgabe nur bewältigen zu können, wenn sie befugt wurde, Wahrheits- und Glaubensfragen auszublenden und, bei Zwangsandrohung, da-

---

[10] Hobbes, Thomas: Leviathan sive de materia, forma, et potestate civitatis ecclesiasticae et civilis, 1668, in: [Thomae Hobbes Malmesburiensis] Opera philosophica quae latine scripsit, hrsg. von William Molesworth, 5 Bände, 1839–1845, Band 3, London 1841, Neudruck Aalen 1966, XXVI, S. 202. Die zuvor, nämlich 1651 erstmals erschienene englische Ausgabe, die geringfügig von der späteren, 1668 veröffentlichten lateinischen Fassung abweicht, wird hier in der deutschen Übersetzung von Dorothee Tidow herangezogen: Hobbes, Thomas: Leviathan oder Wesen, Form und Gewalt des kirchlichen und bürgerlichen Staates, hrsg. von Peter Cornelius Mayer-Tasch, Reinbek 1965; die genannte Stelle findet sich in dieser Ausgabe auf S. 214.

für zu sorgen, dass der Wahrheitsanspruch dem Machtanspruch zu weichen hatte.

Dabei übersah Hobbes, dass die Verbannung des Glaubens ein Vakuum entstehen lässt, das schon bald durch einen neuen Glauben – und nicht selten durch einen Aberglauben – gefüllt wird. Deshalb konnte sein Lösungsvorschlag einen dauerhaften Erfolg nicht haben. Die Frage nach der Wahrheit und der Anspruch des Glaubens sind aus dem öffentlichen Leben nicht einfach zu entfernen. Erst Kants Unterscheidung zwischen Glaube und Wissen gab die notwendige Handreichung, dieses Dilemma, das Hobbes am Ende nicht auflösen konnte – schließlich war dieser, entgegen mancher Unterstellung, weit davon entfernt, sich von der Vorstellung eines göttlichen und eines natürlichen Rechtes zu verabschieden –, zu überwinden: indem er das Wissen aufhob, um dem Glauben Raum zu schaffen. Mit dieser Einsicht Kants, die Glaube und Vernunft – jeweils im eigenen Recht stehend – voneinander abgrenzte, beginnt im eigentlichen Sinn des Wortes die Postmoderne – nicht als Rechtfertigung von Beliebigkeit, sondern verstanden als Aufgabe einer den gesellschaftlichen Frieden wahrenden Beschreibung des Verhältnisses von Glaube und Vernunft[11] in rebus politicis. Der „Leviathan", das Dokument des Denkens der Moderne über „Wesen, Form und Gewalt des kirchlichen und bürgerlichen Staates", erschien 1551. Kants erste Kritik wurde 1881 veröffentlicht und hat, den Hobbesschen Ansatz überwindend, die bis heute andauernde Postmoderne eingeläutet, die, wie man in der europäischen Geschichte des 20. Jahrhunderts beobachten kann, seitdem immer wieder der Verführung erliegt, auf die Hobbessche Lösung zurückzufallen.

Fragt man nach dem entscheidenden Differenzkriterium beider Entwürfe, dann findet man diesen in eben einer ganz unterschiedlichen Verhältnisbestimmung von Glaube und Vernunft. Wie später Kant hat zuvor schon Hobbes große Zweifel

---

[11] Vgl. Kants Refl. 167, in: Reflexionen Kants zur kritischen Philosophie, Band 2, S. 50: Metaphysik „hält den Menschen an seine Bestimmung, was den Gebrauch und die Schranken seiner Vernunft betrifft".

an der Kraft der natürlichen Vernunft des Menschen, so dass ihm, eindrucksvoll belegt durch die verheerenden Folgen der Glaubenskriege, eine Verbindung von Wahrheit und Gesetz brüchig erscheinen musste. Entsprechend groß war seine Verzweiflung angesichts der durch einen Anspruch der Wahrheit gar nicht begründbaren, tatsächlich aber vom Glauben geleiteten Gesetzgebung mit ihrer friedenszerstörenden, ja kriegstreibenden Wirkung. Angesichts dieser Hoffnungslosigkeit strebte Hobbes nach einem neuen einheits- und zugleich friedenstiftenden Grundsatz, weil für ihn ein auskömmliches gesellschaftliches Zusammenleben nicht anders erreichbar schien denn im Rahmen einer Rückkehr zu einem neuen monistischen Prinzip – unter gewollter Ausblendung der von ihm und seinen Zeitgenossen erlebten vermeintlichen Entzweiung von Glaube und Vernunft, da seiner Meinung nach, bestärkt durch die geschichtlichen Ereignisse seiner Zeit, dieser intellektuelle Dualismus schnurstracks zu einem politischen Bellizismus führen musste. „Niemand kann ... mit unfehlbarer Gewißheit erfahren, dass sich einem anderen Gottes Wille wirklich offenbart hat. Er kann es nur glauben ...".[12] Wird dieser Glaube dann, bestritten durch den Glauben anderer, zur Grundlage der Rechtfertigung eines Gesetzes, ist ein endloser Streit die zwangsläufige Folge. Denn zum Glauben kann niemand gezwungen werden. Hobbes entschied sich deshalb, dem Glauben jedes Recht einer Einflussnahme auf gesellschaftliche Ordnungsfragen abzusprechen.

Kant hat, das Verhältnis von Glaube und Vernunft nicht einfach ausblendend, sondern erneut in den Blick nehmend, den einheitsstiftenden Grundsatz, zu dem Hobbes gefunden hatte, samt dessen Monismus verwerfen müssen – und die Sehnsucht, in allgemeinverbindlicher Weise Glaube und Vernunft zur Deckung zu bringen, auf eine neue und bis heute unüberbotene Weise befriedigt: Indem er die Unterscheidung zwi-

---

[12] Hobbes: Leviathan, XXVI, S. 222; in der lateinischen Fassung: Hobbes: Leviathan, XXVI, S. 207: „Quid Deus aliis dicat scire non possumus naturaliter ... Miracula narrantibus credere non obligamur."

schen Glaube und Wissen neu begründete und beide in ihr eigenes Recht setzte. Dabei übertrug er der Vernunft die Aufgabe, eine Grenze zwischen beiden Einsichtsweisen zu ziehen – und zwar auf dem Weg der Vernunftkritik. Er hat damit die Idee Gottes gerettet und zugleich dafür gesorgt, dass diese Idee keine gesellschaftszerstörende Wirkung entwickeln kann, die am Ende, wie Hobbes zu Recht befürchten konnte, zu einer völligen Desavouierung der Idee selbst führen muss. Nicht in der Entautorisierung des Glaubens, sondern in seiner anthropologischen Zentrierung sah Kant die Lösung: Alle politische Bedeutung des Glaubens sammelt sich im Brennpunkt des Begriffs der Würde der Person.

Deshalb ist es nur folgerichtig, dass sich im Kern gerade in der Semantik dieses Begriffs die vielleicht tiefste Unterscheidung zwischen Hobbes, dem Vertreter der Moderne, und Kant, dem Begründer der Postmoderne, findet. Hobbes spricht von der Würde eines Menschen, „wenn man seinen Wert als Bürger bezeichnet. Sie wird ihm vom Staat verliehen durch ein Amt in der Regierung, in der Rechtsprechung oder in der Verwaltung, oder auch durch einen ehrenvollen Namen oder Titel als Auszeichnung für seine Verdienste."[13] Für Kant hingegen ist Würde das, was dem Menschen zukommt, ohne dass es ihm je verliehen werden könnte: das also, was weder erwerbbar noch veräußerbar ist: also keinen Tauschwert und deshalb auch keinen Preis hat.[14]

Bis heute schwanken wir in unserem Denken zwischen den Lösungsangeboten, wie sie uns von Hobbes und Kant an die

---

[13] Hobbes: Leviathan, X, S. 68; in der lateinischen Fassung: Hobbes: Leviathan, X, S. 77: „Meritum autem dignitas nunquam dicitur … dignitas non praesupponit jus."
[14] Vgl. Kant, Immanuel: Grundlegung zur Metaphysik der Sitten, 1785, BA 77: „Was einen Preis hat, an dessen Stelle kann auch etwas anderes, als Äquivalent, gesetzt werden; was dagegen über allen Preis erhaben ist, mithin kein *Äquivalent* verstattet, das hat eine Würde. Was sich auf die allgemeinen menschlichen Neigungen und Bedürfnisse bezieht, hat einen *Marktpreis;* das, was, auch ohne ein Bedürfnis vorauszusetzen, einem gewissen Geschmacke … gemäß ist, einen *Affektionspreis;* das aber, was die Bedingung ausmacht, unter der allein etwas Zweck an sich selbst sein kann, hat nicht bloß einen relativen Wert, d.i. einen Preis, sondern einen innern Wert, d.i. Würde."

Hand gegeben wurden. Oft wird diese Unentschiedenheit euphemistisch als ein angeblich nicht zu überwindender Relativismus gedeutet. Dabei ist der Versuch, hinter Kant zurückzugehen, meist nichts anderes als ein Rückfall auf die durch Hobbes eindrucksvoll dargestellte Theorie der Moderne, etwa wenn heute die Semantik des Begriffs der Würde festgemacht wird am kommunikativen Konsens der (vermeintlich) zu dieser Feststellung Berufenen (Juristen, Politiker oder Parlamente). Die postmoderne Position Kants bietet diesen Spielraum eines je nach Befindlichkeit situativen Konsenses nicht. Hierin die gnoseologische und – in Folge – anthropologische Überwindung des Hobbesschen Monismus zu sehen, wäre Aufgabe der Politischen Philosophie – in einer Zeit zumal, in der kriegerische Auseinandersetzungen, die sich zum Schein oder zu Recht an Glaubensfragen entzünden, wieder auf die weltgeschichtliche Bühne zurückgekehrt sind. Anderenfalls wird die Verführungskraft der Hobbesschen Lösung – die Entautorisierung des Glaubens durch den Machtanspruch – neue Strahlkraft gewinnen.

Wann protestieren die Protestanten?

Viel radikaler als den Islam griff Papst Benedikt die evangelische Kirche an*

Rolf Schieder

Die Berichte vom Papstbesuch in Bayern zeigten ein Idyll: Der Mann aus Marktl am Inn besucht seine Heimat, festlich gekleidete Menschen begrüßen ihn freudig. Bilder aus einer heilen katholischen Welt.

Fast übermütig wirkt der Papst, als er an der Universität Regensburg eine Vorlesung hält. Deren Kernaussage: Rationalität und Glaube gehören zusammen. Weder dürfe es einen unvernünftigen Glauben noch eine religiöse Fragen verachtende Vernunft geben.

Die heftigen Reaktionen in der muslimischen Welt haben den Papst überrascht – warum eigentlich? Zitiert er doch nicht nur einen byzantinischen Herrscher, der dem Islam Gewalttätigkeit attestiert; er stellt darüber hinaus auch die These auf, dass der Islam ein Gottesbild vertrete, das nicht an Kategorien der Vernünftigkeit gebunden sei. So laufe etwa die Lehre eines Ibn Hazn „auf das Bild eines Willkür-Gottes" zu, der „nicht an die Wahrheit und das Gute gebunden" sei.

Vielleicht war Benedikt XVI. deshalb so überrascht, weil seine Kritik an der islamischen Theologie nur der Auftakt war für eine weitaus radikalere Kritik an der protestantischen Theologie. Im Spätmittelalter habe ein Prozess begonnen, in dessen Verlauf die Bindung Gottes an die Vernunft immer mehr abgenommen habe. „Die Transzendenz und die Andersheit Gottes werden so weit übersteigert, dass auch unsere Vernunft, unser Sinn für das Wahre und Gute kein wirklicher Spie-

---

* Dieser Wiederabdruck (aus: Berliner Zeitung, 23./24.9.2006, S. 27) erfolgt mit freundlicher Genehmigung des Autors und des Berliner Verlags.

gel Gottes mehr sind." Demgegenüber habe der katholische Glaube „immer daran festgehalten, dass es zwischen Gott und uns, zwischen seinem ewigen Schöpfergeist und unserer geschaffenen Vernunft eine wirkliche Analogie gibt, in der zwar die Unähnlichkeiten unendlich größer sind als die Ähnlichkeiten, dass aber eben doch die Analogie und ihre Sprache nicht aufgehoben werden."

Während also die katholische Kirche Rationalität und Glaube, griechisches und christliches Erbe zusammengehalten habe, habe Europa seit der Reformation mehrere „Enthellenisierungswellen" erleiden müssen. Die Reformation habe zur Aufspaltung von Glaube und Vernunft geführt, die historisch-kritische Methode der liberalen Theologie im 19. Jahrhundert zur Historisierung der Theologie und der radikalen Subjektivierung des Glaubens. Der große Gräzist Melanchthon, der Platon-Übersetzer Schleiermacher und der Dogmengeschichtler Adolf von Harnack sollen „Enthellenisierungsprogrammatiker" gewesen sein? Sollte man den Prozess nicht besser „Entkatholisierung" nennen?

Eine solche Theologie jedenfalls werde vom Christentum „nur ein armseliges Fragmentstück" übriglassen und verlege die drängenden ethischen Fragen „ins Subjektive". Während also der Protestantismus dem Relativismus, Subjektivismus und Irrationalismus zum Opfer gefallen sei, habe der Katholizismus stets am Gedanken des vernunftgemäßen Handelns Gottes festgehalten und sei deshalb eher in der Lage, mit dem modernen wissenschaftlichen Bewusstsein in einen fruchtbaren Dialog zu treten.

Die Protestanten sollten sich diese Interpretation ihrer Geschichte nicht gefallen lassen. Die Vernunftkritik der Reformatoren richtete sich nicht gegen die Vernunft als solche, sondern gegen ihren unkritischen Gebrauch. Die Reformatoren hatten ein scharfes Bewusstsein von der Fehlbarkeit des Menschen und seiner Korrumpierbarkeit. Diese Skepsis war aber vernunftgeleitet.

Während in der Rede des Papstes Freiheit nur als Willkür zur Geltung kommt, gehört die Freiheit eines Christenmenschen zu den Grundbekenntnissen des Protestantismus. Diese

Freiheit führt nicht in die Beliebigkeit – wie der Papst befürchtet –, sondern zu bewusst wahrgenommener Verantwortungsbereitschaft. Die moderne, westliche Welt ist ohne die selbstverantwortete Freiheit gar nicht denkbar. Subjektivität führt nicht zum allgemeinen Relativismus, sondern setzt Selbstbildungsprozesse frei, die den Einzelnen dazu ermutigen, die eigene Lebensführung ernst zu nehmen.

Am Ende seiner Vorlesung sagt der Papst: „In diesen großen Logos, in diese Weite der Vernunft laden wir beim Dialog der Kulturen unsere Gesprächspartner ein." Das klingt so, als habe die göttliche wie die menschliche Vernunft ihr geographisches Zentrum im Vatikan und der Papst sei der von Gott erwählte Gastgeber, der in die Räume der Vernunft einlade.

Vielleicht hatte das bayerische Idyll etwas Verführerisches. Gleichgesinnte mögen ja noch darin übereinstimmen, dass die Vernunft am besten im Vatikan aufgehoben ist. Eine religiös und weltanschaulich pluralisierte, weltweite Leserschaft hat dafür kein Verständnis mehr.

Der real existierende Pluralismus ist kein laxer Relativismus, sondern ist Ausdruck harter gesellschaftlicher Kämpfe und Konflikte. Welche Entscheidung in diesen Auseinandersetzungen vernünftig ist, stellt sich oft erst im Nachhinein heraus. Ob es beispielsweise vernünftig war, dass der Vatikan im Bosnienkonflikt das katholische Kroatien als erster Staat diplomatisch anerkannte, müssen die Historiker entscheiden. Bosnische Muslime werden das anders einschätzen als katholische Kroaten.

Die Regensburger Vorlesung wirkt so, als habe der Papst für den Katholizismus die Vernunft reserviert, den Muslimen und den Protestanten Irrationalismus, Willkür und ethische Beliebigkeit attestiert. Das ist Anlass zum Protest, aber auch zum selbstkritischen Nachdenken. Letztlich sollten wir uns über einen Papst freuen, bei dem nicht schon das übertragene Bild die ganze Botschaft ist. Dass nicht mehr das flüchtige Bild, sondern das immer wieder nachlesbare niedergeschriebene Wort in den Mittelpunkt des Interesses rückt, können Protestanten nur begrüßen. Wenn es Benedikt XVI. gelingt, dass sich Theologen aller Konfessionen mit seinen Schriften ernsthaft auseinandersetzen, dann leistet er tatsächlich einen wichtigen Beitrag zum vernunftgeleiteten Dialog der Religionskulturen.

Glaube, Vernunft und (Sub-)Kultur
Zur Protestantismuskritik Benedikts XVI.

Alf Christophersen

1. Die schlafende Vernunft

Zum Motto der Salzburger Festspiele des Jahres 2007 wählte Intendant Jürgen Flimm die „Nachtseite der Vernunft". Die künstlerischen Konsequenzen dieser Entscheidung konnte das Ereignispublikum hören, sehen und in flankierenden „Festspiel-Dialogen" die Tiefen und Untiefen des Themas reflektieren. Auch in den Feuilletons hallte das Salzburger Signal wider, ermunterte zu gelehrten Assoziationsübungen. Reinhard J. Brembeck fühlte sich an Goyas Capricho 43 erinnert: „El sueño de la razón produce monstruos." Sueño lasse eine doppelte Übersetzung zu, könne sowohl Schlaf als auch Traum bedeuten, in jedem Fall aber habe die Abwesenheit von Vernunft höchst unangenehme Folgen: „‚Der Schlaf / Der Traum der Vernunft gebiert Ungeheuer', und diese Monster treiben auf dem Capricho, hinter dem auf einen Tisch gesunkenen Schläfer im Vordergrund, ihr Unwesen." Am Horizont des Hochkulturspektakels sieht Brembeck die Romantik mit dem werbenden Ruf aufziehen: „Schläfere deine Vernunft ein, bringe sie zum Träumen. Denn immer wenn du dich ausschließlich ihr überlässt, bist du nicht zur Gänze du selbst, dann fehlt dir etwas – deine Nachtseite."[1] Auf die Verstrickungen eigener Existenz wollte sich das Salzburger Publikum dann aber wohl nicht recht einlassen und ließ viel an sich vorbeiziehen, ohne es sich

---

[1] Brembeck, Reinhard J.: Albtraum mit Schokolade. Intendant Jürgen Flimm sucht die „Nachtseite der Vernunft", in: Süddeutsche Zeitung, 26.7.2007, S. 14; vgl. Jacobs, Helmut C.: Der Schlaf der Vernunft. Goyas Capricho 43 in Bildkunst, Literatur und Musik, Basel 2006.

wirklich anzuzeigen. „Die Vernunft", resümierte Peter Kümmel in der „Zeit", „ist aufseiten der Festspielzuschauer mittlerweile so gewaltig, dass es in Salzburg gar nicht mehr Nacht
werden will. Das Publikum sieht alles wohlgefällig, hat auch
alles schon gesehen, liebt den langen Schlussapplaus und steigt
ins Auto. Die Nachtseiten findet es anderswo."[2]

Abgründigkeiten und Ambivalenzen der Vernunft sind
wahrlich keine Sondererkenntnis der Postmoderne. „Und in
der Tat", konstatierte Martin Luther 1536 in seiner „Disputatio de homine", „ist es wahr, dass die Vernunft die Haupt-
sache von allem ist, das Beste im Vergleich mit den übrigen
Dingen dieses Lebens und [geradezu] etwas Göttliches. Sie
ist Erfinderin und Lenkerin aller [freien] Künste, der medizinischen Wissenschaft, der Jurisprudenz und all dessen, was in
diesem Leben an Weisheit, Macht, Tüchtigkeit und Herrlich-
keit von Menschen besessen wird."[3] Über sein eigenes Wesen
vermag der Mensch allerdings auch mit ihrer Hilfe keine hinreichende Auskunft zu geben, denn „sowohl die Definition als
auch die Erkenntnis des Menschen" ist „dürftig, schlüpfrig
und allzu sehr an der Stofflichkeit orientiert. Die Theologie
hingegen definiert aus der Fülle ihrer Weisheit den ganzen
und vollkommenen Menschen." Den Ausgangspunkt bildet
die Erschaffung des Menschen zur imago Dei, zum Ebenbild
Gottes, „gemacht ohne Sünde", doch dann „nach Adams Fall
der Macht des Teufels unterworfen", der Sünde und dem
Tod. So steht auch die Vernunft „unter der Macht des Teufels".[4]

In der Bestimmung von Mensch, freiem Willen, Sünde
und Gerechtigkeit Gottes brachten Luthers Überlegungen den
entscheidenden Einschnitt und Neuansatz gegenüber der scho-

---

[2] Kümmel, Peter: Das kalte Fest der Gegenwart. Die Salzburger Festspiele wa-
gen sich auf die ‚Nachtseite der Vernunft', aber das vernünftige Publikum
fürchtet sich vor gar nichts, in: Die Zeit, 2.8.2007, S. 35.

[3] Luther, Martin: Disputatio de homine, in: Disputatio de homine. Erster Teil:
Text und Traditionshintergrund (Lutherstudien I), hrsg. von Gerhard Ebeling,
Tübingen 1977, S. 14–26; hier S. 16.

[4] Luther: Disputatio de homine, S. 19 f.

lastischen Theologie des Mittelalters. In den Mittelpunkt religiöser Heilserwartung trat nun die Frage nach dem Verhältnis des durch und durch sündigen Menschen zum gerechten Gott. Wie wird der Mensch vor Gott gerecht, wie kann er vor Gottes Zorn bestehen? Anders als der freie Wille habe die Vernunft, die Fähigkeit zur Welterkenntnis, Weltgestaltung und Weltordnung, den Sündenfall überstanden. Aber letztlich könne der Mensch nur unabhängig von ihr, allein durch den am verkündigten Evangelium ausgerichteten Glauben gerecht werden.

Wenn für Martin Luther in seiner „Disputatio de homine" die Vernunft unter dem Vorzeichen steht, letztlich der „Macht des Teufels" unterworfen zu sein, und erst im Eschaton, in der jenseitigen Erfüllung der letzten Dinge, das Ebenbild Gottes wiederhergestellt und vollendet sein wird, dann bleibt der Mensch in dieser Welt „in Sünden und wird tagtäglich zunehmend gerechtfertigt oder verunstaltet"[5]. Ein ganz anderer Perfektionierungsgedanke tritt mit der beginnenden Aufklärung in Erscheinung. Nunmehr dringt der Gedanke vor, dass allein die autonome menschliche Vernunft, die Intersubjektivität garantiert, über Erkenntnis, Staatsordnung, Moral, Bildung etc. zu entscheiden hat. Mit kritischer Methode werden die überkommenen (Denk-) Strukturen einer Revision unterzogen und auf ihre Vernunftkompatibilität hin geprüft. Vor allem die „Königin aller Wissenschaften", die Metaphysik, gerät in den Fokus der Kritik. Ihr Dilemma benennt Immanuel Kant 1781 in der „Kritik der reinen Vernunft" mit kühler Präzision: „Die menschliche Vernunft hat das besondere Schicksal in einer Gattung ihrer Erkenntnisse: daß sie durch Fragen belästigt wird, die sie nicht abweisen kann, denn sie sind ihr durch die Natur der Vernunft selbst aufgegeben, die sie aber auch nicht beantworten kann, denn sie übersteigen alle Vermögen der menschlichen Vernunft."[6]

---

[5] Ebd., S. 24.
[6] Kant, Immanuel: Kritik der reinen Vernunft, 1781 und 1787, 2 Bände, hrsg. von Wilhelm Weischedel, Frankfurt a. M. 1974, hier Band 1, S. A VII.

In seiner nicht nur aus religionskritischer Perspektive
wegweisenden Schrift „Die Religion innerhalb der Grenzen
der bloßen Vernunft" betont der Philosoph des Protestantismus 1793: „In allen Glaubensarten, die sich auf Religion beziehen, stößt das Nachforschen hinter ihrer inneren Beschaffenheit unvermeidlich auf ein Geheimnis, d. i. auf etwas
Heiliges, was zwar von jedem einzelnen gekannt, aber doch
nicht öffentlich bekannt, d. i. allgemein mitgeteilt werden
kann."[7] Kant wird allerdings immer dann missverstanden,
wenn dieser Satz die Wirkung einer Denk- und Diskursverwei-
gerung entfaltet. Die Vernunft muss zunächst zu ihren Grenzen vorstoßen, um schließlich, von dieser Grenzerfahrung be-
lehrt, die Selbstbeschränkung verantwortbar akzeptieren zu
dürfen. Ein vorschneller Verzicht auf rationale Reflexion führt
dagegen gerade im Umgang mit religiösen Fragestellungen in
Vernunftlosigkeit und Absurditäten. Das göttliche Geheimnis
ist in seiner, nie zu einem endgültigen Ergebnis führenden Er-
schließung immer auf ein Denken angewiesen, das in begrün-
deter Weise die Vereinbarkeit von Glaube und Vernunft so akzeptiert, dass beide Bereiche nicht gegeneinander ins Feld
geführt werden. Auch religiöse Erfahrung, Mystik und Spiri-
tualität sind nur dann im Recht, wenn sie sich prinzipiell ver-
nunftoffen zeigen.

2.   Protestantismus und Individualisierung

Als Benedikt XVI. am 5. August 2006 in seiner Sommerresi-
denz Castel Gandolfo ausgewählten deutschen Medienvertre-
tern als erster Papst überhaupt ein Fernsehinterview gab, löste
er bei vielen Enttäuschung und Kopfschütteln aus, zu unbe-
stimmt und unverbindlich erschienen seine Äußerungen, gerade zum Verhältnis von Katholizismus und Protestantismus
oder zur Stellung der Frau in der römisch-katholischen Kir-

---

[7] Kant, Immanuel: Die Religion innerhalb der Grenzen der bloßen Vernunft,
hrsg. von Karl Vorländer, Hamburg 1956, S. 154 (B 207 f.).

che.[8] An einer Stelle gewann Benedikts eher freundlich kontur-
loses Parlando jedoch einen deutlich schärferen Ton: Die gegenwärtigen westlichen Gesellschaften seien von einer „Kälte
Gott gegenüber" geprägt, Gott komme in ihnen nicht mehr
vor. Trotzdem gebe es, gerade bei der Jugend, „die Frage
nach etwas Größerem", und hier komme es darauf an, den
christlichen Glauben als „positive Option" zu behaupten.
Nur so könne der Mut geweckt werden, endgültige Entscheidungen zu treffen und sich in Fragen der Ehe oder des Priester-
tums lebenslang zu binden. Die Welt bewege sich dramatisch,
zeige sich geprägt von einer „Polyphonie der Kulturen", gerade auch in Deutschland mit seiner Vielgestaltigkeit evan-
gelisch-kirchlicher Gemeinschaften. Alle Kräfte der Gesellschaft stünden vor der gemeinsamen Aufgabe, „die großen
ethischen Richtlinien deutlich zu machen", um einen „ethischen Zusammenhalt" zu schaffen, der Gerechtigkeit und
Frieden ermögliche. Nur im Bewusstsein, auf einem gemeinsamen christlichen Grund zu stehen, und in der Einsicht, dass
Gott einer Welt gegenüber bezeugt werden müsse, die sich
schwer damit tue, ihn zu finden, könne den „großen moralischen Herausforderungen" begegnet werden. Dem Menschen
als „Bild Gottes" sei dieser Gott „mit dem menschlichen Antlitz Jesu Christi sichtbar" zu machen, andernfalls verkümmere
die Moral und verliere ihre Maßstäbe. Unter Aufnahme natur-
rechtlicher Versatzstücke verweist der Papst auf die Ehe von
Mann und Frau als Grundlage von Familie und Generationen-
kontinuität, auf Abtreibung als Verstoß gegen das fünfte Ge-
bot „Du sollst nicht töten!" und schließlich den als verhäng-
nisvoll eingestuften Zusammenhang von Fortschritt, AIDS
und Überbevölkerung. Die Botschaft ist mit Blick auf Afrika
eindeutig. Der Westen müsse auch „Bildung des Herzens" vermitteln: „Wenn man nur Know-how weitergibt, nur beibringt,
wie man Maschinen macht und mit ihnen umgeht, und wie

---

[8] Interview mit Papst Benedikt XVI. Castel Gandolfo, Samstag, 5.8.2006,
http://www.vatican.va/holy_father/benedict_xvi/speeches/2006/august/docu-
ments/hf_ben-xvi_spe_20060805_ intervista_ge.html, Stand: 12.7.2008.

man Verhütungsmittel anwendet, dann braucht man sich nicht zu wundern, dass am Schluss Krieg herauskommt und AIDS-Epidemien. "

Wesentlich reflektierter kommt Benedikt XVI. am 12. September 2006 in seiner Regensburger Vorlesung zum Thema „Glaube, Vernunft und Universität" erneut auf den Status von Ethik und Moral zu sprechen.[9] Tragend ist dabei die Grundthese, dass es – massiv befördert durch die Reformation und die liberale Theologie des 19. und 20. Jahrhunderts, als deren zentrale Gestalt Adolf von Harnack präsentiert wird – zu einer „Enthellenisierung" des Christentums gekommen sei, die Logos, das heißt Vernunft, und Glaube aus ihrer produktiven inneren Einheit herausgelöst habe, so dass die positivistische Vernunft, die jeden Glauben zurückweise und „dem Göttlichen gegenüber taub" sei, Triumphe feiere. Wer jedoch, so der Papst, die „Religion in den Bereich der Subkulturen abdrängt, ist unfähig zum Dialog der Kulturen"[10]. Werde die Theologie von einem positivistischen Vernunftbegriff aus wissenschaftlich beurteilt, bleibe nur noch „ein armseliges Fragmentstück" übrig. Dann komme es aber zwangsläufig auch zu einer Verkürzung des Menschen, die für ihn entscheidenden Fragen nach Religion und Ethos verlören ihren Rang und erhielten den Charakter des bloß Subjektiven. Auf diese Weise werde das Gewissen „zur letztlich einzig ethischen Instanz"[11], die gemeinschaftsbildende Kraft von Ethos und Religion gehe verloren, verfalle der Beliebigkeit – ein für die Menschheit gefährlicher Zustand, wie „an den uns bedrohenden Pathologien der Religion und der Vernunft, die notwendig ausbrechen müssen, wo die Vernunft so verengt wird, dass ihr die Fragen der Religion und des Ethos nicht mehr zugehören"[12], wahrgenommen werden kön-

---

[9] Benedikt XVI.: Glaube und Vernunft. Die Regensburger Vorlesung, vollständige Ausgabe kommentiert von Gesine Schwan, Adel Theodor Khoury und Karl Kardinal Lehmann, Freiburg/Basel/Wien 2006.
[10] Benedikt XVI., Glaube und Vernunft, S. 30.
[11] Ebd., S. 27.
[12] Ebd., S. 27 f.

ne. Benedikts Regensburger Rede wurde aufgrund ihrer islam-
kritischen Passagen als skandalträchtig aufgefasst. Hinter den
weltweiten – wenngleich vielfach inszenierten – Empörungswellen, die der Vortrag durch den als Zitat verpackten Hinweis auf den Zusammenhang von Krieg, Gewalt und Islam
ausgelöst hat, ist im öffentlichen Bewusstsein die scharfe Kritik des Papstes an den vermeintlich Bindungslosigkeit und
Moralverlust befördernden Individualisierungstendenzen des
Protestantismus nur sehr eingeschränkt zur Kenntnis genommen worden, obgleich auch sie eine Provokation eigener Qualität darstellt.

Eiszeit für die Ökumene, lautet die Gegenwartsdiagnose.
Die Leitvorstellung einer „versöhnten Verschiedenheit" bleibt
bestehen, aber das Postulat einer „Ökumene der Profile", die
Eigenständigkeit betonen und Differenzen markieren will, hat
gegen eine Konsensökumene Konjunktur. Wer Ursachenfor-
schung betreibt, wird für den Klimawandel nicht nur das gescheiterte Projekt einer Überarbeitung und Weiterführung der
Einheitsübersetzung verantwortlich machen können – hier zo-
gen die Protestanten die Notbremse, als deutlich wurde, dass
in Zweifelsfällen nicht der Urtext, sondern die Vulgata und
Entscheidungen der katholischen Gremiumsmehrheit maßgeblich werden könnten. Auch die offenkundige Bevorzugung der
orthodoxen Kirchen durch den neuen Papst oder seine als Provokation wahrgenommene Ablassgewährung anlässlich des
Weltjugendtages in Köln sind nicht die entscheidenden Diffe-
renzpunkte. Viel schwerer wiegt der bleibende Dissens in den
Fragen des Amtes und der Eucharistie beziehungsweise des
Abendmahls. Paul VI. hatte das Papstamt einst als größtes
Hindernis für die Ökumene identifiziert und damit einen
Punkt getroffen, der seine Relevanz nicht verloren hat, auch
wenn es mittlerweile sogar evangelisch-lutherischen Bischöfen
attraktiv erscheinen mag, im Papst das mögliche Oberhaupt
für die gesamte Christenheit sehen zu dürfen. Die wechselseitige Anerkennung der Ämter und ihres Charakters bleibt
umstritten, solange die protestantische Infragestellung der besonderen Wesensdignität von Priestertum und Kirche, ins-

besondere im Hinblick auf die Institution des Papstamtes mit seiner Rückführung auf die Einsetzung Petri und der Beanspruchung von Unfehlbarkeit und oberster Jurisdiktionsgewalt, Gültigkeit behält.

3. „Dominus Iesus" als religionstheologische Programmschrift

Mit der 1999 in Augsburg von Vatikan und Lutherischem Weltbund nach langen Kämpfen und prominentem Widerstand unterzeichneten „Gemeinsamen Offiziellen Feststellung" zur „Gemeinsamen Erklärung zur Rechtfertigungslehre" war im ökumenischen Dialog eine Euphorie ausgebrochen – alles schien nun möglich, weil endlich darin Einigkeit zu bestehen schien, dass der Glaube allein, ohne Unterstützung durch gute Werke, den Menschen vor Gott gerecht werden lasse.[13] Doch ein Jahr später unterzeichnete Joseph Kardinal Ratzinger das Dokument „Dominus Iesus", in dem den Protestanten aus Rom attestiert wurde, keine Kirche im eigentlichen Sinn zu sein, sondern lediglich eine „kirchliche Gemeinschaft". Seither hat der Ökumeneprozess seinen Schwung verloren, und das Bemühen Papst Benedikts XVI. um eine Wiederherstellung der vollen und sichtbaren Einheit der Kirche erweckt den Anschein, den Erfolg an die einseitige Erfüllung der römisch-katholischen Vorgaben zu koppeln. Dieser Eindruck verstärkte sich zuletzt in dem vom 29. Juni 2007 datierenden Text der Glaubenskongregation „Antworten auf Fragen zu einigen Aspekten bezüglich der Lehre über die Kirche". Auch hier wurde der Status der protestantischen Kirchen auf einer Linie mit „Dominus Iesus" erneut festgeschrieben: „Nach katholischer Lehre kann man mit Recht sagen, dass in den Kirchen und kirchlichen Gemeinschaften, die noch nicht in voller Gemeinschaft mit der katholischen Kirche stehen, kraft der in ihnen vorhandenen Elemente der Heiligung und der Wahrheit die

---

[13] Vgl. dazu zusammenfassend und kritisch Fischer, Hermann: Protestantische Theologie im 20. Jahrhundert, Stuttgart 2002, S. 272–304.

Kirche Christi gegenwärtig und wirksam ist."[14] Die evangelische Seite, allen voran der Ratsvorsitzende der EKD Wolfgang Huber, gab und gibt sich brüskiert.[15]

Zu den profiliertesten Reaktionen auf die neuen Debatten zum Kirchenbegriff gehört ein Essay des Tübinger Systematikers Eberhard Jüngel, der 2007 anlässlich des Reformationstages unter der Überschrift „Der Glaube an die Einheit der Kirche"[16] in der Frankfurter Allgemeinen Zeitung erschien. Die Pointe dieses Programmtextes ist darin zu erkennen, dass Jüngel mit Hilfe des Gottesbegriffs und der Trinitätslehre den Status der „real existierenden Kirche" bestimmt. Aus der Einmaligkeit und Einzigkeit Gottes könne gefolgert werden, dass „auch die an ihn glaubende Gemeinschaft der Glaubenden, [...] auch die christliche Kirche einmal und nicht wieder" existiere. „Sie ist einzig. Jede christliche Gemeinschaft der Glaubenden muss deshalb für sich den Anspruch erheben, dass die im Glaubensbekenntnis bejahte una sancta catholica et apostolica ecclesia sich in ihr konkret verwirklicht (subsistiert), so dass die geglaubte Kirche ‚ihre konkrete Existenzform' in der jeweiligen – sei es der orthodoxen, sei es der römisch-katholischen, sei es der evangelischen – Kirche hat." Bereits in der Alten Kirche habe deutlich werden können, dass Gott als Vater, Sohn und Heiliger Geist vom Begriff des alius her zu verstehen sei, und zwar als aufeinander bezogenes Anderssein: Das göttliche Wesen alteriere nicht, werde also nicht zu einem aliud. Diese Auffassung sei auf den Kirchenbegriff zu übertragen, denn: „Dann und nur dann ist die Analogie zwischen der trinitarischen Subsistenz des einen göttlichen Wesens im Vater,

---

[14] Kongregation für die Glaubenslehre: Erklärung „Dominus Iesus" über die Einzigkeit und die Heilsuniversalität Jesu Christi und der Kirche. Antworten auf Fragen zu einigen Aspekten bezüglich der Lehre über die Kirche, hrsg. vom Sekretariat der Deutschen Bischofskonferenz, Bonn, 4. Aufl., 2008, S. 51.

[15] Vgl. Evangelische Kirche empört über den Vatikan. Glaubenskongregation betont Einzigartigkeit der katholischen Kirche, in: Frankfurter Allgemeine Zeitung (FAZ), 11.7.2007, S. 4.

[16] Jüngel, Eberhard: Der Glaube an die Einheit der Kirche, in: FAZ, 31.10.2007, S. 11.

im Sohn und im Heiligen Geist und der Subsistenz der einen Kirche Jesu Christi in unterschiedlichen Konfessionskirchen in dem Sinne hilfreich, dass man legitimerweise von einer ‚Wesensgemeinschaft gegenseitigen Andersseins' reden könnte und eine gegenseitige Exkommunikation nicht mehr möglich wäre." Die Kirche könne niemals vom Gedanken einer Uniformität geleitet werden, und es sei ihre höchste Aufgabe, sich vom Hören auf das Wort Christi bestimmen zu lassen, nur so bleibe sie menschlich.

Jüngels Ausführungen nehmen deutlichen Bezug auf die Erklärung „Dominus Iesus". Dieser Text der Glaubenskongregation bildet in seiner Summe den vielschichtigen Versuch, die Universalität der römisch-katholischen Kirche zu postulieren und ihre Verfasstheit als politisch-theologischen Anspruch gegenüber dem Phänomen „Globalisierung" zu beschreiben. Dabei steht neben der Problematik des Verhältnisses zwischen Katholizismus und anderen christlichen Konfessionen vor allem die Wahrheitsfrage innerhalb des interreligiösen Dialogs im Mittelpunkt. Die Grundthese lautet: „Die universale Sendung der Kirche entspringt dem Auftrag Jesu Christi und verwirklicht sich durch die Jahrhunderte, indem das Mysterium Gottes, des Vaters, des Sohnes und des Heiligen Geistes, sowie das Mysterium der Menschwerdung des Sohnes als Heilsereignis für die ganze Menschheit verkündet wird."[17] Auf dieser Basis komme der Kirche ein Evangelisierungsauftrag zu. Mit dem Dokument „Nostra Aetate" des 2. Vatikanischen Konzils wird bekräftigt, dass auch in anderen Religionen ein „Strahl jener Wahrheit" erkannt werden könne, „die alle Menschen erleuchtet".[18] Gleichzeitig wird eine klare Angriffslinie gegenüber den relativistischen Theorien gezogen, die die „immerwährende missionarische Verkündigung der Kirche" dadurch elementar gefährdeten, dass sie „den religiösen Pluralismus nicht nur de facto, sondern auch de iure (oder prinzipiell) rechtfertigen wollen". Dies führe nun dazu, dass zentrale Glaubenswahrheiten

---

[17] Dominus Iesus, 1.
[18] Ebd., 2, unter Aufnahme von Nostra Aetate, 2.

„als überholt betrachtet" würden, zum Beispiel „der endgültige und vollständige Charakter der Offenbarung Jesu Christi", „die Natur des christlichen Glaubens im Verhältnis zu der inneren Überzeugung in den anderen Religionen", aber auch „die Subsistenz der einen Kirche Christi in der katholischen Kirche".[19]

Der Relativismus werde verstärkt durch „die metaphysische Entleerung des Ereignisses der Menschwerdung des ewigen Logos in der Zeit, die zu einer bloßen Erscheinung Gottes in der Geschichte verkürzt wird", und einen „Eklektizismus jener, die in der theologischen Forschung Ideen übernehmen, die aus unterschiedlichen philosophischen und religiösen Strömungen stammen, ohne sich um deren Logik und systematischen Zusammenhang sowie deren Vereinbarkeit mit der christlichen Wahrheit zu kümmern; schließlich die Tendenz, die Heilige Schrift ohne Rücksicht auf die Überlieferung und das kirchliche Lehramt zu lesen und zu erklären".[20] So entstehe eine Dynamik, die darauf hinauslaufe, dass „die christliche Offenbarung und das Mysterium Jesu Christi und der Kirche ihren Charakter als absolute und universale Heilswahrheit verlieren oder wenigstens mit einem Schatten des Zweifels und der Unsicherheit behaftet werden". Es liege also eine „relativistische Mentalität"[21] vor, die sich immer mehr ausbreite. Ihr müsse mit der Einsicht begegnet werden, dass die Offenbarung Jesu Christi nicht begrenzt, unvollständig, unvollkommen und komplementär zu jener in den anderen Religionen sei. „Mit Festigkeit" müsse auf „der Unterscheidung zwischen dem theologalen Glauben und der inneren Überzeugung in den anderen Religionen" beharrt werden. Der theologale Glaube, „die Annahme der durch den einen und dreifaltigen Gott geoffenbarten Wahrheit", könne keinesfalls gleichgesetzt werden „mit der inneren Überzeugung in den anderen Religionen, mit religiöser Erfahrung also, die noch auf der Suche

---

[19] Ebd., 4.
[20] Ebd., 4.
[21] Ebd., 5.

nach der absoluten Wahrheit ist und der die Zustimmung zum sich offenbarenden Gott fehlt."[22]

Keinesfalls ist es für Ratzinger akzeptabel, dass die „Einzigkeit und die Heilsuniversalität des Mysteriums Jesu Christi geleugnet"[23] werde. Dieses Mysterium hat nun einschneidende Konsequenzen für den Charakter der katholischen Kirche. Unter interpretierender Aufnahme von „Lumen gentium", der Formulierung, dass die Kirche Christi sich in der katholischen Kirche verwirkliche (subsistit in), wird in „Dominus Iesus" herausgestellt, dass in der Konstitution des 2. Vatikanums „zwei Lehrsätze miteinander in Einklang" gebracht worden seien: „auf der einen Seite, dass die Kirche Christi trotz der Spaltungen der Christen voll nur in der katholischen Kirche weiterbesteht, und auf der anderen Seite, ‚dass außerhalb ihres sichtbaren Gefüges vielfältige Elemente der Heiligung und der Wahrheit zu finden sind‘, nämlich in den Kirchen und kirchlichen Gemeinschaften, die nicht in voller Gemeinschaft mit der katholischen Kirche stehen."[24] Als Quintessenz tritt hervor, dass es „also eine einzige Kirche Christi" gebe, „die in der katholischen Kirche subsistiert und vom Nachfolger Petri und von den Bischöfen in Gemeinschaft mit ihm geleitet wird."[25]

4. Schlussthesen, oder: Ethik als Bewährungsprobe

Aus einer interreligiösen und interkonfessionellen Perspektive lässt sich der Ertrag einer Auseinandersetzung mit „Dominus Iesus" in neun Thesen bündeln:

1) Joseph Ratzinger führt auf hohem intellektuellen Niveau die alten kulturprotestantischen Debatten weiter, die bereits Adolf von Harnack und Ernst Troeltsch verhandelt hatten: sowohl hinsichtlich der Absolutheitsfrage des Christentums

---

[22] Ebd., 7.
[23] Ebd., 13.
[24] Ebd., 16, unter Aufnahme von Lumen gentium, 8.
[25] Ebd., 17.

als auch im Hinblick auf die Relativität der Geschichte, der historischen Entwicklung. Mit seiner Betonung der absoluten Geltung des Heilsmysteriums Jesu Christi, für die nicht zuletzt die Präexistenzfrage von hohem Rang ist, stellt sich Ratzinger gezielt auf einen historische Kontingenzen durchbrechenden absoluten Standpunkt.

2) „Dominus Iesus" hat, gleichsam in Analogie zu den Auseinandersetzungen um den Zusammenhang von Glaube und Werken, den Charakter des Jakobusbriefes im Verhältnis zu den paulinischen Briefen. In der Erklärung wird eine Korrektur der eigenen katholischen Tradition vorgenommen. Ratzinger benennt und zitiert ausführlich Dokumente des 2. Vatikanums und Folgeverlautbarungen zur interreligiösen Frage, interpretiert diese dann aber um. So ist „Dominus Iesus" ein typisches Beispiel für den römisch-katholischen Umgang mit der Tradition: durch die Quellen hindurch zu einer Richtungskorrektur eigener Qualität.

3) „Dominus Iesus" ist ein Programmtext, ein Schlüsseltext gerade für den interreligiösen Dialog, weitaus wichtiger als „Deus caritas est". Denn all das, was gegenwärtig in Worten und Taten die (Symbol-)Politik des Vatikans bestimmt, ist eine konsequente Durchführung dieses Programms – ob nun im Verhältnis zum Protestantismus, den Orthodoxen Kirchen oder zum Judentum und zum Islam.

4) In religionstheologischer Perspektive wird deutlich, dass Ratzinger mit „Dominus Iesus" eine Kursänderung vollzieht: den Übergang vom Inklusivismus zum Exklusivismus. Nicht Teilhabe an vollkommener Religion dient als Ziel der Orientierung, sondern propagiert wird die Ausschließlichkeit des Heilsmysteriums Jesu Christi.

5) „Dominus Iesus" ist ein religionstheologisches Paradigma für die Frage nach dem Verhältnis zwischen *dem* Christentum und anderen Religionen. Aber erkennbar wird gerade auch die religionstheologische Positionierung zwischen den christlichen Konfessionen. Somit ist Religionstheologie immer auch eine ökumenische und nicht nur interreligiöse Frage.

6) „Dominus Iesus" muss aber auch stets als eine Frage nach dem eigenen theologischen Standort begriffen werden. Hier trägt nun das Relativismus-Motiv nicht sehr weit: Nur, weil alles irgendwie relativ ist, bedeutet das noch lange nicht, dass auf eigene Standpunkte verzichtet werden muss. Im Gegenteil: Gerade wer um die Überholbarkeit eigener Deutungsmuster und Einsichten weiß, wird die Notwendigkeit, sich gezielt zu positionieren, besonders scharf erkennen. Aus evangelischer Sicht läuft dies zwangsläufig auf einen deutlichen Widerspruch zu „Dominus Iesus" heraus, als Ausdruck einer spezifisch protestantischen Haltung.

7) Statt einer Differenzhermeneutik kann hier eine Hermeneutik der Profile zum Tragen kommen, so dass erst das eigene Profil zu bestimmen wäre, um dann in einem zweiten Schritt zur Differenzbestimmung zu gelangen.

8) Eine ethische Lesart kann als „Bewährungsprobe" gelten: Wie sieht es aus mit den unmittelbaren, akuten Problemstellungen: Arbeitslosigkeit, Demokratieverständnis, Gewalt, Krieg, Menschenbild und Menschenwürde? Die Grundfrage lautet auf der Ebene staatlicher Rechtskonventionen: Gibt es trotz aller Unterschiede im Hinblick auf das religiöse Konzept, dem man sich verpflichtet weiß, die Fähigkeit, den Willen zum Kompromiss? Hier taucht dann die Vernunft als allgemeines Kriterium auf, auch wenn bezweifelt werden mag, dass das Skandalon des christlichen Glaubens durch sie hinreichend zu erfassen ist. In Auseinandersetzung mit Jürgen Habermas hob Joseph Ratzinger kritisch hervor: „Tatsache ist jedenfalls, dass unsere säkulare Rationalität, so sehr sie unserer westlich geformten Vernunft einleuchtet, nicht jeder Ratio einsichtig ist, dass sie als Rationalität, in ihrem Versuch, sich evident zu machen, auf Grenzen stößt."[26]

9) Letztlich markiert die Debatte auch ein innerprotestantisches Problem: Wer nicht weiß, ob er eine „Kirche der

---

[26] Habermas, Jürgen/Ratzinger, Joseph: Dialektik der Säkularisierung, Freiburg i. Br. 2005, S. 55.

Freiheit" propagieren soll oder eine „Kirche Jesu Christi", wird immer Schwierigkeiten haben, sich mit überzeugender Argumentation nach außen zu wenden.

Glaubensfreiheit verleiht sich nach lutherischem Verständnis darin Ausdruck, dass die Evangeliumsbotschaft uneingeschränkt, wenngleich institutionell geordnet, verkündigt wird. Der Mensch wird von ihr letztlich mit seiner Unzulänglichkeit, die durch eigene Leistung nicht ausgeglichen werden kann, konfrontiert. Gleichzeitig demonstriert die Rede vom sich verwirklichenden Reich Gottes dem Hörenden die Unmöglichkeit vollständiger innerweltlicher Realisierung des Verkündigten – sie bleibt dem Jenseits vorbehalten. Das Sein des Menschen und der ihn umgebenden Welt steht unter dem eschatologischen Vorbehalt zukünftiger Vollendung. So ist auch alle Erkenntnis, und sei sie auch noch so vernünftig, partiell. Diese Einsicht in die Vorläufigkeit und das Unvollendete der eigenen Existenz nicht als defizitären Zustand wahrzunehmen, sondern als Chance zur gelassenen denk- und handlungsfreudigen Ausgestaltung einer gegebenen Frist zu nutzen: Das könnte schließlich wohl eine Haltung sein, die sich auch im 21. Jahrhundert selbstbewusst als „protestantisch" bezeichnen ließe. Dabei weiß sich dieses Protestantismusverständnis durchaus einer Einsicht der Kirchen- und Religionskritik Søren Kierkegaards verpflichtet, der in „Furcht und Zittern" im Wissen um die Nacht- und Schattenseiten religiöser Existenz der Einsicht Raum gab: „Der Glaube ist eben dies Paradox, daß der Einzelne als Einzelner höher ist denn das Allgemeine."[27]

---

[27] Kierkegaard, Søren: Furcht und Zittern, übersetzt von Emanuel Hirsch, Düsseldorf, 2. durchges. Aufl., 1954, S. 59.

Benedikt XVI. und das natürliche Sittengesetz

Auseinandersetzung mit problematischen Zeitströmungen

Anton Rauscher

1. Der Theologe

Mit Joseph Ratzinger hat die katholische Kirche einen Papst erhalten, der in der ganzen Welt als großer Theologe anerkannt ist. In seinen Büchern und Schriften war und ist er unablässig bemüht, für die Wahrheiten des Evangeliums Jesu Christi einzutreten und sie den Menschen nahezubringen. Ebenso ist er bemüht, das Christentum im Dialog und in der Auseinandersetzung mit den Zeitströmungen zur Geltung zu bringen.

Von seiner Bildung und Prägung her liegen die Schwerpunkte des Theologen Ratzinger bei den Fragen der Dogmatik und der Dogmengeschichte, der Exegese des Alten und Neuen Testaments, der Ekklesiologie und der geschichtlichen Entwicklung der Kirche. Die Begegnung mit dem Gedankengut des heiligen Augustinus und des heiligen Bonaventura haben ihn nachhaltig geprägt. Natürlich kennt sich Ratzinger auch in der Summa theologiae des heiligen Thomas von Aquin aus, in die viele Ideen des griechischen Philosophen Aristoteles Eingang gefunden haben. Aber offenbar fühlte sich Ratzinger im philosophisch-theologischen System der Scholastik weniger wohl.

Der katholischen Soziallehre und dem deutschen Sozialkatholizismus begegnete Ratzinger in den frühen Jahren seiner Lehr- und Forschungstätigkeit kaum. Damals waren die Interessensbereiche zwischen der Theologie im engeren Sinne und den Fragen der wirtschaftlichen, sozialen und politischen Ordnung voneinander noch weithin getrennt. Sicherlich verfolgte er die Sozialverkündigung Papst Pius' XII., der wie keiner seiner Vorgänger auf die vielfältigen sozialen Nöte und Probleme in der Nachkriegszeit, auf die großen sozialen Ideologien und auf die Unmenschlichkeit der totalitären Machtsysteme einging und bestrebt war, vom christlichen Menschen- und Gesellschaftsverständnis her Orientierung zu geben. Aber das Verhältnis Kirche und Gesellschaft passte damals nicht so recht in die theologische Vorstellungswelt Ratzingers.

Neue Herausforderungen kamen auf Joseph Ratzinger zu, als der Kölner Kardinal Joseph Frings ihn, der von der Philosophisch-Theologischen Hochschule in Freising 1959 auf den Lehrstuhl für Fundamentaltheologie an der Katholisch-Theologischen Fakultät der Universität Bonn gewechselt war, als Berater zum Zweiten Vatikanischen Konzil (1962–1965) mit nach Rom nahm. Im Unterschied zu den früheren Ökumenischen Konzilien sollten erstmals auch Grundfragen der gesellschaftlichen Ordnung behandelt werden.

2. Die Auseinandersetzung um das Naturrecht

In welchem Horizont Ratzinger, der 1963 die Professur für Dogmatik und Dogmengeschichte an der Universität Münster übernahm, die Soziallehre, ihre Voraussetzungen und Grundlagen sowie ihr Verhältnis zum christlichen Glauben und zum theologischen Denken sah, geht aus einem Artikel hervor, den er 1964 – mitten im Konzil – für einen Sammelband beisteuerte: „Naturrecht, Evangelium und Ideologie in der katholischen Soziallehre".[1] Ratzinger erblickte das Besondere der christlichen Soziallehre „in einem wenig extensiv, aber umso mehr intensiv bedeutsamen Faktor: Darin, dass sie versucht, die Gesamtheit der sozialen Phänomene unter der ‚regulativen Idee'

---

[1] Ratzinger, Joseph: Naturrecht, Evangelium und Ideologie in der katholischen Soziallehre. Katholische Erwägungen zum Thema, in: Christlicher Glaube und Ideologie, hrsg. von Klaus von Bismarck und Walter Dirks, Stuttgart u. a. 1964, S. 28.

des Evangeliums zu ordnen bzw. sie auf die Leitidee des Evangeliums zu beziehen in der Überzeugung, dass dies zugleich die wahrhaft ‚soziale Idee‘ ist. ... Eine eigentlich theologische Soziallehre gibt es nicht, wohl aber den Versuch einer jeweils neuen ‚Evangelisierung‘ der Soziallehre und umgekehrt einer jeweils neuen ‚Realisierung‘ des Evangeliums in der konkreten Sozialgeschichte der Menschen.‘‘

Das Buch und dieser Beitrag des Konzilstheologen Ratzinger schlugen hohe Wellen in der katholischen Öffentlichkeit und weit darüber hinaus. Die Behauptung, es gebe eigentlich gar keine theologische Soziallehre, stand in direktem Widerspruch nicht nur zur Lehre Pius’ XII., sondern auch zur Enzyklika Mater et magistra (1961), in der Johannes XXIII., der „Papst des Konzils‘‘, erklärt hatte: Die Soziallehre sei „ein integrierender Bestandteil der christlichen Lehre vom Menschen‘‘ (Nr. 222). Schon zu Lebzeiten Pius’ XII., verstärkt nach seinem Tode 1958, hatten sich Stimmen zu Wort gemeldet, die die katholische Kirche in eine neue Richtung drängen wollten. Eine Stoßrichtung zielte auf das Naturrecht, auf das sich die katholische Soziallehre stützte. Nach dem Zerfall des Orbis christianus ermöglichte die Soziallehre einen Brückenschlag zu der emanzipierten und pluralistischen Gesellschaft und zum modernen Kulturgeschehen. Mit dem Naturrecht als selbstständiger Erkenntnisquelle und als Orientierung beim Aufbau der menschlichen Gesellschaft und Kultur betont sie das Eigengewicht der Schöpfungsordnung und die Autonomie der gesellschaftlichen Lebensbereiche. Auf Pius XII. geht die klassische Formulierung zurück, wonach „die Grundsätze des Naturrechts und die Offenbarungswahrheiten wie zwei keineswegs entgegengesetzte, sondern gleichgerichtete Wasserläufe beide ihre gemeinsame Erkenntnisquelle in Gott‘‘ besitzen.[2] Diejenigen, die die Kirche für neue Entwicklungen und Positionen öffnen wollten, erblickten im Naturrecht ein Hindernis für ihre

---

[2] Pius XII., Radiobotschaft vom 1.6.1941, in: Utz, Arthur F./Groner, Joseph-Fulko: Aufbau und Entfaltung des gesellschaftlichen Lebens. Soziale Summe Pius’ XII., Freiburg/Schweiz 1954, Band I, Nr. 498.

Bestrebungen.[3] Dies betraf vor allem Positionen und Lehren
der Kirche in Bereichen wie dem Schutz des ungeborenen Lebens, von Ehe und Familie, aber auch die Eigentumsordnung
oder die Grenzziehung gegenüber den politischen Parteien.

Es gab noch eine zweite Stoßrichtung. Theologen wie z. B.
Nikolaus Monzel hatten die Frage einer grundsätzlichen
„Theologisierung der christlichen Soziallehre" aufgeworfen.[4]
Christliche Soziallehre und Sozialethik könne und dürfe sich
nicht in einer bloßen Naturrechtslehre und Naturrechtsethik
erschöpfen. Die Kritiker vermissten den Bezug der Soziallehre
auf die sittlichen Kernaussagen des Evangeliums. Der Vorwurf
wurde laut, die Kirche bediene sich des (heidnisch-)stoischen
Naturrechtsdenkens und erwecke den Eindruck eines „Stock-
werkdenkens", als ob Schöpfungs- und Erlösungsordnung
nicht die eine Wirklichkeit bildeten. Diese Kritik war wohl darauf zurückzuführen, dass mancher katholische Sozialwissen-
schaftler wie z. B. der Philosoph Franz Klüber mit der Theologie und der christlichen Offenbarung zu wenig vertraut
waren, das katholisch-soziale Denken einseitig in den Einsichten der menschlichen Vernunft, in der Philosophie und im
Naturrecht begründet erblickten.[5] Sie erkannten nicht die Notwendigkeit, dass auch die Vernunft immer wieder der „Reinigung" bedürfe, wie Benedikt XVI. es ausdrückt, um sich
nicht in irreführenden Verfestigungen zu verhaken. Damals
entwickelte sich eine langanhaltende Diskussion über die Frage, was denn das eigentlich „Christliche" in der christlichen
Soziallehre sei.

---

[3] Beispielhaft ist hierfür das Buch von Knoll, August M.: Katholische Kirche
und scholastisches Naturrecht, Wien u. a. 1962. Für Knoll ist das Naturrecht
„ein Instrument der katholischen Kirche, um ihre notwendige Passivität in der
sozialen Frage ... auch rational artikulieren zu können", S. 10.
[4] Vgl. Monzel, Nikolaus: Katholische Soziallehre, Band 1: Grundlegung, Köln
1965, S. 112–126, besonders S. 120 f.
[5] Klüber, Franz: Grundlagen der katholischen Gesellschaftslehre, Osnabrück
1960.

3. Die Sorge um die Unverfälschtheit des Christentums

Für Ratzinger ergab sich hier eine grundsätzliche Schwierigkeit. Noch heute scheint die damalige Sorge um die Unverfälschtheit des Christentums nachzuwirken, wenn Papst Benedikt XVI. in seiner denkwürdigen Ansprache an der Universität Regensburg die verschiedenen Wellen der „Enthellenisierung" reflektiert und dabei das Anliegen der Reformation des 16. Jahrhunderts so umschreibt: „Die Reformatoren sahen sich angesichts der theologischen Schultradition einer ganz von der Philosophie her bestimmten Systematisierung des Glaubens gegenüber, sozusagen einer Fremdbestimmung des Glaubens durch ein nicht aus ihm kommendes Denken. Der Glaube erschien dabei nicht mehr als lebendiges geschichtliches Wort, sondern eingehaust in ein philosophisches System. Das Sola Scriptura sucht demgegenüber die reine Urgestalt des Glaubens, wie er im biblischen Wort ursprünglich da ist. Metaphysik erscheint als eine Vorgabe von anderswoher, von der man den Glauben befreien muss, damit er ganz wieder er selber sein könne."[6]

Dieser aktuelle Text erhellt den Erklärungshintergrund für die kritische Einstellung Ratzingers zur Scholastik, zur christlichen Soziallehre und zum Naturrecht. Das, was er bei den „Reformatoren" an kritischer Reflexion gegenüber der „theologischen Schultradition" vorfindet, hat lange Zeit sein Denken über die Soziallehre bestimmt. Für den Professor Ratzinger war im Jahre 1964 die Soziallehre nicht ein Brückenschlag zur Welt in ihrer Eigenwertigkeit, sondern eher ein Medium für die Evangelisierung der Welt. Die Soziallehre hatte auch nicht die Aufgabe, die eigenständigen Ordnungsstrukturen der Gesellschaft zu ergründen und aufzuzeigen, sondern die Norm des Evangeliums an die Gesellschaft anzulegen.

Den Ansatz für seine Deutung der christlichen Soziallehre findet Ratzinger in der These, dass die „Natur" nur „das Ergebnis eines theologischen Abstraktionsprozesses" sei, insofern erst die Begegnung der Kirche mit den nicht-christlichen Völkern,

---

[6] Die Ansprache ist abgedruckt in: L'Osservatore Romano, 22.9.2006, S. 8 ff.

die die im Evangelium gegebenen verbindlichen Normen nicht anerkannten, zu diesem „Rückgriff hinter die spezifisch christlichen Normen" gezwungen habe.[7] Der Begriff der „reinen Natur", des „bloß Natürlichen" sei erst aus einem theologischen Problem hervorgegangen: „Aus der Auseinandersetzung um Rechtfertigung, Sünde und Gnade", wie sie zuerst von der scholastischen Theologie mit den Reformatoren geführt wurde, habe sich „eine immer stärkere Konzentration der Theologie auf den sogenannten Naturbereich unter Zurücksetzung der christlichen ‚Positivität'" ergeben. Darüber hinaus habe der neuzeitliche Säkularisierungsprozess das naturrechtliche Denken gefördert. Es geschah aus der Absicht heraus, „dass einerseits der Erweis der Vernünftigkeit den schwankenden Glauben stützen, andererseits die Autorität des Glaubens die ungewisse Vernunftsicherheit ergänzen sollte. ... Das ‚Naturrecht' sollte das positive Recht der Kirche decken, wurde aber seinerseits vom positiven Recht der Kirche gehalten".[8]

4. Fehldeutungen der Sozialverkündigung der Kirche

Die eigentliche Schwäche der bisherigen katholischen Soziallehre liege darin, dass sie sich dem „Faktum der Geschichtlichkeit weitgehend entzogen und in abstrakten Formeln eine überzeitliche Sozialdogmatik zu formulieren versucht" habe, die es so nicht geben könne.[9] Die Vernachlässigung des Geschichtlichen zugunsten des Spekulativen und „eine starke Bindung an die hierarchisch-ständische Welt des Mittelalters als Idealbasis, von der man die Idee des Naturrechts schöpfte", hätten dazu geführt, dass die „Sozialtatsachen" immer weniger in den Blick genommen worden seien.

Die kritische Sicht Ratzingers zur katholischen Soziallehre beruhte nicht nur auf Vorbehalten gegenüber dem Naturrecht,

---

[7] Ratzinger: Naturrecht, S. 25 f.
[8] Ebd.
[9] Ebd., S. 29.

sondern wohl auch auf der geringen Kenntnis der christlich-sozialen Bewegung und der katholischen Sozialwissenschaft in der Auseinandersetzung mit der sozialen Frage und dem Liberalismus. Bei dem Bemühen um eine Lösung der Arbeiterfrage und um die Überwindung der Klassenspaltung der Gesellschaft ging es nicht um „abstrakte Formeln einer überzeitlichen Sozialdogmatik", sondern um eine Neuordnung der Gesellschaft in Gerechtigkeit und Solidarität. Auch wenn in der Sozialenzyklika Quadragesimo anno (1931) die „berufsständische Ordnung" empfohlen wurde, so war die Ablösung von der „hierarchischständischen Welt des Mittelalters" im deutschen Katholizismus längst vollzogen. Und was die mangelnde Geschichtlichkeit angeht, so sollte man ein Wort Joseph Höffners bedenken, das er im Hinblick auf die Behandlung der Indios durch die Europäer und die Ordnung der Völkergemeinschaft geschrieben hat: „Die kolonial-ethischen Normen, die von den Scholastikern aus dem Naturrecht und aus dem Jus gentium abgeleitet worden sind, können der Kritik standhalten. Man wird dasselbe nicht in allen Stücken von den Grundsätzen behaupten können, die von der christlichen Offenbarung aus aufgestellt worden sind."[10]

Das Konzil hat sich in der Pastoralkonstitution intensiv mit dem Verhältnis von Kirche und Welt auseinandergesetzt. Zum ersten Mal befasste sich ein Konzil mit den Zusammenhängen von Glaube und Welt, von Kirche und Gesellschaft. Die Bischöfe waren bemüht, den Eindruck, es handele sich um ein innerweltliches Dokument, um eine „bloß" naturrechtlichsoziale Vorlage, gar nicht erst aufkommen zu lassen. Allerdings wurden schon in den ersten Diskussionen unterschiedliche Auffassungen sichtbar. Dies zeigte sich bei der Frage, ob der Dialog der Kirche mit der Welt „von oben" oder „von unten" zu führen sei, ob die Kirche der Welt einfach die Norm des Evangeliums zu bringen und sie auf die jeweils gegebenen Sozialtatsachen „anzuwenden" habe, oder ob die Kirche die Eigenständigkeit und Eigenwertigkeit der Welt zu erkennen und an-

---

[10] Höffner, Joseph: Christentum und Menschenwürde. Das Anliegen der spanischen Kolonialethik im Goldenen Zeitalter, Trier 1947, S. 303.

zuerkennen habe als Voraussetzung für den Dialog des gegenseitigen Gebens und Nehmens, eines wechselseitigen Ineinandergreifens von Schöpfungs- und Erlösungsordnung, von Natur und Gnade, von Naturrecht und Evangelium. Das Konzil hat sich in der Pastoralkonstitution für die zweite Alternative entschieden und damit den schon von der katholischen Soziallehre eingeschlagenen Weg bekräftigt.[11]

5. Die Herausforderung der „Theologie der Befreiung"

Bald nach dem Konzil kam es zu großen Veränderungen in der Kirche und in der Theologie. Viele Bischöfe waren aus Rom in ihre Diözesen heimgekehrt in der Erwartung eines neuen Frühlings für die Kirche. Stattdessen mussten sie feststellen, dass die gewaltige Gärung, die damals viele Bereiche der Gesellschaft und der Politik erfasst hatte, auch bei den Christen und in der Kirche virulent wurde. In der Theologie ging es nicht so sehr um die Frage, wie die Beschlüsse des Konzils im Leben der Christen und der Kirche wirksam werden können; man berief sich auf den „Konzilsgeist" und wollte zu neuen Ufern aufbrechen. Ratzinger erlebte diese Entwicklungen der Theologie in Münster hautnah und es wuchs das Misstrauen – nicht gegen das Konzil, wohl aber gegen die neuen Theologien und gegen die angestrebten Veränderungen in der Kirche und in der Gesellschaft.

Einen Wendepunkt im Denken Ratzingers bedeutete die Kulturrevolution 1968. Im Rückblick bemerkte er, dass die „Weltbeziehung der Kirche" früher eher am Rand seines Interesses gelegen habe. Dies habe sich geändert, als „1968 die studentische Revolte auch eine Instrumentalisierung der Theologie, ja, der religiösen Leidenschaft einer neuen Generation mit sich brachte. Gerade wer Religion und Theologie in ihrem eigenen

---

[11] Rauscher, Anton: „Sub luce Evangelii". Naturrecht und Evangelium in der Pastoralkonstitution, in: Wissenschaft – Ethos – Politik. Festschrift zum 60. Geburtstag von Bischof Joseph Höffner, Jahrbuch des Instituts für Christliche Sozialwissenschaften, hrsg. von Wilhelm Weber, Band 7/8, Münster 1966, S. 56 f.

Anspruch vertreten wollte, musste nun auch die wesentliche Profanität und die Vernünftigkeit der Politik gegenüber einer zur Ideologie degenerierenden Religion verteidigen".[12]

Die Berufung nach Rom an die Spitze der Glaubenskongregation bedeutete für Joseph Ratzinger eine große Herausforderung. Sie erfolgte in einer Zeit, in der sich das Glaubensbewusstsein vieler Katholiken und ihre Kirchenzugehörigkeit in Deutschland und in der westlichen Welt abschwächten. Hinzu kam, was lange Zeit in Europa nahezu unbemerkt geblieben war, dass die katholische Kirche in Lateinamerika in eine höchst kritische Lage hineinzugeraten drohte. Armut und Elend nahmen in einem erschreckenden Ausmaß zu. Die Kirche war nicht gerüstet, um die sich verschärfenden sozialen Gegensätze zu erkennen und ihnen wirksam zu begegnen. Ihre Soziallehre war weithin unbekannt; es gab auch keine christlich-soziale Bewegung, um frühzeitig einen Reformprozess in Wirtschaft und Gesellschaft in Gang zu bringen, wie dies die Kirche in Europa, zumindest in einer Reihe von Ländern im Blick auf die „soziale Frage" der entstehenden Industriegesellschaft getan hatte. Dieser soziale Leerraum war ein Nährboden für revolutionäre Kräfte, für die „Christen für den Sozialismus" und für radikale „Theologen der Befreiung". Zu ihnen gehörten nicht wenige Theologen, die in Deutschland und Europa ausgebildet worden waren. Sie hatten sich nicht für die katholische Soziallehre und auch nicht für die christlich-soziale Bewegung interessiert, sondern waren in den Bann des Neomarxismus geraten. Sie stützten sich auf die marxistische Analyse von Wirtschaft und Gesellschaft und wollten die Kirche zur Vorkämpferin des Klassenkampfes machen. 1971 erschien in Lima (Peru) das Buch „Teología de la liberación" von Gustavo Gutiérrez, das in kurzer Zeit eine große Verbreitung in Lateinamerika und auch in Europa fand. Da auch viele Bischöfe von der katholischen Soziallehre und von den Wirkmöglichkeiten einer christlich-sozialen Bewe-

---

[12] Ratzinger, Joseph: Ansprache anlässlich der Verleihung des Augustin-Bea-Preises 1989, in: Glaube und demokratischer Pluralismus im wissenschaftlichen Werk von Joseph Kardinal Ratzinger, hrsg. von Arthur F. Utz, Bonn 1991.

gung nie etwas gehört hatten, darf es nicht Wunder nehmen, dass sie der Theologie der Befreiung, und zwar in ihrer radikalen Variante, Sympathie entgegenbrachten.

Es war der polnische Papst Johannes Paul II., der auf seiner ersten Auslandsreise nach Puebla in Mexiko auf der III. Lateinamerikanischen Bischofskonferenz am 28.1.1979 die Grenzlinien zog. Es gelang dem Papst, die große Mehrheit des Episkopats zu überzeugen, dass die Soziallehre der Kirche der bessere und auch erfolgreichere Weg zur Überwindung von Armut und Elend ist.

Da Johannes Paul II. auf seinen vielen Reisen und in seinen Ansprachen zusammen mit der Verkündigung des Evangeliums auch auf das christliche Menschen- und Gesellschaftsverständnis und die Soziallehre der Kirche rekurrierte, sah sich auch der Präfekt der Glaubenskongregation, Kardinal Joseph Ratzinger, gedrängt, sich mit diesen Fragen und der kirchlichen Soziallehre intensiv zu befassen. Nicht nur, dass er von seinem Amt her in die Vorbereitung der wichtigen Ansprachen und der Enzykliken des Papstes einbezogen war und auf die Zusammenhänge zwischen dem Glauben und den von der Kirche vertretenen Grundwerten und sozialen Orientierungen zu achten hatte; im Anschluss an die erwähnte Reise nach Puebla sorgte der Papst dafür, dass die Voraussetzungen und die ideologischen Elemente der radikalen Theologie der Befreiung in der erforderlichen Breite und Tiefe reflektiert würden. Vor allem die Kongregation für die Glaubenslehre mit Kardinal Ratzinger an der Spitze sollte unter Berücksichtigung der bisher entfalteten Soziallehre der Kirche eine Klärung herbeiführen. Es entstanden zwei Instruktionen der Glaubenskongregation, die 1984 und 1986 veröffentlicht wurden.

Die erste Instruktion über einige Aspekte der „Theologie der Befreiung" (Libertatis nuntius) befasste sich mit der Neuinterpretation des Christentums, wie sie unter dem Namen „Befreiungstheologie" geschieht.[13]

---

[13] Instruktion der Kongregation für die Glaubenslehre über einige Aspekte der „Theologie der Befreiung", 6.8.1984, hrsg. vom Sekretariat der Deutschen Bischofskonferenz, Bonn 1984 (Verlautbarungen des Apostolischen Stuhls; 57).

Die zweite Instruktion über die christliche Freiheit und die Befreiung (Libertatis conscientia) geht aus von der Situation der Freiheit in der Welt von heute, von den Errungenschaften und Bedrohungen der modernen Befreiungsprozesse.[14] Das V. Kapitel ist überschrieben: Die Soziallehre der Kirche im Dienst einer christlichen Praxis der Befreiung (Nr. 71 ff.). Für unsere Fragestellung ist es aufschlussreich, wie sehr die Instruktion „die grundlegenden Prinzipien" betont, die sich daraus ergeben, dass der Mensch Bild Gottes ist und eine unantastbare Würde besitzt. Von „der Natur der Soziallehre der Kirche" werden im zweiten Absatz die „Forderungen aus dem Evangelium nach tiefgreifenden Veränderungen" unterschieden. Begründet werden sie mit der Notwendigkeit einer neuen Besinnung auf das, was das Verhältnis zwischen dem Hauptgebot der Liebe und der sozialen Ordnung in ihrer ganzen Vielschichtigkeit bildet (Nr. 81).

6. Gegen die „Diktatur des Relativismus"

Die Wende Ratzingers hin zur Soziallehre der Kirche, die sich in beiden Instruktionen abzeichnet, tritt in der Folgezeit immer deutlicher hervor. Es ist freilich nicht nur die Theologie der Befreiung, die das kirchliche Lehramt auf den Plan ruft; zunehmend muss er sich mit der modernen Geistigkeit auseinandersetzen, die in der absoluten Selbstbestimmung des Menschen und im Glauben an die Machbarkeit der Verhältnisse gipfelt.

Kardinal Ratzinger wittert die Gefahr des religiösen und ethisch-kulturellen Relativismus, der den fortschreitenden Prozess der Einswerdung der Welt, das Aneinanderrücken der Kulturen und Zivilisationen, die sozialen und politischen Strukturen, das Denken und die Verhaltensweisen vieler Menschen beeinflusst. In einem Vortrag im Jahre 1987 spricht er erstmals

---

[14] Instruktion der Kongregation für die Glaubenslehre über die christliche Freiheit und die Befreiung, 22.3.1986, hrsg. vom Sekretariat der Deutschen Bischofskonferenz, Bonn 1986 (Verlautbarungen des Apostolischen Stuhls; 70).

121

von der „Diktatur des Relativismus". Seine These lautet: Das Experiment Neuzeit drohe in dem Maße zu scheitern, wie es der „Absolutsetzung einer einzigen Weise des Erkennens folgt", nämlich der „Reduktion der Welt auf Tatsachen" als Folge „der Verengung der Vernunft auf die Wahrnehmung des Quantitativen". Bei diesem Denkansatz gehören Werturteile und religiöse Überzeugungen ausschließlich in den Bereich des „Subjektiven". Was aber subjektiv ist, ist „Setzung des Menschen. Es geht uns nicht voraus, wir gehen ihm voraus und machen es".

Ratzinger demonstriert die Problematik dieses Denkansatzes am Beispiel des biologischen Evolutionismus. Die Gefährlichkeit der heute „zur universalen Weltanschauung ausgebauten Theorien der Evolution" bestehe nicht nur darin, dass sie mit dem ethischen Relativismus jegliche metaphysische Begründung einer im „Wesen des Menschen" verankerten Würde skeptizistisch verneinen, sondern auch darin, dass sie diese noch zu „kompensieren" beanspruchen. Der über „Zufall und Notwendigkeit" erklärte „rein mechanische Hergang der Weltwerdung" ist die Grundlage der daraus folgenden „neuen Moral: Das Ziel der Evolution ist das Überleben und die Optimierung der Arten. Das optimale Überleben der Art ‚Mensch' wäre nun der moralische Grundwert. Die Regeln, nach denen man es macht, wären die einzelnen moralischen Ordnungen. Nur scheinbar ist dies eine Wiederkehr des Lauschens auf die moralische Weisung der Natur. In Wirklichkeit herrscht nun der Gott Sinnlos, denn die Evolution aus sich selbst ist sinnlos. Es herrscht das Kalkül, und es herrscht die Macht. ... [D]er Mensch als Mensch ist abgetreten. Warum man sich an das Überleben dieser Art klammern soll, ist nicht mehr einsichtig zu machen."[15] Dem hält Ratzinger entgegen: Die Natur ist nicht eine vom Zufall und seinen Spielregeln aufgebaute Montage, sondern „sie ist Schöpfung. In ihr drückt sich der Creator Spiritus aus. Deshalb ... [ist] das eigentliche Naturgesetz ein moralisches Gesetz. Die Schöpfung selbst lehrt uns, wie wir auf rechte Weise Menschen sein können."

---

[15] Ebd., S. 14 f.

Im Blick auf die ethischen Grundlagen einer menschenwürdigen Lebensform lautet die entscheidende Frage: Wie kommen wir wieder von der funktionalistisch halbierten zur ganzen Vernunft, die sich auf die Evidenz des sittlichen Naturgesetzes stützt? Nur die Überzeugung, dass es eine vom Schöpfer-Gott geschaffene Vernunft gibt, kann letztlich die „Abschaffung des Menschen" (C. S. Lewis) verhindern.

Um dem Relativismus entgegenzutreten, greift Ratzinger auf „das Wesen des Menschen" zurück, auf „den notwendigen Zusammenklang des menschlichen Wesens mit der Botschaft der Natur", auf „die ethischen Grundlagen einer menschenwürdigen Lebensform", auf „die Objektivität des Sollens und die Endgültigkeit von Verantwortung und Erfüllung", auf die Überzeugung, dass „im Sein des Menschen ein Sollen liegt". Immer häufiger beruft er sich auf das „sittliche Naturgesetz" oder das „natürliche Sittengesetz". Die Wandlung im Denken Kardinal Ratzingers wurde zunächst kaum wahrgenommen, weil er für viele Gläubige der gestrenge „Wächter des Glaubens" war und weil die ihm wenig wohlgesinnte veröffentlichte Meinung in ihm vor allem den „Panzerkardinal" sah. In Wirklichkeit hatte Ratzinger erkannt, dass der radikale Relativismus, dem die modernen Wissenschaften und die ihnen applaudierenden Medien, aber auch viele Träger des „Fortschritts" in Wirtschaft und Politik huldigen, nicht nur das Christentum und die Kirche, sondern die Religion überhaupt in den Bereich der subjektiven Beliebigkeit abzudrängen sucht.

Bedeutet der Wandel im Denken Ratzingers eine Art Rückwendung zum philosophisch-theologischen System der Scholastik? Steckt darin etwa eine Abkehr von den neuzeitlichen Erkenntnissen, wie sie seit der Aufklärung wirksam sind? Eine derartige Vermutung oder Interpretation würde dem Theologen Ratzinger nicht gerecht. Bei ihm geht es gerade nicht um eine Wiederbelebung des scholastischen „Systems", das vorgibt, die gesamte Wirklichkeit, und zwar für alle Zeiten und Epochen, abzubilden. In der damals weithin stationären Gesellschaft fehlte der Sinn für die geschichtliche Entwicklung. Desgleichen ließen die damaligen Lebensverhältnisse nicht zu, dass der einzelne Mensch als Subjekt der sozialen Prozesse, als verantwortliche Person und Träger des gesellschaftlichen Lebens hervortritt, so wie dies seit der Aufklärung und unter den modernen Verhältnissen der Fall ist.

Ratzinger weiß sich dem modernen Denken verpflichtet. Europa habe „seit der Renaissance und auf vollkommene Weise seit der Aufklärung gerade jene wissenschaftliche Rationalität entwickelt, dank deren technischer Kultur ... die ganze Welt geprägt" worden sei. Obwohl die so ermöglichte Entfaltung des Menschen ihre Wurzeln zutiefst im christlichen Menschenbild habe, gerate dieses immer mehr in Vergessenheit. Es sei „das Verdienst der Aufklärung, die ursprünglichen Werte des Christentums wieder in Erinnerung gerufen und der Vernunft ihre Stimme zurückgegeben zu haben". Inzwischen aber habe man weithin vergessen, dass „die Aufklärung christlichen Ursprungs und nicht zufällig gerade und ausschließlich im Bereich des christlichen Glaubens entstanden" sei.

In der geistigen und religiösen Krise der Gegenwart setzt er auf die Klärung des Verhältnisses von Glaube und Vernunft. Seine Predigt bei der hl. Messe vor der Papstwahl ist noch lebendig in Erinnerung: „Einen klaren Glauben nach dem Credo der Kirche zu haben, wird oft als Fundamentalismus abgestempelt, wohingegen der Relativismus als die heutzutage einzige zeitgemäße Haltung erscheint. Es entsteht eine Diktatur des Relativismus, die nichts als endgültig anerkennt und als letztes Maß nur das eigene Ich und seine Gelüste gelten lässt."[16] Der religiöse Relativismus leugne die Möglichkeit einer „wahren" Religion und sehe in allen Religionen nur Projektionen subjektiver Religiosität. Der ethische Relativismus leugne die Fähigkeit des Menschen, wahre und universal gültige Aussagen über sich selbst zu machen und so seine eigene Würde zu erkennen und zu bekennen.

---

[16] Ratzinger, Joseph: Heilige Messe „Pro Eligendo Romano Pontifice", in: Der Anfang. Papst Benedikt XVI. Joseph Ratzinger. Predigten und Ansprachen April/Mai 2005, hrsg. vom Sekretariat der Deutschen Bischofskonferenz, Bonn 2005 (Verlautbarungen des Apostolischen Stuhls; 168), S. 14.

7. Die Bedeutung des natürlichen Sittengesetzes

Mit dem Begriff „sittliches Naturgesetz" greift Ratzinger auf die in der theologischen, insbesondere moraltheologischen Tradition entwickelte Begrifflichkeit zurück. Die Grundlage des natürlichen Sittengesetzes ist das Selbstverständnis des Menschen als moralisches Wesen. Es gibt „die moralischen Ureinsichten des Menschen über Gut und Böse". Was die erkenntnistheoretische Begründung betrifft, so spricht Ratzinger von einer „menschheitlichen Evidenz", auf der „das Bestehen des Menschen als Menschen beruht". Gegenüber den Einwänden des Historismus und des Relativismus verweist Ratzinger auf „die gemeinsame Weisheit der großen Kulturen", wonach die großen sittlichen Erfahrungen und Erkenntnisse der Menschen genauso vernünftig und genauso wahr, ja, wahrer sind als die experimentellen Erkenntnisse des naturwissenschaftlichen und technischen Bereichs. Die technische Vernunft findet ihre Wahrheit auf dem Weg des Experiments. Auch die „praktische (oder moralische) Vernunft" bedarf eines Experiments: „Sie braucht das Experiment des bestandenen Menschseins". Sie erwächst aus dem großen Erfahrungs- und Bewährungszusammenhang ethisch-religiöser Kultur. Hier haben die Einsicht in die Würde des Menschen und das Menschenrechts-Ethos ihren Grund.[17]

Es sind die großen Probleme unserer Zeit, die Joseph Ratzinger bewogen haben, die Fundamente des Seins und Erkennens des Menschen neu zu reflektieren. In der Enzyklika Deus caritas est erklärt er: „Die Soziallehre der Kirche argumentiert von der Vernunft und vom Naturrecht her, das heißt, von dem, was allen Menschen wesensgemäß ist."[18] Es ist die Antwort auf den weit verbreiteten Relativismus. Eingebettet sind die damit

---

[17] Vgl. Roos, Lothar: „Was allen Menschen wesensgemäß ist". Das moralische Naturgesetz bei Papst Benedikt XVI., Köln 2006, (Kirche und Gesellschaft; 330), S. 4 ff.

[18] Papst Benedikt XVI.: Enzyklika Deus caritas est, an die Bischöfe, an die Priester und Diakone, an die gottgeweihten Personen und an alle Christgläubigen über die christliche Liebe, hrsg. vom Sekretariat der Deutschen Bischofskonferenz, Bonn 2006 (Verlautbarungen des Apostolischen Stuhls; 171), S. 38.

verbundenen Fragestellungen in den Gesamtzusammenhang von Glaube und Vernunft.

Die Päpstliche Lateranuniversität veranstaltete 2007 einen internationalen Kongress über das natürliche Sittengesetz. Benedikt XVI. hielt eine bemerkenswerte Ansprache.[19] Zunächst wies er auf eine beunruhigende Gefahr hin: „Die Fähigkeit, die Gesetze des materiellen Seins zu erkennen, macht uns unfähig, die im Sein enthaltene Botschaft zu sehen, die von der Tradition ‚lex naturalis', natürliches Sittengesetz, genannt wird." Es sei notwendig, „über das Naturrecht nachzudenken und seine Wahrheit, die allen Menschen gemeinsam ist, wiederzuentdecken. Dieses Gesetz, auf das auch der Apostel Paulus hinweist [vgl. Röm 2,14–15], ist in das Herz des Menschen eingeschrieben und ist folglich auch heute nicht einfach unzugänglich. … Das Naturrecht ist die Quelle, aus der zusammen mit Grundrechten auch sittliche Gebote entspringen, deren Einhaltung verpflichtend ist. In der derzeitigen Ethik und Rechtsphilosophie sind die Postulate des Rechtspositivismus weit verbreitet. … In dieser Situation ist es angebracht daran zu erinnern, dass jede Rechtsordnung, sowohl auf nationaler wie auf internationaler Ebene, ihre Rechtmäßigkeit letztlich aus der Verwurzelung im Naturrecht, in der in das Sein des Menschen selbst eingeschriebenen ethischen Botschaft bezieht. Das Naturrecht ist schließlich das einzige gültige Bollwerk gegen die Willkür der Macht oder die Täuschungen der ideologischen Manipulation".

---

[19] Die folgenden Zitate sind der Ansprache entnommen. Im Internet zu finden unter: www.vatican.va/holy_father/benedict_xvi/speeches/2007/february/documents/hf_ben-xvi_spe_20070212_pul_ge.html (Stand: 4.9.2008).

Glaube, Vernunft, Politik

Eine Verhältnisbestimmung aus der Perspektive der Katholischen Soziallehre

Wolfgang Ockenfels

1. Die islamische Herausforderung

Wie die Politik Glaubensfragen, so wirft der Glaube politische Fragen auf. Beide Aspekte lassen sich unter dem Anspruch einer „politischen Theologie" systematisch-geschichtlich reflektieren und haben bis in die Gegenwart unterschiedliche Ausprägungen angenommen. Seit einigen Jahrzehnten, vor allem mit der „islamischen Revolution" und den Ereignissen des „11. September", ist die Religion als politischer Faktor, aber auch die Politik als religiöser Faktor wieder in das Blickfeld weltweiter Aufmerksamkeit gerückt. „Gerade heute", bemerkte Jacob Taubes bereits vor über zwanzig Jahren, „drängen religiöse Symbole und Formen in die öffentliche Arena, Theokratie als Forderung taucht auf, Heilslehren überborden in den profanen Raum". Mit dieser prophetischen Bemerkung hatte Jacob Taubes wohl weniger die Entwicklung Europas und des europäischen Christentums im Blick, sondern eher die weltweite Repolitisierung des Islam und vielleicht auch gewisse fundamentalistisch-christliche Strömungen in Amerika, die als Reaktion auf die islamistische Herausforderung mobilisierbar erscheinen.

Im Zusammenhang mit dem politischen „Islamismus" evoziert Religion wieder politische Fronten. Dem islamistischen Terror geht es besonders um die Zerstörung einer liberalen politischen Kultur „des Westens", die ihre christlichen Wurzeln nicht verheimlichen kann. Die USA sind von Anfang an nicht nur von einer deistischen Zivilreligion, sondern auch von (inzwischen weitgehend säkularisierter) christlicher Hoffnung geprägt worden und glauben auch im Zuge der Terrorbekämpfung eine welt- und heilsgeschichtliche Mission erfüllen zu können, wie sie dies bereits im Kampf gegen die totalitären europäischen Systeme des Nationalsozialismus und des Kommunismus bewiesen haben.

Die religiöse Sprache zieht in die öffentliche Debatte ein und bildet dabei nicht bloß einen Bestandteil psychologischer Kriegsführung oder patriotischer Rhetorik. Im Namen Gottes werden terroristische Verbrechen und militärische Gewalttaten begangen und vergolten, die den Namen eines gütigen Gottes – wie Religion und Glauben überhaupt – zu diskreditieren geeignet sind. Daran dürften eigentlich gerade die Weltreligionen kein Interesse haben. Umso bedeutsamer ist die Konzeption einer globalen politischen Ordnung als einer Friedensordnung, die nicht nur durch Machtansprüche und ökonomische Interessen, sondern sozialethisch, also vernünftig legitimiert werden soll. Denn so unterschiedlich sich Menschen in ihrem jeweiligen Glauben darstellen, so verbindet sie doch eine gemeinsame Vernunftbegabung. An diese vor allem praktisch-ethische Vernunfteinsicht zu appellieren, ist Anliegen der Katholischen Soziallehre.

Diese hat seit Augustinus und vor allem Thomas von Aquin eine Friedenslehre hervorgebracht, die zwar „bellum-iustum-Lehre" genannt wurde, aber doch dem Zweck der Eindämmung von kriegerischer Gewalt dienen sollte. Deshalb wurde sie naturrechtlich formuliert und unterlag – vor allem seit Franz von Vitoria im 16. Jahrhundert – einer universalisierbaren und reziprok geltenden Rationalität. In logischer Konsequenz dieser naturrechtlich-vernünftigen Position sollten sogenannte „heilige" oder „Glaubenskriege" ausgeschlossen werden. Freilich hat sich der Dreißigjährige Krieg im Europa des 17. Jahrhunderts nicht an diese Logik gehalten, sondern trat als konfessionell bedingter Krieg in Erscheinung, weshalb sich in der Aufklärung eine Säkularisierung und damit politische Neutralisierung der Religionen und Konfessionen anbahnte.

Wir bemängeln heute am Islam, dass ihm weitgehend das rationale, philosophisch-theologische Instrumentarium fehlt, um den Glauben mit der zeitgenössischen Welt zu vermitteln und die Dialogfähigkeit zu gewährleisten. Dabei übersehen wir leicht, dass der Islam heute eine Aufklärung braucht, wie sie das Christentum bereits im Mittelalter durch Thomas von Aquin erfuhr. Der heute noch maßgebende christliche Theologe konnte dabei übrigens nur deshalb auf Aristoteles zurückgreifen, weil dessen Schriften durch arabisch-islamische Philosophen in Europa zur Geltung gebracht worden waren, z. B. durch Averroes in Córdoba.

An diese mittelalterliche Tradition könnte heute auch der christlich-islamische Dialog anknüpfen. Und zwar auf der metaphysischen Basis eines (aristotelisch-thomasischen) Naturrechtsdenkens, das im Christentum für eine grundlegende Unterscheidung zwischen Glaube und Politik, Kirche und Staat, Moral und Recht gesorgt hat. Die Gewaltenteilungen einer freiheitlichen Gesellschaftsordnung mitsamt den Menschenrechtsgarantien gründen auf diesem Denken. Insofern lassen sich Fundamentalismus und Despotie nicht als „Rückfall" ins Mittelalter deuten, sondern stellen eher einen „Unfall" oder „Abfall" der Moderne dar – einer „Moderne" überdies, die es inzwischen verlernt hat, die metaphysische Wahrheitsfrage zu stellen und ihre Rationalität zu öffnen für die Erkenntnis allgemeiner Sinn- und Wertstrukturen, die den Anspruch erheben können, geschichts- und kulturübergreifend zu gelten.

Ein künftiger christlich-islamischer Dialog wird gerade diese theologischen Grundfragen des Verhältnisses von Glaube-Vernunft-Politik nicht aussparen dürfen. Es ist vor allem die aktuelle religiös-politische Gewaltproblematik, die einen Dialog sowohl erschwert als auch erforderlich macht, worauf ich abschließend eingehen werde. Zuvor jedoch möchte ich auf einige grundsätzliche Fragen des Verhältnisses Glaube-Politik hinweisen – und auf die vermittelnde Rolle der Vernunft.

2. Ansätze zu „politischen" Theologieformen

Auch im Christentum regt sich ein neues Interesse an der politischen Relevanz von Glaube, Theologie und Kirche, das von unterschiedlichen Theologien stimuliert und reflektiert wird. Aktuelle politische Fragen des Friedens, der Globalisierung, der Ökologie und der Gentechnik lassen eine moralische, metaphysische und religiöse Dimension erkennen und haben den aufgeklärten Fortschrittsglauben mitsamt der Säkularisierungsthese in Zweifel gezogen. Die moderne Welt scheint keineswegs bereit zu sein, „Religion" generell abzuschaffen, sie gesellschaftlich bedeutungslos zu machen, politisch zu neutralisieren, zu säkularisieren oder zu immanentisieren.

Vielmehr ist die Gesellschaft selber „religionsproduktiv" (Gerhard Schmidtchen) geworden, freilich auf Kosten des Christentums und der Kirche. Der Religionsbegriff und damit der Begriff des Glaubens hat sich im Zuge der Individualisierung enorm erweitert und umfasst jede Art von „Kontingenzbewältigung", Sehnsucht nach dem „ganz Anderen" (Max Horkheimer), nach dem, was einen „unbedingt angeht" (Paul Tillich), was Sinn- und Wertorientierung gibt. Die typisch religiöse Unterscheidung zwischen Transzendenz und Immanenz (Niklas Luhmann) verschwimmt jedoch, wenn die Transzendenz immanentisiert wird und als geschichtlich-gesellschaftliche Projektion bzw. als Projekt erscheint.

Wenn die Frage nach letzten Gründen und Zielen nicht dogmatisch verboten ist, lässt sich hinter jedem politischen auch ein theologisches Problem vermuten (Donoso Cortés). Grundlegende Fragen religiöser und zugleich moralischer Dimension werden aufgeworfen etwa hinsichtlich der Ursprungsquellen und Kompetenzgrenzen der gesellschaftlichen Autorität, ferner wenn es um die politische Verantwortung der Bürger geht, um den verpflichtenden Grund des Gehorsams, der Gehorsamsverweigerung und des Widerstandes, um die Bedingungen des Gemeinwohls und des öffentlichen Friedens. Solche Fragen erstrecken sich vornehmlich auf Bereiche der Legitimation menschlicher Handlungen und Ordnungen, der Seins- und Sollensbestimmung des Menschen und der Gesellschaft sowie der Sinn- und Zielbestimmung der Geschichte. Damit transzendieren sie den empirischen Erfahrungsbereich der Politik und gewinnen metaphysische, religiöse und ethische Qualität.

Gerade der freiheitlich-demokratische Staat einer pluralistischen Gesellschaft lebt von Voraussetzungen, die er selbst nicht garantieren kann. Dies gilt als Binsenwahrheit nicht erst seit Ernst-Wolfgang Böckenfördes bekanntem Diktum, sondern wurde ähnlich schon von einigen Päpsten der Neuzeit betont. Es gibt für die Fundierung und Erhaltung der Demokratie „Unverzichtbares", das nicht im politischen Bereich angesiedelt ist, wie auch Jürgen Habermas einräumt.

Diese Fragen beschäftigen die politischen Wissenschaften, wenn sie sich mit naturrechtlichen Begründungszusammenhängen, Phänomenen einer „civil religion" und Typen des Legitimitätsglaubens (z. B. die „charismatische" Legitimität bei Max Weber) auseinandersetzen, also mit Vorstellungen und Haltungen, die zur freiwilligen Annahme oder Verwerfung politischer Herrschaft führen. Die Gottesfrage lässt sich aus der politischen Theorie, auch wenn sie vermeintlich „wertfrei" vorgeht, nicht einfach ausklammern, schon deshalb nicht, weil nach Carl Schmitt „alle prägnanten Begriffe der modernen Staatslehre ... säkularisierte theologische Begriffe" sind.

Wesentliche Voraussetzung für eine freiheitliche Demokratie ist die bereits biblisch angezeigte „erste Gewaltenteilung" als Trennung bzw. Unterscheidung von Glaube und Politik, von Reich Gottes und weltlichem Reich, von Kirche und Staat. Dabei gibt es auch in diesem Rahmen zahlreiche Politikbezüge des Glaubens und Glaubensbezüge der Politik. Die Bedeutungsbestimmung des Verhältnisses zwischen Glaube und Politik lässt sich also von zwei Ausgangspunkten her angehen: von der Politik und vom Glauben. So ist dieses Verhältnis ein klassisches Thema sowohl für die Politikwissenschaft als auch für die Theologie.

Gegenseitige Vereinnahmungen und Funktionalisierungen, die sich als Theologisierung der Politik oder als Politisierung der Theologie bezeichnen lassen, werden aus westlicher Demokratieperspektive als Freiheitsbedrohung wahrgenommen und ziehen den Ideologie- oder Fundamentalismusverdacht auf sich. Überdies machen sie sich nach kirchlichem Verständnis auch häresieverdächtig und gelten als Gefährdung der Freiheit von Glaube und Kirche. Glaube und Politik können in Geschichte und Gegenwart verschiedene Verbindungen eingehen, die sich folgendermaßen typisieren lassen:

1. Denkbar und geschichtlich möglich ist es, dass sich die Politik mit einem Glauben, den sie sich konstruiert hat, identifiziert und sich die religiösen Sinnfragen selbst beantwortet. Dies ist der Fall beim Typus der „Politischen Religion", den man etwa im Nationalsozialismus, aber auch im Sowjetkommunismus wahrnehmen konnte. Bei diesen modernen totalitären Ideologien handelte es sich um säkulare Ersatzreligionen.

2. Ebenfalls kann sich die Politik die genannten Sinn- und Wertfragen in einem ihr genehmen und auf ihre speziellen Bedürfnisse abgestimmten Sinne von einem Glauben oder einer Religionsgemeinschaft beantworten lassen. Dann stünde die Religion – freiwillig oder unfreiwillig – im Dienst der Politik, wie es etwa im Typus der „klassischen" politischen Theologie anzutreffen ist, welche die jeweilige politische Herrschaft zu legitimieren hatte. Der theologiegeschichtliche Rückblick verweist auf eine Reihe verschiedener Typen dieser „politischen Theologie", die bereits mit der Stoa und ihrem philosophischen Konzept einer „theologia civilis" einsetzt.

3. Die „neue", von Johann B. Metz in den sechziger Jahren des vorigen Jahrhunderts emanzipatorisch konzipierte „Politische Theologie", die weitgehend von einigen Varianten der Befreiungstheologie rezipiert und radikalisiert wurde, wollte freilich die bestehende politische Herrschaft nicht legitimieren, sondern in Frage stellen. Dies vollzog sich weitgehend im Anschluss an politische Basisbewegungen im Kontext (neo-)marxistischer Strömungen, die „von unten" „nach oben", also doch wieder zur politischen Macht drängten. Seit 1989 ist es auch um die politischen (Befreiungs-)Theologien merklich still geworden, sie stoßen in der Gegenwartstheologie kaum noch auf Interesse.

4. Geschichtlich möglich und von bedrängender Aktualität ist es, dass sich eine Religion mit der staatlichen Politik identisch setzt oder sie in ihre Dienste nimmt. Dies wird im theokratischen Fundamentalismus zu einer gefährlichen Wirklichkeit,

wie sie in vielen islamischen Staaten und Bewegungen zunehmend erfahrbar ist: Der Koran wird zur Staatsverfassung erklärt, moralische Bestimmungen der „Scharia" werden durch
staatliche Gesetze erzwungen, Religionsführer amtieren als po-
litisch-staatliche Entscheidungsträger.

5. Auf ganz andere Weise wird das Verhältnis Glaube-Politik in
der Katholischen Soziallehre – hier vornehmlich verstanden als
Kontinuum kirchlicher Lehraussagen – thematisiert. Sie gilt als
verbindliche Grundlage, von der aus die Christliche Gesellschaftslehre (als theologische Disziplin) soziale und politische
Fragen wissenschaftlich angeht und von der aus die katholischen Sozialverbände und Bewegungen diese Fragen praktisch zu lösen versuchen. Nach dieser Tradition liegt die politische Bedeutung des christlichen Glaubens für eine freiheitliche
Demokratie darin, dass er einen Beitrag zur Erfüllung jener Voraussetzungen dieser Demokratie zu leisten versteht, ohne sich
in eine funktionale Abhängigkeit von ihr zu begeben.

Der spezifische Beitrag des christlichen Glaubens lässt sich
nach einem dreifachen Politikbezug darlegen, nämlich nach
seiner eschatologischen, ethischen und ekklesiologischen Dimension. Bezogen auf die Voraussetzungen der freiheitlichen
Demokratie wirkt sich die Eschatologie als Vorbehalt gegen
jede politische Verabsolutierung aus und sorgt für eine elementare Gewaltenteilung. Die Glaubensethik (insoweit sie im
Einklang mit dem Naturrecht der praktischen Vernunft ist)
orientiert das Handeln der einzelnen Subjekte und deren Institutionen nach normativen Werten, die als Voraussetzung und
nicht als Ergebnis der demokratischen Willens- und Mehrheitsbildung auch den Rechtsstaat beeinflussen. Und der ekklesiologische Gesichtspunkt verweist auf eine rechtlich verfasste Gemeinschaft von Gläubigen, die ihre Wirkung
namentlich in der Zivilgesellschaft, aber auch dem Staat gegenüber entfaltet.

3. Politikbegriff und Glaube

Nach ihrem Selbstverständnis kann die katholische Kirche nicht als eine „in sich" politische Größe angesehen werden, weshalb ihre Strukturen nur sehr eingeschränkt demokratisierbar erscheinen und ihre Glaubensbotschaft nicht demokratisch zur Disposition gestellt werden kann.

Diese Glaubensbotschaft vom Reich Gottes ist Gegenstand kirchlicher Mission, nicht aber mit einem politischen Programm zu verwechseln, wenngleich sie durchaus politische Wirkungen haben kann. Freilich enthält diese Botschaft einen eminent wichtigen Vorbehalt gegenüber der Politik: Dass sie sich nämlich nicht anmaßen darf, den Himmel auf die Erde herunterholen und das Reich Gottes politisch-ökonomisch herstellen zu wollen. Gescheiterte Versuche hierzu hat es in der Geschichte immer wieder gegeben, und man möchte gerne hoffen, dass das Zeitalter der Ideologien, die im 20. Jahrhundert entsetzliche Trümmerhaufen hinterlassen haben, endgültig vorbei sei. Der marxistische Realsozialismus war der Versuch, ein „Arbeiter- und Bauernparadies" hervorbringen zu wollen, eine Art säkularisiertes Reich Gottes auf Erden, in dem aber der Mensch als kollektives Gattungswesen die Stelle Gottes einnehmen sollte.

Die erste abendländische Gewaltenteilung zwischen Imperium und Sacerdotium, zwischen Kirche und Staat, entwickelte sich schon seit dem „Investiturstreit" (1077, Gang nach Canossa: Kaiser Heinrich IV. und Papst Gregor VII.) und hat überhaupt erst eine freiheitlich demokratische Ordnung in Europa ermöglicht. Sie bleibt *die* Grundvoraussetzung für eine nicht-totalitäre politische Form. Hierdurch wurde also der neuzeitliche Prozess sowohl der Säkularisierung des Staates als auch der Entstaatlichung der Kirche in Gang gesetzt. Werden diese beiden Bereiche miteinander vermengt, entsteht ein explosives Gemisch, das wir heute als Fundamentalismus bezeichnen. Gerade weil sich religiöse Hoffnung auf das politisch nicht machbare ewige „Heil der Welt" bezieht und sich auch nicht mit der ideologischen Vision einer „heilen Welt" ersatzweise abspeisen lässt, kann sich demokratische Politik darauf beschränken und konzentrieren, eine staatlich-rechtliche Gemeinwohlordnung verantwortlich nach jenen Werten zu gestalten, die für alle Menschen, auch die Nichtgläubigen, gelten. Nach einem solchen Politikverständnis kann es nicht um die endgültige Realisierung letzter Glaubenswerte gehen, sondern immer nur um vorletzte Werte, die der sittlichen Vernunft *aller* Bürger zugänglich sind.

4. Ethische Wertkriterien

Wie jedes menschliche Handeln muss sich auch das politische Ordnungshandeln, das nicht nur technische Sachfragen betrifft, ethisch bewerten und gestalten lassen. Aber was sind und woher beziehen wir die maßgebenden Wertkriterien und Tugenden?

Vor allem können sich Christen nicht mit einem gängigen Wertrelativismus anfreunden, der seine Kriterien aus einem jeweils demoskopisch erhobenen „Wertewandel", einer bloßen Mehrheitsentscheidung oder einem gängigen Zeitgeist bezieht. So lässt sich, um zwei sehr extreme Beispiele zu nennen, der „Archipel Gulag" nicht mit dem Hinweis auf den revolutionären Wertewandel von 1917 entschuldigen; oder gar Auschwitz mit dem gewandelten Zeitgeist von 1933 relativieren. Die Moral fragt nicht nach der „Normativität des Faktischen", sondern fordert die Faktizität des Normativen. Und das ethisch Normative lässt sich nicht begründen auf das, was zufällig und empirisch greifbar vorhanden ist, sondern bezeichnet das Gute, das sein sollte.

Die moralische Unterscheidung ist die zwischen „gut" und „böse" bzw. „schlecht". Diese Unterscheidung setzt freilich einen orientierenden und Halt gebenden Maßstab voraus, der dem Wandel des Zeitgeistes und den Modeströmungen einigermaßen enthoben ist. Solche Maßstäbe finden sich in den geschichtlichen Erfahrungen eines Volkes, einer Kultur, aber auch und vor allem in den religiösen Traditionen und Glaubensgemeinschaften. Ethische Imperative spiegeln sich auch im unverfälschten Gewissen eines jeden Menschen, der spätestens dann, wenn er sich selber als Opfer böser Machenschaften erfährt, zu ahnen beginnt, was eigentlich für alle positiv gelten sollte. Wer die Existenz universaler ethischer Werte anerkennt, wird das Ethische nicht mit dem Ästhetischen verwechseln können. Moralische Verantwortung achtet nicht bloß pragmatisch darauf, „was ankommt", sondern fragt danach, „worauf es ankommt", damit das Leben aller Menschen gelingen kann.

Diese bis heute umstrittene Grundfrage läuft für Christen auf die Alternative hinaus: Soll man sich an eine religiös begründete Moral halten, die nur für die Gläubigen gilt, aber doch gesamtgesellschaftlich-politisch wirksam werden soll? Oder soll man sich an ein allgemein gültiges Sittengesetz halten, das in der praktischen Vernunft bzw. im Gewissen verankert ist? Relativ unproblematisch, weil sowohl biblisch bezeugt als auch vernünftig einsehbar, ist das politische Handeln nach der „Goldenen Regel": Was du nicht willst, das man dir tu', das füg' auch keinem anderen zu. Dasselbe hat Immanuel Kant mit seinem „Kategorischen Imperativ" zum Ausdruck bringen wollen. Auf breite Zustimmung stoßen auch in einer säkularisierten Gesellschaft die Zehn Gebote, die für Juden, Christen und (eingeschränkt) auch für Muslime verbindlich sind – und so etwas wie eine „geronnene Menschheitserfahrung" darstellen. Aus diesem Grunde haben vor einigen Jahrzehnten die katholischen und evangelischen deutschen Bischöfe in einer gemeinsamen Stellungnahme die Zehn Gebote für die Politik konkretisieren können. Und es gab vorher schon päpstliche Äußerungen, die das Naturrecht inhaltlich mit den Zehn Geboten füllten.

Anders steht es freilich mit einigen radikalen und rücksichtslos klingenden Forderungen der „endzeitlichen" Ethik Jesu aus der Bergpredigt, die sich nicht als soziale oder politische Ethik versteht und auch keine allgemeine Gesetzesethik darstellt. So lassen sich etwa die Gebote des Schuldenerlassens und der grenzenlosen Vergebungsbereitschaft – wie auch die Verbote des Zürnens, des begehrlichen Blickes, des Schwurs, des Widerstandes und der Ehescheidung nicht als politische Normen verallgemeinern oder gar mit rechtlichen Zwangsmitteln durchsetzen. Denn diese Anforderungen richten sich an einzelne Gläubige, die ihnen nur entsprechen können, wenn ihr Handeln zuvor durch Gnade ermöglicht wurde.

Eine Politik, die auf Glaube und Gnade aufbaut, ist vielleicht in einem Kloster möglich, aber auch dort nur eingeschränkt. Das politische Ordnungshandeln in einer weitgehend säkularisierten und pluralisierten Großgesellschaft kann sein Maß nicht an der Bergpredigt nehmen, mit der sich, wie Bismarck bemerkte, kein Staat machen lässt. Wie verderblich für die Politik und wie diskreditierend für den Glauben sich eine politisch-fundamentalistische Glaubensethik auswirken kann, wird gegenwärtig in einigen islamischen Staaten sichtbar. Aber auch in einigen christlichen (evangelikalen) Kreisen machen sich hier und da Tendenzen bemerkbar, die eine integralistische Vereinnahmung der Demokratie zu betreiben versuchen.

Was bleibt nun nicht nur für Christen, sondern für alle Bürger in der demokratischen Politik verbindlich – und worin sollen sie sich moralisch bewähren? Diese Frage ist nicht leicht zu beantworten. Eine allgemeinverbindliche Antwort müsste ziemlich abstrakt ausfallen, ohne andererseits völlig inhaltsleer zu sein. Denn moralisch-normative Werte sollen ja lediglich eine Orientierung bieten und die Richtung anzeigen, in der nach konkreten Lösungen zu suchen ist. Die kommunikative Suche nach für alle tragbaren Lösungen setzt jedoch bereits die allgemeine Beachtung von Grundwerten voraus, ohne die ein gesellschaftlicher Diskurs oder Dialog nicht gelingen kann. Diese Grundwerte müssen der Natur des Menschen entsprechen und dürfen nicht beliebig postuliert werden. Sie sind der Gesellschaft vorgegeben, also Voraussetzungen und nicht erst Folgen einer gesellschaftlichen Kommunikation oder Übereinkunft. Man kann sich z. B. nicht mit anderen über den Grundwert der Wahrheit verständigen, wenn man sich nicht bereits während des kommunikativen Prozesses an die Wahrheit hält. Mit notorischen Lügnern ist eine Verständigung unmöglich. Dasselbe gilt auch für die Grundwerte der Gerechtigkeit, der Liebe (bzw. Solidarität) und der Freiheit. Eine konkrete Vereinbarung über sie ist nur dann möglich, wenn bereits gerechte, solidarische und freie Gesprächsbedingungen herrschen. Diese

Grundwerte lassen sich auch als Friedenswerte auffassen, ohne deren Beachtung kein Konsens, kein sinnvoll geordnetes Zusammenleben innerhalb einer Gesellschaft und zwischen den Staaten möglich ist.

Neu sind diese vier Grundwerte gewiss nicht. In seiner Enzyklika „Pacem in terris" (1963) hat Johannes XXIII. seine Friedenslehre auf eben jene Werte aufgebaut: Wahrheit, Gerechtigkeit, Liebe und Freiheit. Sie kommen einem von Kindesbeinen an ziemlich bekannt vor. Schon ein gedeihliches Familienleben hängt nämlich von jenen gelebten Werten und Tugenden ab, die – praktisch eingeübt – zur „zweiten Natur" werden: wenigstens als selbstkritische, das persönliche Gewissen schärfende Fragen, die uns den bleibenden Abstand zwischen dem moralischen Anspruch und der oft miserablen Faktizität ständig vor Augen führen. Wenn sie in Frageform vorgetragen werden, entfalten die moralischen Grundwerte ihr notwendigerweise kritisches Potenzial. Eine Verwechslung mit der vermeintlich „normativen Kraft des Faktischen" ist dann nicht mehr so leicht möglich.

5. Christliche Wertverantwortung und Dialog

Stellungnahmen der katholischen Weltkirche zu politisch-ethischen Ordnungsfragen sind eher selten. Das hängt gewiss auch damit zusammen, dass das kirchliche Lehramt nicht den Eindruck erwecken will, in die Macht- und Interessensphäre demokratischer Politik autoritativ zu intervenieren und im Streit der politischen Parteien selber zur Partei zu werden.

Freilich ist nicht zu verkennen, dass der gesellschaftliche Pluralismus und die politische Demokratie weltweit vor großen Problemen stehen und mancherorts auch krisenhaft erschüttert sind. Die mit den (post)modernen Phänomenen der Individualisierung und Pluralisierung zusammenhängenden Probleme lassen einen Mangel an allgemeinen Sinn- und Wertstrukturen erkennen: Der sinnstiftende Zusammenhang des Pluralismus schwindet und die Grundwerte, von denen die Demokratie lebt und auf die sie ausgerichtet sein soll, geraten in Vergessenheit. Darum ist es sinnvoll und sogar notwendig, dass sich das kirchliche Lehramt zu diesen Fragen äußert und dabei jene Werte in Erinnerung ruft, von denen der Bestand einer menschenwürdigen Gesellschaft auch politisch abhängt.

Die von Joseph Kardinal Ratzinger verfasste Stellungnahme der Glaubenskongregation aus dem Jahr 2003 trägt den Titel „Lehrmäßige Note zu einigen Fragen über den Einsatz und das Verhalten der Katholiken im politischen Leben". Sie wendet sich „in besonderer Weise an die katholischen Politiker sowie an alle gläubigen Laien, die zur Teilnahme am öffentlichen und politischen Leben" berufen sind, und zwar weltweit. Damit respektiert die Kirche die „Arbeitsteilung" zwischen Klerus und Laien. Es sind die Laien, die als kompetente Fachleute in konkreten politischen Sachbereichen „autonom" wirken. Das politische Engagement lässt sich freilich nicht von den religiösen und moralischen Grundlagen ablösen. Und besonders von katholischen Politikern ist zu erwarten, dass sie sich nicht rein pragmatisch oder nach Nützlichkeitserwägungen verhalten, sondern ihr Gewissen bzw. ihre praktische Vernunft strapazieren.

Gegenwärtig wächst die Gefahr eines sehr problematischen ethischen Pluralismus, der auf eine völlige Relativierung und Auflösung zentraler Prinzipien hinausläuft. Angesprochen ist hier der Kernbereich absolut und universal gültiger Prinzipien, die im Glauben wie auch im natürlichen, d. h. der Vernunft zugänglichen Sittengesetz verankert sind. Zu den moralischen Prinzipien, die „keine Abweichungen, Ausnahmen oder Kompromisse irgendwelcher Art zulassen", zählen vor allem die Verbote der Abtreibung und der (aktiven) Euthanasie. Von daher sollte es eigentlich für Katholiken – und nicht nur für sie – selbstverständlich sein, sich für das „vorrangige Recht des Menschen auf Leben von seiner Empfängnis bis zu seinem natürlichen Ende"[1] schützend einzusetzen. Und zwar gerade auch in Politik

---

[1] Kongregation für die Glaubenslehre: Lehrmäßige Note zu einigen Fragen über den Einsatz und das Verhalten der Katholiken im politischen Leben,

und Gesetzgebung. Wo der an sich absolut gebotene Lebens-
schutz auf gesetzlicher Ebene bereits unterlaufen wurde, bleibt
es freilich erlaubt, auf dem Weg des parlamentarischen Kompro-
misses zu einer Schadensminimierung beizutragen.

In der aktuellen bioethischen Debatte kommt es vor allem
auf den Schutz menschlicher Embryonen an, die nicht als bloße
Objekte wissenschaftlicher Forschung und medizintechnischer
Verwertung herabgewürdigt werden dürfen. Unaufgebbar sind
überdies die naturrechtlichen Forderungen, Ehe und Familie zu
schützen, das Erziehungsrecht der Eltern zu wahren, die Religi-
onsfreiheit zu gewährleisten sowie den Frieden zu fördern.

Hierbei handelt es sich keineswegs um „konfessionelle Werte", die nur für Katholiken oder Christen gelten und die in der
„Laizität" einer säkularen pluralistischen Gesellschaft bedeutungslos wären. Vielmehr lebt auch die Autonomie der politischen Sphäre, um menschlich zu bleiben, von der Anerkennung
jener prinzipiellen Wahrheiten, die im menschlichen Wesen, d. h.
im natürlichen Sittengesetz aufleuchten. Diese Wahrheiten sind
der beste Schutz gegen Utopien und Ideologien.

6. Notwendigkeit eines rationalen Dialogs

Den Zusammenhang von Glauben und Vernunft grundsätzlich
zu klären, ist das Leitmotiv des gegenwärtigen Papstes und war
auch das Generalthema seiner Regensburger Rede. Freilich war
das Aufgreifen des Gewaltproblems von der Sache her geboten
und durch bestimmte Geschichtserfahrungen auch naheliegend: Wenn der Glaube nicht durch Vernunft in die Politik vermittelt wird, drängt die Gewalt ins Spiel und diskreditiert nicht
nur den Glauben, sondern auch die Politik.

Benedikt XVI. will vor allem dialogisch-rational erörtern,
wie bestimmte Stellen des Koran heute verbindlich ausgelegt
werden. Mit dieser Frage wird das Hauptthema und auch

24.11.2002, hrsg. vom Sekretariat der Deutschen Bischofskonferenz, Bonn
2002 (Verlautbarung des Apostolischen Stuhls; 158), S. 12.

das Hauptdilemma des christlich-islamischen Dialogs aufgeworfen.

Dialog bedeutet nach Auskunft des Historischen Wörter-
buchs der Philosophie „ein Gespräch, das durch wechselseitige
Mitteilung jeder Art zu einem interpersonalen ‚Zwischen‘, d. h.
zu einem den Partnern gemeinsamen Sinnbestand führt“. Auf
der Suche nach diesem gemeinsamen Sinnbestand – etwa in Sachen Frieden und Gewaltlosigkeit – kann es freilich passieren,
dass die Vernunft ausrastet und an ihrer Stelle Drohungen, Ein-
schüchterungen und Terror treten. Die allgemeine Geschäftsgrundlage für einen rationalen Dialog entfällt auch dann,
wenn bei „wechselseitigen Mitteilungen jeder Art“ geschichtliche Erfahrungen und entsprechende Zitate ausgeschlossen
werden sollen. Fast unmöglich wird der Dialog, wenn ein Dia-
logpartner nicht klar als repräsentativ identifizierbar ist und
seine wahren Absichten nicht erkennen lässt.

Ihre Dialogfähigkeit hatte die katholische Kirche bereits
zu Zeiten des Realsozialismus bis 1989 erfolgreich erprobt.
Wesentlich schwieriger scheint sich seitdem der Dialog mit
dem expandierenden politischen Realislamismus zu gestalten.
Die Frage ist, wie sich die Chancen für ein weltweites interre-
ligiöses Friedensgespräch verbessern und institutionell festigen
lassen. Dass besonders die katholische Kirche als Weltkirche
mit einer eigenen Soziallehre diesem substanziellen Dialog vo-
rangeht, darf man für wünschenswert und sogar notwendig er-
achten.

141

Glaube und historische Vernunft

Vom Umgang des Vatikans mit der Geschichte

Rudolf Lill

Historische Vernunft, welche nicht erst seit der Aufklärung, sondern seit Renaissance und Humanismus des 15./16. Jahrhunderts wesentlich zur europäischen Kultur gehört, stützt ihre Aussagen, Urteile und Postulate auf geprüfte und nachprüfbare Quellen. Sie bedenkt beim Urteil über Personen und Fakten die historischen Umstände mit und erkennt an, dass manche frühere Worte und Urteile von ihnen mitbestimmt waren und dass sie infolgedessen zu relativieren und zu modifizieren sind.[1]

Institutionen wie der Hl. Stuhl, welcher eine spät akkumulierte Machtfülle erhalten oder noch vermehren will, neigen daher nicht zu deren historisch-kritischer Erörterung.[2] Dagegen haben Kirchenreformer, schon weil sie sich an der Ur- oder Frühkirche orientierten, meistens historisch gedacht. Aus den letzten drei Jahrhunderten, aus denen es direkte Verbindungen zur Gegenwart gibt, nenne ich für den deutschen Bereich exemplarisch Johann Nicolaus v. Hontheim („Febronius"), Ignaz Heinrich v.

---

[1] Ein überaus wichtiges Beispiel aus der Papstgeschichte war die Falsifizierung des „Constitutum Constantini" durch humanistisch geschulte Forscher wie Lorenzo Valla und Nikolaus von Cues, weil die wesentlich auf dieser Fälschung beruhenden Ansprüche auf weltliche Herrschaft aufgegeben oder modifiziert werden mussten; zur Einführung: Fuhrmann, Horst: Die Konstantinische Fälschung – Über die Bedeutung und Wirkung einer berühmten Fälschung, in: zur debatte 4/2007, S. 25 ff.

[2] Lill, Rudolf: Die Macht der Päpste, Kevelaer 2006; erweiterte italienische Ausgabe Lill, Rudolf: Il potere dei papi, Roma 2008. Vgl. aus der neueren Literatur in deutscher Sprache außerdem: Schwaiger, Georg: Papsttum und Päpste im 20. Jahrhundert, München 1999; Denzler, Georg: Der Vatikan in der Geschichte, in: Der Vatikan. Geschichte – Kunst – Bedeutung, hrsg. von Georg Denzler und Clemens Jöckle, Darmstadt 2007, S. 13–18 u.ö.

Wessenberg und Ignaz v. Döllinger (neben denen in Bayern zumindest auch Johann Michael Sailer zu behandeln wäre)[3], für den italienischen Lodovico Antonio Muratori und Antonio Graf Rosmini. Eigentlich wäre darüber hinaus von der ganzen „katholischen Auflärung" des 18. und des frühen 19. Jahrhunderts zu reden[4], von deren großen Leistungen für die Konzentration der Kirche auf das Wesentliche und für ihre Begegnung mit der Moderne im Vatikan fast nie gesprochen wird. Sein Schweigen ist aber, wie bald zu zeigen sein wird, nur konsequent.

„Olim non erat sic", hat Hontheim an vielen Stellen seines historisch-kanonistischen Hauptwerks „De statu ecclesiae (1763–1773)" geschrieben und zugleich die Folgerungen gezogen: Weil es mit Macht und Ämtern in der Kirche nicht immer so war wie jetzt, muss es auch nicht so bleiben; oder wenigstens muss nicht alles so bleiben wie jetzt. Die Reformer – und im 18. Jahrhundert die sie unterstützenden reformistischen Monarchen wie Joseph II. und Leopold II. – kritisierten den Zentralisierungsprozess in der römischen Kirche seit der Gegenreformation und indirekt auch deren Anspruch, dass nur sie die Kirche Christi sei. Aber solcher Kritik und deswegen auch der hinter ihr stehenden historischen Vernunft glaubte die römische Kurie sich verschließen zu müssen. Die historischen Disziplinen wurden gerade im eigentlich „historischen" 19. Jahrhundert und seitdem im päpstlichen Rom stets den systematischen untergeordnet;[5] aus der Geschichte, auf die man

---

[3] Zur ersten Information Lill, Rudolf: Vorläufer des Ökumenismus, in: zur debatte 1/2007, S. 18 f.

[4] Weiß, Dieter J.: Katholische Aufklärung: Etwas später – aber dafür differenziert, in: zur debatte 1/2008, S. 41–44.

[5] Grundlegend für die Erforschung des ultramontanen Papsttums und seiner autoritär-defensiven Kulturpolitik: Aubert, Roger: Le pontificat de Pie IX (Fliche-Martin, Histoire de l'église 21), Paris 1952; erweiterte Ausgabe zusammen mit Martina SJ, Giacomo: Il pontificato di Pio IX, 2 Bände, Torino 1969; Chadwick, Owen: Catholicism and history. The opening of the Vatican archives, Cambridge 1978; in deutscher Sprache: Aubert, Roger in: Handbuch der Kirchengeschichte, hrsg. von Hubert Jedin, VI 1, Freiburg i.Br. 1971, ab Kap. 11; Lill, Rudolf/Horst, Ulrich/Wolf, Hubert/Schatz, Klaus in: Kirche im 19. Jahrhundert, hrsg. von Manfred Weitlauff, Regensburg 1998, S. 76–162 (Lit.);

sich gern beruft, werden vorwiegend die Elemente benutzt, welche heutige Positionen zu bestätigen scheinen. Das ist das Gegenteil von historischer Vernunft. Da die mit ihr operierenden Reformer meist auch ökumenisch dachten und in der historisch begründeten Begrenzung der päpstlichen Regierungskompetenzen eine Voraussetzung für die Wiederannäherung der Konfessionen sahen, wurden die ökumenischen Tendenzen in Rom bis an den Rand der Gegenwart ebenso abgelehnt wie die reformistischen.

Die Dogmatik siegte über die Historie, die Verrechtlichung des Dogmas (konkret vom Unfehlbarkeitsdogma des ersten Vatikanischen Konzils 1870 zum Codex juris canonici 1917) über deren quellenkritische Reflexion. Selbst Päpste wie Leo XIII. (1878–1903) und Pius XI. (1922–1939), welche die historischen Studien im Vatikan sehr gefördert haben, handelten bei allen grundsätzlichen Entscheidungen in diesem antihistorischen Sinne.

Mir scheint, dass von den Päpsten des 20. Jahrhunderts[6] nur Johannes XXIII. (1958–1963) und Paul VI. (1963–1978) zu historischer Reflexion eigener Positionen fähig und willens waren; in einem gewissen Maße zuvor auch Benedikt XV. (1914–1922), indem er die von seinem Vorgänger Pius X. betriebene Verfolgung der sog. Modernisten sogleich einstellen ließ. Aber alle anderen, gerade auch Johannes Paul II. und Benedikt XVI., erwecken den falschen Eindruck, als gehöre der erst in der Neuzeit verwirklichte Quasi-Absolutismus der Päpste zum Wesen der katholischen Kirche. Die beiden Päpste, die diesen Absolutismus am härtesten verfochten und die historische Kritik daran mit Machtansprüchen verworfen hatten, Pius IX. (1846–1878) und Pius X. (1803–1914), sind von Johannes Paul II. resp. bereits von Pius XII. kanonisiert worden[7];

Schwaiger: Papsttum und Päpste; Schatz, Klaus: Vaticanum I 1869–1870, 3 Bände, Paderborn 1992–1994.

[6] Vgl. über sie außer dem in Anm. 2 zitierten Band von Schwaiger die gründlich recherchierten Kurzbiographien der Päpste in: Dictionnaire historique de la papauté, sous la direction de Philippe Levillain, Paris 1994.

[7] Der Biograph Pius' IX., Angelo Martina SJ (Rom, Gregoriana), hatte von dessen Seligsprechung abgeraten! (Frdl. Auskunft Martinas an den Verf.)

und Benedikt XVI. polemisiert gegen den Relativismus ähnlich pauschal wie Pius X. gegen den damaligen Modernismus.

Mit dem neuen Codex Juris Canonici von 1983, welcher im Vatikan ohne eigenständige Mitwirkung von Bischöfen oder anderen Vertretern von Ortskirchen erarbeitet wurde, hat die antikonziliare und schon insofern antihistorische Restauration des päpstlichen Zentralismus begonnen, welche den Pontifikat Johannes Pauls II. geprägt hat.[8] Sein wichtigster, weithin selbstständiger Mitarbeiter dabei war in allen doktrinären Fragen Kardinal Joseph Ratzinger (seit 1981 in Rom und dort auch sogleich Mitglied der Kommission für den neuen Codex). Zentrale Begriffe wie „Volk Gottes" als Beschreibung der Kirche wurden autoritär-hierarchisch uminterpretiert: Buch II, Teil 1 („De populo Dei"), bes. Can. 204–231.

Publizistisch aufbereitete historische „Schuldbekenntnisse", d. h. Bekenntnisse wirklicher oder vermeintlicher Schuld anderer, z. B. der Kreuzfahrer, widerlegen unsere Kritik nicht, denn sie bekunden weniger kritische Selbstreflexion (welche z. B. auch eigene Schuld gegenüber Dissidenten hätte ansprechen müssen), als jene „Geschichtspolitik", die seit ca. drei Jahrzehnten in Europa umgeht und in der auch der Papst aus Polen Meister war.[9]

Can. 330 des CIC (1983), mit dem in dessen Buch II der zweite Teil über die hierarchische Verfassung der Kirche (De Ecclesiae constitutione hierarchica) beginnt, sagt, dass nach der Weisung des Herrn der hl. Petrus und die übrigen Apostel ein Kollegium bildeten und dass daher der Papst und die Bischöfe in gleicher Weise verbunden sind. Can. 331 behauptet, dass der Papst als Nachfolger Petri auch „Haupt des Bischofskollegiums" ist; zusammen mit Can. 332 umschreibt er die an-

---

[8] Zum Umgang des Vatikans mit Anregungen und Postulaten des zweiten Vatikanischen Konzils siehe Pesch, Otto Hermann: Das zweite Vatikanische Konzil. Vorgeschichte – Verlauf – Ergebnisse – Nachgeschichte, Kevelaer 2001, bes. Kap. 11.

[9] Soweit ich feststellen konnte, sind Mitglieder des seit 1954 bestehenden „Päpstlichen Komitees für Geschichtswissenschaften" vor diesen Schuldbekenntnissen nicht konsultiert worden.

geblich auf Petrus zurückgehende „höchste, volle, unmittelbare und universale Gewalt" des Papstes; und Can. 333 § 2 lässt ihn alleine entscheiden, ob er sein Amt „persönlich oder im kollegialen Verband" ausübt.

Diese Aussagen, zu denen keine Quellen zitiert werden, setzen sich über die komplizierte und kontrovers diskutierte Frühgeschichte der Ämter und Strukturen in der christlichen Kirche hinweg, z. B. über die nur langsam erfolgte Herausbildung des monarchischen Episkopats und die Probleme der apostolischen Sukzession, auch über das gut bezeugte eigenständige Handeln und die gesamtkirchliche Verantwortung von Aposteln und von (zunächst wohl kollegialen) Gemeindevorständen, dann von Bischöfen.[10] Also widersprechen sie – ganz abgesehen von ihrer ebenfalls unhistorischen Tendenz zur Abschwächung des konziliaren Kollegialitätspostulats – historischer Vernunft. Und dasselbe tut das jährlich in der Vatikanstadt erscheinende Päpstliche Jahrbuch (Annuario Pontificio), indem es am Anfang seiner Papstliste über Petrus aussagt: „Fürst der Apostel, welcher von Jesus Christus die höchste päpstliche Gewalt zur Weitergabe an seine Nachfolger erhielt; er residierte zunächst in Antiochien, danach, wie der Chronograph des Jahres 354 (!) berichtet, 25 Jahre lang in Rom, wo er im Jahre 64 oder 67 der normalen Zeitrechnung das Martyrium erlitt."[11]

Es werden also Fakten behauptet, die nicht beweisbar sind; und es wird eine Kirchenstruktur als ursprünglich vor-

---

[10] Dassmann, Ernst: Kirchengeschichte I. Ausbreitung, Leben und Lehre in den ersten drei Jahrhunderten, Stuttgart 1991, 2. Aufl. 2000; Ders.: Kirchengeschichte II 1. Konstantinische Wende und spätantike Reichskirche, Stuttgart 1996; Ders.: Kirchengeschichte II 2. Theologie und innerkirchliches Leben bis zum Ausgang der Spätantike, Stuttgart 1999; siehe auch Baus, Karl: Handbuch der Kirchengeschichte, hrsg. von Hubert Jedin, Band I, Freiburg i.Br. 1963, S. 125 ff., 172 ff., 289 f., 388 ff., 399 ff.; siehe zur Verfassung der Ur- und Frühkirche auch Küng, Hans: Umstrittene Wahrheit. Erinnerungen, München 2007, S. 207 f., 222, 223 ff., 227 f.

[11] Hier zitiert nach der Ausgabe für das Jahr 2000, S. 7 f.; kurzer kritischer Kommentar: Denzler: Der Vatikan, S. 17. Grundlegend Klauser, Theodor: Die römische Petrustradition im Lichte der neuen Ausgrabungen unter der Peterskirche, Köln/Opladen 1956 (AG für Forschung des Landes NR-W Heft 24).

getäuscht, die erst das Ergebnis einer langen, teils späten Geschichte ist. Und dementsprechend sagte Benedikt XVI. schon in ersten Predigten (Mai/Juni 2005) über den Primat,

1) dass die Macht dem Petrus und dessen Nachfolgern von Christus übertragen sei und

2) dass seit dem (römischen) Martyrium der Apostel Petrus und Paulus Rom zentraler Bezugspunkt „für die Einheit der Lehre und der Pastoral" gewesen sei.

Das alles ist so nicht wahr! Einen „Bischof" hat es in Rom wohl erst um die Mitte des 2. Jahrhunderts gegeben. Und wenn seine Nachfolger mit der Zeit mehr Autorität beanspruchten als andere Bischöfe, so nicht nur wegen der seit dem hohen Mittelalter mystifizierten Tradition des Petrus (und der des aufgrund dieser Mystifikation mit der Zeit in dessen Schatten gerückten Paulus), sondern, weil sie in der Reichshauptstadt saßen. Das hat sich seit dem 4. Jahrhundert in Konstantinopel wiederholt. Das Christentum ist nicht nur ein immer fester fixierter Glaube, sondern Geschichte, als solche von Menschen gemacht, und keineswegs nur in Rom.

Aber auch Benedikt XVI. findet kein Wort über die geschichtliche Entwicklung zum Papsttum, über die er während seines Studiums in München bei Franz X. Seppelt viel hätte lernen können. Kein Wort darüber, dass die päpstliche Amtsgewalt im heutigen Sinne zuerst im 11./12. Jahrhundert postuliert, im 14./15. Jahrhundert aber durch den Konziliarismus (mit der nie widerrufenen dogmatischen Lehre von der höchsten Autorität des Konzils in der Kirche)[12] abgelöst, seit dem 16. Jahrhundert, nun gegen die Reformatoren, erneut von den Päpsten verfochten und erst seit dem 19. Jahrhundert voll verwirklicht worden ist. Kein Wort über die von Rom und von den willigen Vollstreckern dortiger Urteile emarginierten Historiker und Theologen, wel-

---

[12] Liebmann, Maximilian: Kirchliche Konfliktlösung am Beispiel des Konstanzer Konzils (1414–1415), in: Diakonia – Internationale Zeitschrift für die Praxis der Kirche 1/2000, S. 25–29. Die Dekrete des Konstanzer Konzils (1414–1418) über die Autorität der Konzilien: Conciliorum œcumenicorum Decreta, Freiburg i. Br. u. a. 1962, S. 383–386, 392, 396, 414 ff.

che dieser Konzentration mit ekklesiologischen und historischen Argumenten widersprochen und ihr gerade auch in ökumenischer Perspektive widerraten hatten;[13] bei ihnen hat sich 2000 niemand entschuldigt. Nur Paul VI. hatte, wiewohl er an seinem Primat durchaus festhielt, zugegeben, dass „der Papst ... das größte Hindernis auf dem Weg zur Ökumene" sei.[14] Das ist historisch richtig; doch ganz im Gegenteil behauptete Johannes Paul II. 1995 in seiner Enzyklika „Ut unum sint" eine päpstliche Führungsrolle im ökumenischen Prozess.

Dass auch Joseph Ratzinger sich die ultramontane Auslegung der Papst- und Kirchengeschichte angeeignet hat, ist nicht verwunderlich. Denn sie war seit dem Dogma von 1870 in allen kirchlichen Gymnasien, Seminaren und Hochschulen tradiert worden, gewiss auch in Traunstein und Freising; und ebenso gewiss gab es im Haus der Familie Ratzinger und in deren Umkreis keine Bücher, die ihr widersprachen.[15] Die kritischen Kirchenhistoriker an staatlichen Universitäten waren über dem Grunddissens wegen der Papstgeschichte nach 1870 exkommuniziert worden und, mit Ausnahme Döllingers, altkatholisch geworden; ihre Werke wurden in den katholischen Lehrveranstaltungen totgeschwiegen; da die altkatholische Bewegung klein blieb und sich nationalistisch unterwandern ließ, konnte sie keine historische Schule hervorbringen.[16] Die Nachfolger auf den katholischen Lehrstühlen, darunter exzellente Wissenschaftler, widmeten sich weniger brisanten Themen, meist aus der alten und mittleren Kirchengeschichte, dazu der

[13] Eine exemplarische Studie von Conzemius, Victor: Katholizismus ohne Rom. Die altkatholische Kirchengemeinschaft, Zürich/Einsiedeln/Köln 1969; vgl. von Victor Conzemius auch seine biographischen Studien über Antonio Rosmini, Ignaz von Döllinger und Johannes XXIII. in Conzemius, Victor: Gottes Spurensucher. Zwanzig christliche Profile der Neuzeit, Freiburg 2002.

[14] Acta Apostolica Sedis 59/1967, S. 497 f.; Die Gegenposition Johannes Pauls II., ebd. 87/1995, S. 923 f.

[15] Vgl. Ratzinger, Joseph: Aus meinem Leben. Erinnerungen (1927–1977), München 1998, S. 7–50.

[16] Eine Geschichte des ersten Vatikanischen Konzils aus altkatholischer Sicht hatte Döllingers Münchner Schüler, dann Kollege Johann Friedrich geschrieben (3 Bände, Nördlingen 1877–1887).

Reformationszeit gegen den damals noch behaupteten Monopolanspruch der Protestanten. Die wenigen, welche wie Albert Ehrhard aus dem Studium der Geschichte Forderungen nach Reform gegenwärtiger Strukturen ableiteten, wurden um 1910 ebenso emarginiert[17] wie 40 Jahre zuvor die Altkatholiken.

Sodann hat die Aggressivität des Nationalsozialismus gerade von der katholischen Kirche, gegen die sie sich vor allem richtete, jene „Geschlossenheit" gefordert, welche keine Selbstkritik gebrauchen kann. Und da man mit dieser Geschlossenheit die schwere Krise vordergründig überstand, suchten viele „Kirchenführer" sie nach 1945 unbedingt festzuhalten; zunächst waren es nur Minderheiten, welche konziliare Erneuerung und die dazu notwendige historische Reflexion forderten.

Auch Joseph Ratzinger hatte die Kirche in ihrer damaligen Form als „den Gegenpol zu der zerstörerischen Ideologie der braunen Machthaber"[18] erlebt. Sie war zweifellos ein solcher gewesen, doch nicht der einzige! Im recht ausführlichen Rückblick auf die theologische Fakultät in München, an der er 1947–1950 studierte,[19] wird deren Historiker, der als Papsthistoriker sehr angesehene Seppelt, namentlich nur einmal erwähnt und an anderer Stelle denjenigen Professoren zugeordnet, welche „im guten Sinne die liberale Ära verkörperten"[20]; Seppelts bedeutender Schüler Georg Schwaiger, der gleichzeitig mit Ratzinger in München Theologie studierte und 1950 promovierte, 1955 habilitierte und Seppelts Papstgeschichte in vielfacher Weise weitergeführt hat, kommt nicht vor. Aber gern erinnert Ratzinger sich daran, dass „im katholischen Deutschland damals im allgemeinen freudige Zustimmung zum Papsttum und eine ungeheuchelte Verehrung für die große Gestalt Pius' XII. bestand", während „das Klima an der Theologischen Fakultät um einiges kühler" war: „weitgehend vom historischen Denken her geprägt"[21]. Die-

---

[17] Vgl. Trippen, Norbert: Theologie und Lehramt im Konflikt, Freiburg/Basel/Wien 1977.

[18] Ratzinger: Erinnerungen, S. 47.

[19] Ebd., S. 51–67.

[20] Ebd., S. 54, 60.

[21] Ebd., S. 64 f.

ses widersteht eben autoritären Zuspitzungen! Im Widerspruch der Theologieprofessoren gegen die Dogmatisierung der leiblichen Aufnahme Mariens in den Himmel sah Ratzinger noch 1997 „auch die Einseitigkeit des nicht nur historischen, sondern historistischen Denkansatzes", welcher „Überlieferung streng als Weitergabe fixierter Inhalte und Texte versteht" (was so verengend kein wirklicher Historiker sagen würde), während er, Ratzinger, sie „als den lebendigen Prozess begreift, in dem der Hl. Geist uns einführt in die ganze Wahrheit", d. h. unkritisch annehmend, dass Letztere vom Papst allein erschlossen und interpretiert wird. Dass der junge Theologe Ratzinger nicht historisch dachte,[22] sondern systematisch, zeigt auch der in seinen Erinnerungen wiederum ausführlich[23] geschilderte Streit um seine Habilitationsschrift (1956/57, mit dem historisch argumentierenden Dogmatiker Michel Schmaus als Kontrahenten).

Schon die zuvor erwähnten Predigten des neuen Papstes über den päpstlichen Primat und dessen Ursprung lassen annehmen, dass Joseph Ratzinger bei seiner damaligen Denkweise geblieben ist. Deshalb weist er – und mit ihm seine Kurie, in der er den doktrinären Flügel gegenüber dem diplomatischen (mit dem aus seiner Glaubenskongregation hervorgegangenen Kardinal Tarcisio Bertone als Staatssekretär) gestärkt hat – alle diejenigen ab, welche gegenüber der heutigen päpstlichen Macht erst recht

---

[22] Dazu passt auch, dass Ratzinger in seinen Erinnerungen den seit 1947 in München mit größtem Erfolg lehrenden, überzeugt katholischen, aber zugleich liberalen Franz Schnabel nicht erwähnt. Er war der einzige unter den damaligen deutschen Neuhistorikern, welcher die religiösen Kräfte gründlich in seine Darstellung einbezog und dabei die verschiedenen Traditionen im Katholizismus ebenso unparteiisch behandelte wie die des Protestantismus. Auch deshalb wurde seine im Dritten Reich unterdrückte „Deutsche Geschichte im 19. Jahrhundert" damals neu aufgelegt – siehe bes. deren 4. Band: Die religiösen Kräfte (Freiburg i.Br. 1936), 3. Aufl., 1955 – und in kultur-katholischen Kreisen weit verbreitet; Lönne, Karl-Egon: Deutsche Historiker, Band IX, hrsg. von Hans-Ulrich Wehler, Göttingen 1982, S. 81–101; Hertfelder, Thomas (Hrsg.): Franz Schnabel und die deutsche Geschichtswissenschaft, Göttingen 1998; über Schnabels Berufung nach München siehe Herde, Peter: Kontinuitäten und Diskontinuitiäten im Übergang vom NS zum demokratischen Neubeginn, in: Hefte zur bayerischen Landesgeschichte 5/2007, S. 94 ff.

[23] Vgl. Ratzinger: Erinnerungen, S. 82–89.

sagen: „Olim non erat sic". Deshalb versagt er sich auch biblisch-kritischen Einwänden wie denen des ebenfalls sehr gelehrten Mailänder Alt-Erzbischofs Kardinal Carlo M. Martini S. J., der anscheinend im Konklave des April 2005 sein (numerisch minoritär gebliebener) Antipode war. Martini hat seitdem mehrmals daran erinnert, dass es auch einen christlichen Relativismus gebe, dass die Religion nicht nur aus Geboten und Verboten bestehe und dass die Kirche nicht nur auf ihren Prinzipien bestehen dürfe, sondern die Probleme der Menschen mit diesen Prinzipien ernst nehmen müsse.[24] Martini sagt auch sehr deutlich, dass man nicht nur, wie der Papst es so oft tut, den Verlust christlicher Tradition beklagen, sondern als Ergebnis unserer Geschichte akzeptieren müsse, dass im heutigen Europa christliche und laizistische Kultur nebeneinander bestehen.

Zudem hat er Bedenken gegen den vatikanischen Rigorismus in der Sexualmoral ausgesprochen, welcher seit der Enzyklika „Humanae Vitae" Pauls VI. (1968) viele Katholiken und Katholikinnen ihrer Kirche entfremdet hat. Aber wer von den führenden Männern im Vatikan denkt darüber nach, dass auch dieser Rigorismus, konkret das Verbot jeder Empfängnisverhütung, Produkt einer geschichtlichen Lehr-Entwicklung seit dem 19. Jahrhundert ist; und dass ein sehr wichtiger, auch „Humanae Vitae" präjudizierender Schritt in diese Richtung die Ehe-Enzyklika Pius' XI. von 1930 war, mit welcher der Vatikan auch auf eine verständnisvollere Entscheidung der anglikanischen Lambeth-Konferenz glaubte reagieren zu müssen?[25] Olim non erat sic!

Unhistorisch ist auch die sehr oft wiederholte päpstliche Polemik gegen die Aufklärung (wegen deren Tendenz zur „Ent-

---

[24] Siehe hierzu u. a. Martinis Predigt anlässlich der Vollendung seines 80. Lebensjahres am 15.3.2007, in: Corriere della Sera und La Repubblica, 16.3.2007. Von Carlo Maria Martini wurden zuletzt ins Deutsche übersetzt: Mein Leben, Oberpframmern 2007; Jerusalemer Nachtgespräche: Über das Risiko des Glaubens, Freiburg, 2. Aufl., 2008; Das Evangelium von Paulus, Leipzig 2008.

[25] Langlois, Claude: Le crime d'Onan. Le discours catholique sur la limitation des naissances 1816–1930, Paris 2005; Lill: Die Macht der Päpste, S. 12 f., 146 f., 193 f.

hellenisierung" des Denkens manchmal, so auch in der Regensburger Vorlesung am 12. September 2006,[26] ausgedehnt auf den Protestantismus), gegen den Relativismus sowie gegen die innerkatholischen Unruhen nach dem zweiten Vatikanischen Konzil und die dafür mitverantwortlich gemachte, marxistisch inspirierte 1968er-Bewegung. Aber auch wer davon überzeugt ist, dass Letztere kulturell mehr zerstört als erneuert hat, muss zugeben, dass sie eine lange Zeit der Repression beendet und zur Einforderung natürlicher Freiheitsrechte ermutigt hat; und er muss sich fragen, warum eine solche Bewegung in einer konkreten historischen Situation breiten Konsens finden konnte. Und wer diese Fragen unvoreingenommen beantworten will, der muss für den katholischen Bereich zumindest erwägen, ob nicht wie im 18. Jahrhundert so auch in der Zeit nach 1945 autoritärer Immobilismus evolutionäre Reformen verhinderte und dadurch ihre Radikalisierung provoziert hat.

Aber auch Joseph Ratzinger findet kein gutes Wort für jene eingangs erwähnte „katholische Aufklärung"[27] und deren Reformen, obwohl diese gerade in seiner bayerischen Heimat das kirchliche Leben aus säkularer Rückständigkeit herausgeführt hatten. Und was die Gegenwart angeht, so gibt er aber andererseits deutlich zu verstehen, dass seine Sympathien weitaus weniger seinem reformistischen Vorgänger in München, dem Kardinal Julius Döpfner, als dem dortigen antikonziliaren Theologen Leo Scheffczyk gelten, der mit seiner Hilfe ebenfalls Kardinal geworden war.[28]

---

[26] Bei richtiger Anwendung der historischen Methode hätte der Papst jenes Koran-Zitat über Religion und Gewalt, welches dann viele Muslime in große (auch künstlich geschürte) Aufregung stürzte, so kommentiert, dass diese Reaktion viel schwerer gefallen oder unmöglich gemacht worden wäre. Auch Ratzingers Vorstellung von Tradition in der Liturgie (Der Geist der Liturgie, Freiburg 2000) hält anscheinend historischer Kritik nicht stand: Häussling, Angelus OSB in: Archiv für Liturgiewissenschaft 43/44 (2001/02), S. 362–394.

[27] Vgl. Weiß: Katholische Aufklärung.

[28] Vgl. zu Döpfner Ratzinger: Erinnerungen, S. 136; zu Scheffczyk Einleitung Benedikts XVI. zu dessen Schriften, Rom 2007; siehe Forster, Karl: Julius Kardinal Döpfer (1913–1976), in: Zeitgeschichte in Lebensbildern, Band 3, hrsg. von Jürgen Aretz, Rudolf Morsey und Anton Rauscher, Münster 1979,

Abschließend soll am Beispiel des Kirchenbegriffs auf-
gewiesen werden, dass unhistorisches Denken im Vatikan zur
Verhärtung derzeitiger Positionen führt.

In der Auseinandersetzung mit den Reformatoren hatte das
Konzil von Trient (1545–1563) die apostolische Tradition ganz
auf die „heilige römische Kirche" bezogen und deren hierarchische Struktur unter der Leitung des Papstes bekräftigt;[29] erst
in der Neuzeit ist dessen heutige Kirchenmacht festgeschrieben
worden, und das haben Hontheim und dessen Nachfolger richtiger gesehen als die vatikanischen Historiker. Der römische Kirchenbegriff der Gegenreformation hat die Identität der von
Christus gestifteten Kirche mit der römisch-katholischen Kirche
behauptet, am prägnantesten in den Katechismen des großen
Kontroverstheologen Roberto Bellarmino (1542–1621) von
1587 und 1590. In seiner oft aufgelegten und übersetzten „Ex-
plicatio doctrinae christianae" heißt es: „Ecclesia est quaedam
convocatio ac congregatio hominum baptizatorum, qui eandem
fidem et legem Christi sub Romani pontificis oboedientia pro-
fitentur" (Die Kirche ist eine bestimmte Zusammenführung
und Vereinigung getaufter Menschen, welche denselben Glauben und dasselbe Gesetz Christi unter Gehorsam gegenüber
dem Römischen Pontifex bekennen).

Am Kirchenbegriff Bellarmins, den Papst Pius XI. 1930
heilig gesprochen und zum Kirchenlehrer proklamiert hat, hat
der Vatikan bis zu Pius XII. festgehalten; er schließt zwar nicht
(wie extreme Kritiker oft behaupten) die Heilsmöglichkeit außerhalb der katholischen Kirche, wohl aber Ökumenismus in
vollem Sinne aus. In der Enzyklika „Mystici corporis Christi"
(1943) hatte Pius XII. zwar das außerhalb Roms entwickelte
Verständnis der Kirche als lebendigen Organismus rezipiert,

S. 260–279; Wittstadt, Klaus: Julius Kardinal Döpfner und das zweite Vatikanische Konzil, in: Würzburger Diözesangeschichtsblätter 53/1991, S. 291–304.
[29] Klassische Analyse siehe Jedin, Hubert: Kleine Konziliengeschichte, Freiburg, 1. Aufl., 1959, S. 80–102; knappe Hinweise, auch wegen der Kontinuitäten bis zur Gegenwart und wegen der künstlerischen Präsentation des gegen-
reformatorischen Kirchenbegriffs im Neubau der Peterskirche, Lill: Die Macht
der Päpste, S. 20, 45–48, 55–60, 162 ff.

aber dem päpstlich-hierarchischen Machtanspruch unterworfen und von der Kirche Christi erneut gesagt: „quae sancta catholica, apostolica, Romana ecclesia est"[30]. Nur die Möglichkeit einer Hinordnung auf die Kirche „aus unbewusstem Wünschen und Verlangen" hatte er zugestanden. Vollends sprach autoritärer Immobilismus aus „Humani generis" (1950), welche reformistische Grundhaltungen innerhalb der katholischen Kirche als Annäherungen an den Existenzialismus und als Historismus, welcher die Lehre der Kirche „relativiere"(!), zurückwies und die weitere Diskussion über Fragen, über die in Enzykliken entschieden sei, zu verbieten suchte; unter unhistorischer Berufung auf das Lukasevangelium 10,16.

Aber auf diesem Monopolanspruch wollte die Mehrheit des zweiten Vatikanischen Konzils nicht beharren, sondern ohne den von Reaktionären behaupteten Bruch mit der Tradition diese weiter entwickeln. In der Konstitution über die Kirche „Lumen gentium" (I 8) wurde eine konziliare und nach außen versöhnliche Formel gefunden. Der Text war lange umstritten, aber die Mehrheit der zuständigen theologischen Kommission verwarf das „est" der totalen Identifikation von christlicher und römischer Kirche[31] und schrieb stattdessen, dass die Kirche Jesu Christi „verwirklicht ist (subsistit in) in der katholischen Kirche, welche vom Nachfolger Petri und den Bischöfen in Gemeinschaft mit ihm geleitet wird. Das schließt nicht aus, dass außerhalb ihres Gefüges vielfältige Elemente der Heiligung und der Wahrheit zu finden sind, die als der Kirche Christi eigene Gaben auf die katholische Einheit hinwirken"[32]. Im Rahmen der Kirchengeschichte seit dem 16. Jahrhundert war dieser Satz epochal, denn damit wurden eine Selbstrelativierung der römischen Kirche eingeleitet und den anderen christlichen Konfessionen erstmals kirchlicher Cha-

---

[30] Acta Apostolica Sedis 35/1943, S. 199.
[31] Nach freundlicher Mitteilung von Herrn Professor Alberto Melloni, welcher die, die Akten des zweiten Vatikanischen Konzils sammelnde und bearbeitende, Fondazione per le scienze religiose Giovanni XXIII in Bologna leitet.
[32] Entstehung, Struktur und Kompromisse der Kirchenkonstitution, siehe Pesch: Das zweite Vatikanische Konzil. S. 209–237, bes. 219–223.

rakter zuerkannt; von der Kirchenkonstitution erhielt das Ökumenismusdekret des zweiten Vatikanischen Konzils seinen vollen Sinn. Noch drei Jahrzehnte nach Ende des Konzils wurde der zitierte Text von Antonio Acerbi in der Neuauflage des Lexikons für Theologie und Kirche[33] wegen der Ökumene als „Etappe für weiteres Voranschreiten" bezeichnet, und so war er auch intendiert, wie sowohl die konkreten Kommissionsdiskussionen als auch der konziliare Kontext zeigen.

Aber solches „Voranschreiten" war unter Johannes Paul II. verhindert worden, indem der CIC von 1983 nur den ersten Satz des Konzilstextes rezipierte, ohne jeden Hinweis auf den zweiten. Can. 204 § 2 lautet: „Haec ecclesia ... subsistit in Ecclesia catholica, a successore Petri et Episcopis in eius communione gubernata" („Diese Kirche ... ist in der katholischen Kirche verwirklicht, die von dem Nachfolger Petri und den Bischöfen in Gemeinschaft mit ihm geleitet wird"). Als bloßer Rechtssatz (dem in den Can. 205-231 nur Bekräftigungen des hierarchischen Charakters der Kirche mit der Unterordnung der Laien unter ihre „Hirten" folgen) könnte dieser verkürzte Text durchgehen. Aber er ist fortan konsequent zur theologischen Selbstdarstellung der katholischen Kirche benutzt worden. Bereits erwähnt wurde die in Can. 330-333 enthaltene Uminterpretation der bischöflichen Kollegialität in deren Unterordnung unter den Papst; nicht „cum Petro", sondern ganz vorwiegend „sub Petro" haben seitdem die Bischöfe wieder zu agieren, wie selbst der Prediger des päpstlichen Hauses, P. Raniero Cantalamessa OFM Cap., im April 2005 vor den zum Konklave versammelten Kardinälen kritisch bemerkte.[34] Das Konklave war übrigens bestens vorbereitet, um die Kontinuität des restaurativen Kurses zu sichern!

Can. 204 § 2 diente als Grundlage sowohl für die Aufsehen erregende Erklärung „Dominus Iesus" der Glaubenskongregation Kardinal Ratzingers (August 2000) wie für die „Antwort"

---

[33] LThK³, Bd. 6, 1997, Sp. 1118.
[34] Vgl. Melloni, Alberto: L'inizio di papa Ratzinger, Torino 2006; Lill: Die Macht der Päpste, S. 224–227.

derselben Kongregation unter dessen Nachfolger Levada (Juli 2007), in denen die Einzigartigkeit der katholischen Kirche erneut herausgestellt wird. Das kann man nur, indem man den vollständigen Text aus „Lumen gentium" verschweigt; und das ist ebenso unhistorisch wie das Faktum, dass man die Anfragen, welche die römische Antwort vom Juli 2007 provoziert haben (sollen?), nicht mitteilt. Insgesamt kommt also aus dem Vatikan wieder „Altes und Repetitives"[35]; die ökumenischen Initiativen des letzten Konzils werden verschwiegen, die anderen Konfessionen in Abwehrhaltung gedrängt. Wenn dann im November 2007 einer der wenigen mutig gebliebenen Kardinäle, in diesem Falle der Erzbischof von Westminster, Cornac Murphy-O'Connor, den Papst dringend um eine mutige ökumenische Initiative bittet, erwidert Benedikt XVI., dass diese schöne Idee vielleicht zur Zeit nicht praktikabel sei und dass „die Schwierigkeiten nicht von uns kämen."[36]

Eine deutsche Theologin, Alexandra von Teuffenbach, hatte einige Jahre zuvor in ihrer Dissertation (im Fach Dogmatik, nicht Geschichte) nachzuweisen versucht, dass „Lumen gentium" I 8 das traditionelle Kirchenverständnis gar nicht verändert, vielmehr bestätigt habe.[37] Ihre Hauptquellen sind die Aufzeichnungen des niederländischen, lange an der römischen Gregoriana lehrenden Dogmatikers Sebastian Tromp SJ, der Enzykliken Pius' XII. mitverfasst und während des Konzils vergeblich versucht hatte, die theologische Kommission (deren Sekretär er war) auf seine traditionalistische Linie zu bringen. Über die seriöse Konzilsforschung setzt Frau von Teuffenbach sich hinweg, Peter Lüning hat ihr in der „Theologischen Revue" „nicht nur Geschichtsklitterung, sondern auch schlechte Theologie"[38] vorgehalten. Aber der eine oder andere papsttreue Publizist verbreitet seit ihrem Buch den Eindruck, dass

---

[35] Vgl. die Kritik in Neue Zürcher Zeitung, 11.7.2007.
[36] Corriere della Sera, 24.11.2007.
[37] Teuffenbach, Alexandra von: Die Bedeutung des subsistit in (LG 8). Zum Selbstverständnis der katholischen Kirche, München 2002.
[38] Theologische Revue 100/2004, Sp.135 f.

die neuere Forschung die Annahme einer ökumenischen Revision des Kirchenbegriffs durch das zweite Vatikanische Konzil widerlegt habe.

An anderer Stelle habe ich zu zeigen versucht, dass auch die neueren vatikanischen Dokumente über Reizthemen wie den Zölibat oder die Rolle der Frauen in der Kirche – von Pauls VI. Enzyklika „Sacerdotalis Caelibatus"[39] bis zu den Apostolischen Schreiben Johannes Pauls II. „Mulieris Dignitatem"[40] und „Ordinatio sacerdotalis viris tantum reservanda"[41] – geschichtliche Fakten und Entwicklungen höchst selektiv behandeln.[42] Dasselbe gilt von anthropologischen und sozialen Realitäten – die einschlägige moderne Forschung wird nicht einbezogen.

Solch selektiver Umgang mit der Geschichte und deren Quellen, gerade auch mit denen des zweiten Vatikanischen Konzils und der darin enthaltenen Alternative zum römischen Zentralismus, mag dabei helfen, diesen ein weiteres Mal zu befestigen. Aber er erschwert nicht nur den ökumenischen Prozess, sondern vermindert die Glaubwürdigkeit der katholischen Kirche und trägt zu ihrer kulturellen Isolierung bei.

---

[39] Acta Apostolica Sedis 59/1967, S. 657–697.
[40] Acta Apostolica Sedis 80 II/1988, S. 1653–1729.
[41] Acta Apostolica Sedis 86 II/1994, S. 545–548.
[42] Lill: Die Macht der Päpste, S. 221–224.

Fides Quaerens Intellectum

Die Bedeutung theologischer Reflexion für den christlichen Glauben und das christliche Leben

Reiner Anselm

1. Einleitung

Wozu braucht der Glaube eigentlich die Theologie? Diese Verhältnisbestimmung gehört zu den Grundfragen, mit denen sich jede Theologin und jeder Theologe immer wieder konfrontiert sieht und auf die er oder sie darum auch eine schlüssige Antwort präsentieren können sollte. Dabei sind die Formen und Kontexte, in denen diese Frage auftaucht, äußerst vielfältig und wandelbar: Sie kann in einer gemeindlichen Diskussion über die Grenzen der gelebten Ökumene ebenso begegnen wie in der Auseinandersetzung mit anderen Wissenschaftlern, die der Theologie nicht nur ihren Wissenschaftsstatus absprechen, sondern vor allem jede Bedeutung für den eigenen Glauben in Frage stellen. Und natürlich ist sie überall da präsent, wo evangelikale Gottesdienste beeindruckenden Zulauf haben, die gut vorbereitete und theologisch reflektierte Sonntagspredigt aber nur vor wenigen Gläubigen gehalten wird.

Im Folgenden werde ich in vier Schritten darzulegen versuchen, warum der christliche Glaube der theologischen Reflexion bedarf. Dazu werde ich zunächst kurz die Gründe für die Permanenz der Auseinandersetzung um diese Frage erläutern und dabei plausibel zu machen versuchen, dass gerade der Protestantismus zu einer Hochschätzung des Glaubens, aber auch zu einer herausgehobenen Funktion der Theologie Affinitäten hegt – gilt es doch nicht allein die Wahrheit des christlichen, sondern zuvörderst des lutherischen Glaubens festzuhalten. Dieses Ergebnis möchte ich dann in einer systematischen Reflexion weiterführen zu der These, dass dem individuellen Glauben zwar der Primat zukommt, dass er aber seine spezifische Funktion, nämlich die Vermittlung der Heilsgewissheit und der Zugehörigkeit zur Gemeinschaft Jesu Christi, nur mit Hilfe theologischer Reflexion erreichen kann. In einem dritten Schritt werde ich sodann danach fragen, welche Rolle der theologisch-ethischen Reflexion für eine christliche Lebensführung zukommt. Analog zum Verhältnis zwischen Glaube und Glaubenslehre werde ich dabei herausarbeiten, dass nach evangelischer Sicht das christliche Leben keiner vorgängigen theologisch-ethischen Begründung bedarf und dass solche Begründungsversuche zudem aus ethiktheoretischer Perspektive gewichtige Schwierigkeiten aufwerfen. Wohl aber bedarf das christliche Leben nachgängiger Reflexion, nicht zuletzt, um die unhintergehbare Differenz zwischen Wohl und Heil, zwischen irdischer Lebensführung und religiöser Gewissheit präsent zu halten. Dies führt mich sodann zu einem letzten Gedanken, in dem ich im Anschluss an Jürgen Habermas noch einmal eine andere Akzentsetzung für die Verhältnisbestimmung von Glauben und Wissen vornehmen möchte: Nur wenn die Theologie dem Glauben die Geschiedenheit von Diesseits und Jenseits, von Gott und Mensch, von Letztem und Vorletzten präsent hält, bleibt der Glaube vor der Gefahr fundamentalistischer Entartung gefeit. Insofern gibt es dann unter den Bedingungen des Zusammenlebens einen Primat theologischer Reflexion, der aber, wie sich zeigen wird, selbst seine Wurzeln in Grundüberzeugungen des evangelischen Glaubens hat. Es ist also nicht nur das „Nachdenken des vorgesagten und vorbejahten Credos"[1], wie Karl Barth meinte, das den Glauben zur Reflexion drängt. Sondern es ist zudem auch das Interesse an einem friedlichen und lebensdienlichen Miteinander, das die fides nach dem intellectum fragen lässt. Aber diese Erweiterung von Anselms Formel sei mir als seinem Namensvetter gestattet.

---

[1] Barth, Karl: Fides quaerens intellectum. Anselms Beweis der Existenz Gottes im Zusammenhang seines theologischen Programms, 1931, in: Karl Barth: Gesamtausgabe. II. Akademische Werke, hrsg. von Eberhard Jüngel und Ingolf U. Dalferth, Zürich 1981, S. 27.

2. Fides oder intellectus. Zur Struktur einer Dauerdebatte

Wo immer die Fragen nach dem Verhältnis von Frömmigkeit und Theologie, von Glauben und Wissen, von Reflexion und Authentizität auftauchen, lösen sie leicht Nervosität aus – vielleicht gerade auch deshalb, weil die Apologetik als fundamentaltheologische Aufgabe vom Bannstrahl Karl Barths getroffen wurde. Barth hielt apodiktisch fest, es handele sich bei der Apologetik um ein schlaues und reißerisches, „selbstgerechtes [...] Prahlen"[2], das in der evangelischen Theologie keinen Platz habe. Doch mit Polemik erledigen sich keine Sachfragen. Denn das Verhältnis von Glauben und Wissen ist auch im Protestantismus unserer Tage alles andere als spannungsfrei. Hier schwelt ein Konfliktpotenzial, das sich jederzeit entzünden lässt, sei es eben als Kontroverse zwischen Frömmigkeit und Theologie, zwischen Amtsträgern und Gemeindegliedern oder auch zwischen universitärer Wissenschaft und pfarramtlicher Praxis. Das Muster, nach dem diese Konflikte ablaufen, ist stets dasselbe: Glauben und Wissen werden in ein Konkurrenzverhältnis gesetzt, bei dem jede Seite für sich Superiorität beansprucht. Eine etwas genauere Analyse dieser Konflikte liefert die Gründe für die erstaunliche Konstanz und die Fortdauer der Auseinandersetzungen. Die Kontrahenten operieren dabei in der Regel mit unterschiedlichen geschichtsphilosophischen und geschichtstheologischen Modellen: Während die einen das Heil im Anfang, im unverstellten Blick und dem Sich-ergeben in das Vorfindliche erblicken, basiert die Argumentation der anderen Seite auf einem Fortschrittsmodell. Im Gegebenen sehen sie nur eine Stufe auf dem Weg zu wahrer Erkenntnis. Da beide Grundannahmen nicht aufeinander reduzierbar zu sein scheinen, enden die Auseinandersetzungen zumeist nicht durch Überzeugung der einen oder anderen Seite, sondern nur durch Erschöpfung, bei der jedoch der Funke der eigenen Überzeugung, des Bewusstseins, im Recht zu sein, nicht verlöschen möchte.

---

[2] Barth, Karl: Die kirchliche Dogmatik, Band I/2, Zürich 1938, S. 365; vgl. Band IV/3, Zürich 1956, S. 1002.

Diese hier von mir mit wenigen Strichen skizzierte Szenerie liefert zugleich noch weitere Gründe, warum gerade auch im Protestantismus die Debatte um das Verhältnis von Glauben und Wissen nicht zur Ruhe kommen möchte. Der Protestantismus hegt – idealtypisch gesprochen – ebenso Affinitäten zur Romantik wie zur Aufklärung, und doch sind es jeweils gebrochene Sympathien: Die Hochschätzung des Natürlichen, die kritische Distanz zum Handeln des Menschen, zur Kälte von Rationalität und Technik lässt sich ebenso mit Grundaussagen reformatorischer Lehrbildung verbinden wie der Gedanke von der Notwendigkeit einer fortschreitenden Annäherung des Einzelnen an das Ideal christlicher Vollkommenheit. Gleichzeitig lässt sich gegenüber beiden Positionen immer auch kontroverstheologische Polemik oder doch zumindest Distanznahme in Anschlag bringen: Verbietet nicht die Aussage der Confessio Augustana, dass alle Menschen „von Mutterleib an voll boser Lust und Neigung seind"[3], die Hochschätzung des Natürlichen? Und haftet nicht dem Bildungs- und Perfektibilitätsdenken etwas von der thominischen Gnadenlehre an, etwas von Werkgerechtigkeit oder, in lutherischen Ohren vielleicht schlimmer noch: etwas von einem calvinistischen Heiligungsideal?

Dementsprechend verschlungen und auch verworren laufen die ideengeschichtlichen Pfade der Auseinandersetzung um das Verhältnis von Glauben und Wissen in der Theologie der Neuzeit: Der junge Schleiermacher setzt, bekanntlich unter dem Eindruck der Romantik, auf die Selbstständigkeit der Religion, um schließlich in der Glaubenslehre den Beweis anzutreten, dass das Christentum durchaus mit der Wissenschaft und nicht nur mit der Barbarei gehen könne. Schleiermachers Theologie bildet den Auftakt für diejenige Richtung des Protestantismus, die sich im 19. Jahrhundert intensiv um eine Vermittlung zwischen Glauben und Wissen bemüht – und dabei von den aufkommenden Naturwissenschaften, aber auch von

---

[3] Melanchthon, Philipp: Confessio Augustana, Augsburger Bekenntnis, Augsburg 1530, I. Teil, Artikel 2.

der nachidealistischen Philosophie immer stärker an den Rand gedrückt wird. Es ist interessanterweise gerade Albrecht Ritschl, der in aller Regel als profiliertester Exponent des Kulturprotestantismus gehandelt wird, der in dieser Bedrängnis versucht, die Theologie auf ein sicheres Fundament zu stellen. Dazu führt er seit der zweiten Auflage von „Rechtfertigung und Versöhnung" die sogenannte Werturteilslehre ein. Sie besagt, dass die Aussagen der christlichen Lehre „nur im Urtheil des Glaubens" als gültig festgestellt werden könnten; „dieses geschieht aber, indem man ihren Werth als Organe des Herrn Jesus Christus anerkennt".[4] Karl Barth ist, trotz aller Abgrenzungsrhetorik, seinem Antipoden Ritschl hierin gefolgt. Der Preis, den dieser für diese Sicherung der eigenen Fundamente zahlen musste, war allerdings hoch: Er führte zu einer neuen Diastase zwischen Glauben und Wissen, in dem sich nun nicht mehr nur die Naturwissenschaften, sondern auch die Geisteswissenschaften von der Theologie lossagten. Exemplarisch dafür mag Max Webers berühmter Vortrag über „Wissenschaft als Beruf" stehen, in dem Weber davor warnte, Kathederprophetie zu betreiben. Denn der Beruf des Wissenschaftlers bestehe gerade darin, die Unverträglichkeit von Werturteilen und wissenschaftlicher Forschung herauszustellen.[5]

Parallel zu diesen innertheologischen Debatten gibt es – die theologische Auseinandersetzung teils verstärkend, teils übertönend – seit den Anfängen des Protestantismus einen zweiten Bereich der Kontroverse um die Zuordnung von Glauben und Wissen, nämlich in der Konkurrenz zwischen Theologie und Frömmigkeit, zwischen gelehrter und gelebter Religion. Zwar bemühten sich die klassischen lutherischen Dogmatiker der Barockzeit in der Nachfolge von Luther und Melanchthon darum, Theologie als praktische Wissenschaft, als scientia eminens

---

[4] Ritschl, Albrecht: Fides implicita. Eine Untersuchung über Köhlerglauben, Wissen und Glauben, Glauben und Kirche, Bonn 1890, S. 68.

[5] Weber, Max: Wissenschaft als Beruf, in: Ders.: Gesammelte Aufsätze zur Wissenschaftslehre, hrsg. von Johannes Winckelmann, Tübingen, 6. Aufl., 1985, S. 582–613, bes. S. 603 ff.

practica, zu entwerfen.[6] Dennoch tauchten schon bald neue Zweifel am Nutzen ihrer Art der akademischen Lehre auf. Weil die Theologie ein habitus practicus sei, müsse doch auch „alles zu der praxi deß Glaubens und Lebens gerichtet werden"[7], konstatierte Philipp Jacob Spener in der Pia Desideria und forderte eine entsprechende Umgestaltung der Pfarrerausbildung. Nicht die Lehre, sondern das Leben habe im Mittelpunkt zu stehen. Und bis weit in die gegenwärtigen Gemeinden hinein zeigt Wirkung, was Gerhard Tersteegen als Leitspruch für eine wahre christliche Existenz ausgab: „Die meisten Menschen wollen nun / viel wissen, aber wenig tun / Wer Gott zu dienen recht beflissen / muss vieles tun und wenig wissen." – Dennoch: Auch das Tun bedarf der Reflexion und des Wissens – und erst recht der Glaube, von dem als Erstes zu handeln ist.

3. Glaube und Glaubenslehre

Jede Verhältnisbestimmung von Glaube und Glaubenslehre kann an einem elementaren Faktum nicht vorbei: Es gibt Theologie nur, weil es christlichen Glauben gibt. Der Glaube bildet die Grundlage und die Voraussetzung für die Theologie und ist gerade darin nicht mit den von der Theologie ausgebildeten Wissens- und Reflexionsbeständen identisch. Die Entstehung des Glaubens ist nach evangelischer Überzeugung allein das Werk des Heiligen Geistes. Es ereignet sich innerhalb der kommunikativen und kommunitären Vermittlung des Evangeliums, ohne dass es eine exklusive Bindung des Geistes an die Zeichen von Wort, Sakrament oder Gemeinschaft gäbe.

---

[6] Zum Aufkommen dieser Begrifflichkeit im Rahmen der seit Bartholomäus Keckermann für die Barocktheologie eingeführten analytischen Methode vgl. Sparn, Walter: Die Krise des Luthertums und ihr theologischer Reflex im nachreformatorischen Luthertum, in: Die lutherische Konfessionalisierung in Deutschland. Wissenschaftliches Symposion des Vereins für Reformationsgeschichte 1988, hrsg. von Hans-Christoph Rublack, Gütersloh 1992, S. 54–82.
[7] Spener, Philipp Jacob: Pia Desideria, zit. nach Ders.: Schriften, Band 1, hrsg. von Erich Beyreuther und Dietrich Blaufuß, Hildesheim/New York 1979, S. 275.

Theologie kann also den Glauben nicht begründen, sondern sie ist die wissenschaftliche Reflexion des ihr vorgängigen christlichen Glaubens. Insofern sie jedoch den Glauben kommunizierbar macht, ist sie für ihn ebenso unverzichtbar, wie sie ihm nachgängig ist und von ihm unterschieden werden muss.

Das Ineinander von Glaube und Theologie, das zugleich das Nebeneinander von Vertrauen und Zweifel, von Wagnis und Skepsis ist, ist dem Christentum von Anbeginn an eigen. In Aufnahme der Tradition der ihm vorgegebenen hebräischen Bibel bildet es schon früh eine eigene Reflexionspraxis aus. Wie bereits in Israel, so trägt auch im Christentum die theologische Reflexion erheblich dazu bei, die Überlebensfähigkeit der jungen Religion in einer Krisensituation zu sichern – und zwar indem es gelingt, das augenfällige Scheitern Jesu am Kreuz theologisch zu deuten und dabei auf die konstitutive Differenz zwischen der menschlichen Erfahrung und der Wirklichkeit Gottes hinzuweisen. Die Paradoxie des Mensch gewordenen Gottes, der als Erniedrigter seine Macht offenbart und gerade als der scheinbar Scheiternde zum Heilsbringer wird, bedarf interpretierender Kategorien; dem unmittelbaren Erleben ist dies nicht zugänglich. Dem entspricht es, dass sich die Grundschriften des Christentums als deutend-reflektierende Texte ihrer Autoren präsentieren, nicht als bloße Aufzeichnungen des Gewesenen.

Diese Struktur schlägt sich schon bald in der Frömmigkeitspraxis des Christentums nieder. So wird die Aufnahme in die christliche Gemeinde und vor allem auch die Aufnahme in die eschatologische Heilsgemeinschaft in der Taufe verbunden mit der Unterweisung im Glauben, mit der Vermittlung und Aneignung eines bestimmten Glaubenswissens. Es ist die Voraussetzung für einen bewussten Glauben und für eine verantwortete christliche Lebensführung. In beidem geht es um die reflexive Vergewisserung, ohne allerdings von der Grundüberzeugung abzuweichen, dass aufgrund der Differenz von Gott und Mensch auch theologisches Denken immer nur eine Annäherung an letzte Gewissheiten sein kann.

Eine solche reflexive Vergewisserung hat eine individuelle und, davon abgeleitet, eine intersubjektive Dimension.[8] Zunächst bedarf es einer Selbstvergewisserung des Einzelnen, die dem Erlebnis des Glaubens einen spezifischen Richtungssinn gibt. Sie muss sicherstellen, dass es sich bei den Inhalten des eigenen Glaubens auch tatsächlich um die Inhalte des *christlichen* Glaubens handelt. Um dieses zu gewährleisten, ist ein Grundbestand christlicher Lehre vonnöten, der durch die Theologie formuliert und durch die kirchlichen Gemeinschaften tradiert und vermittelt wird. Aus den so erhobenen spezifischen Glaubensinhalten des Christentums erwächst dann selbst noch einmal die Notwendigkeit der theologischen Reflexion, und zwar nun aus intersubjektiver Perspektive: Das Wissen um die mit anderen geteilte Gemeinschaft mit dem Auferstandenen nötigt zu einer gemeinsamen Praxis des Glaubens und des Lebens. Diese kann aber nur durch eine gemeinsame Kommunikation über die Inhalte des Glaubens erreicht werden, die ihrerseits reflexiv zu erheben sind.[9]

Schließlich drängt das Bedürfnis nach Gewissheit dazu, nicht nur die Kompatibilität des eigenen Glaubenswissens und der Lehrbildung der eigenen Kirchengemeinschaft an der Tradition des Christentums, gerade auch im Licht von Schrift und Bekenntnis, zu überprüfen, sondern es auch auf seine innere Konsistenz und Widerspruchsfreiheit hin zu untersuchen. In diesem Bereich liegen insbesondere die Aufgaben der Systematischen Theologie, während die exegetischen und historischen

---

[8] Sachlich analog formuliert Mulert, Hermann: Religion, Kirche, Theologie, Gießen 1931, S. 62: „Die Theologie hat zwei Wurzeln. Die eine ist das Verlangen, wie von allem in der Welt und im menschlichen Leben, so auch von der Religion Rechenschaft zu geben, genauere Kenntnis zu erwerben. Aber die ältere und tiefere Wurzel der Theologie ist, daß Menschen ihre Gotteserkenntnis darlegen, verteidigen, sichern, klären, läutern wollen."

[9] Dementsprechend formuliert Dalferth, Ingolf U.: Kombinatorische Theologie. Probleme theologischer Rationalität, Freiburg u. a. 1991, S. 35: „Eben deshalb drängt der als opus dei konstituierte, in ein spezifisches Wissen eingegangene und zu einer spezifischen Praxis nötigende Glaube auf Kommunikation und damit auf Darstellung in den opera hominum menschlicher Lebensvollzüge."; vgl. ferner zur hier vorgetragenen Argumentation S. 34 ff.

Disziplinen die Kompatibilität der aktuellen Lehrbildung mit der Tradition des Christentums in den Blick nehmen.[10]

In diesem Zuschnitt haftet der Theologie ein deskriptives, zudem jedoch immer auch ein normatives Element an, und zwar – wie bereits eingangs angesprochen – im Interesse der individuellen Glaubensgewissheit. Dabei ist es Aufgabe des professionellen Vertreters der Theologie, des Amtsträgers, für den einzelnen Christen Kategorien des individuellen Glaubenswissens bereitzustellen, mit deren Hilfe dieser seinen christlichen Glauben verstehen und ihn als einen solchen beschreiben kann. Zugleich ist es den Amtsträgern aufgetragen, die Kompatibilität des in der jeweiligen Gemeinde vertretenen, gelehrten und gelebten Glaubens mit den Grundlagen der christlichen Überlieferung sicherzustellen. Denn nur auf einer solchen Grundlage ist die Ausbildung einer institutionellen Gestalt des christlichen Glaubens möglich, die wiederum die Grundlage bildet für dessen Weiterverbreitung und damit letztlich auch für dessen individuelle Aneignung. In allem fungiert Theologie nicht als Herrin über den Glauben, sondern ihre besondere Bedeutung erhält sie gerade durch die Funktion, die sie für den Glauben des Einzelnen und seine Gewissheit ausübt: „Wer unter euch groß sein will, der soll euer Diener sein" (Mk 10,43).

Die vielfach wiederholte und variierte theologiekritische Frage, ob denn all das, was Gegenstand theologischer Lehrbildung ist, auch Gegenstand des Glaubens sein müsse, läuft damit ins Leere. Denn so sehr eine solche Frage in ihrer Suggestivkraft überzeugt, so sehr ist sie doch schon im Kern falsch gestellt: Sie übersieht nämlich die konstitutive Unterscheidung

---

[10] Vgl. auch Pannenberg, Wolfhart: Wissenschaftstheorie und Theologie, Frankfurt a. M. 1973, S. 350: „Die Frage nach der Wahrheit ist ihrer Natur nach systematisch; denn sie fragt notwendig nach der Zusammenstimmung der verschiedenen Inhalte der Überlieferung untereinander und mit der jeweiligen gegenwärtigen Wirklichkeitserfahrung. Das um Wahrheit bemühte Denken muß systematisch sein, um der Einheit der Wahrheit, der Übereinstimmung alles Wahren untereinander, zu entsprechen. Theologie muß systematisch verfahren, sofern sie nach der Wahrheit der religiösen Überlieferung hinsichtlich ihres religiösen Gehalts fragt."

zwischen Glauben und Theologie. Theologische Lehrbildung
ist eine Reflexionsform des Glaubens und als solche keinesfalls
mit dem Glauben identisch; ebenso wenig können theologische
Lehreinsichten unmittelbar in Glaubensinhalte überführt werden. Vielmehr ist der Glaube, verstanden als die Antwort des
Menschen auf die Ansprache Gottes, die Voraussetzung für
jede theologische Theoriebildung: Es gibt, so hatte ich dargelegt, Theologie als Theorie nur, weil es die vorgängige Praxis
des Glaubens gibt. Insofern ist der Hiatus zwischen Theologie
und Glauben unvermeidbar. Dieser zunächst elementar historische Sachverhalt kann nun selbst noch einmal als Ergebnis
theologischer Reflexion auf den Glauben verstanden werden.
Er korrespondiert dann mit der bereits angesprochenen Grundüberzeugung, nach der der Mensch aufgrund seiner kategoria-
len Unterschiedenheit von Gott auch nur zu einer unvollkom-
menen Erkenntnis Gottes – und damit auch des gottgewirkten
Glaubens – fähig ist. Insofern gilt: Die Differenz von Glaube
und Theologie ist nicht zu überbrücken – durch keine wie
auch immer vorgenommene Anpassung der Theologie. Vielmehr ist es die Grundlage jeder theologischen Lehrbildung,
diese Differenz gerade als Differenz zu wissen – und zwar im
Interesse des Glaubens. Denn unter den modernen Bedingungen der Dominanz des wissenschaftlichen Denkens eröffnet
gerade eine solche Unterscheidung die Spielräume, die für die
Koexistenz von Glauben und wissenschaftlichem Denken notwendig sind.

Und wie sieht es mit dem christlichen Leben aus? Welche
Bedeutung hat hier die theologische Reflexion?

4. Christliches Leben und christliche Ethik

Es gehört zu den interessanten Facetten der Auseinandersetzung um die Zuordnung von Glauben und Wissen, dass gerade
dort, wo der Vorrang des Praktischen, des christlichen Lebens
vor dem Denken betont wird, die Auffassung verbreitet ist, es
lasse sich auf dem Wege theologischer Arbeit eine spezifisch

christliche Lebensführung begründen. Diese Auffassung ist in Kirche und Theologie vor allem durch die tiefgreifende Verunsicherung der Orientierungsmaßstäbe im Kontext fortschreitender Modernisierung plausibel geworden. Gegen sie sind jedoch gewichtige Einwände zu erheben, und zwar sowohl in historischer wie auch in systematischer Perspektive. Im Blick auf die historische Perspektive ist zunächst noch einmal an Schleiermacher zu erinnern, der, wie schon für die Glaubenslehre auch für die Ethik feststellte, es habe offenbar eher ein christliches Leben gegeben als eine christliche Sittenlehre.[11] Darüber hinaus ist ein konstitutiver Unterschied zwischen den immer gleichbleibenden letzten Fragen, auf die die Religion eine Antwort zu geben versucht, und den immer neuen Herausforderungen der Lebensführung festzuhalten – eine Differenz, die gerade im schriftorientierten Protestantismus von besonderer Wichtigkeit ist. Dann aber dürfte es schwerfallen, aus den normativen Grundtexten des Christentums ethische Verhaltensmaximen für die Gegenwart abzuleiten. „Die funktionale Differenzierung der Gesellschaft, die verfassungsrechtlich und demokratisch organisierte Staatlichkeit, die den Mechanismen der Produktivitätssteigerung, des Kapitals und der Märkte verpflichtete Wirtschaft und die durch Wissenschaft und Technisierung geschaffene ‚künstliche' Kultur markieren den tiefen Abstand, der unsere soziokulturelle Wirklichkeit von der biblischer Schriftsteller trennt."[12] Mit wünschenswerter Deutlich-

---

[11] Vgl. Schleiermacher, Friedrich Daniel Ernst: Die christliche Sitte, 1843, in: Ders.: Sämtliche Werke, 1. Abt.: Zur Theologie, Band 12, Berlin, 2. Aufl., 1884, S. 24.

[12] Wagner, Falk: Zur gegenwärtigen Lage des Protestantismus, Gütersloh 1995, S. 78 f.; vgl. dazu bereits Ernst Troeltschs folgende Bemerkung, denn hier hat sie nach wie vor Gültigkeit: „Das Evangelium enthält überhaupt keine direkten politischen und sozialen Weisungen, sondern ist von Grund aus unpolitisch; es ist nur mit den höchsten Zielen des persönlichen Lebens und der persönlichen Gemeinschaft beschäftigt und nimmt die Verwirklichung dieses Ideals in der Erwartung des baldigen Weltendes und des kommenden Gottesreiches mit einer Energie voraus, neben der die Welt und ihre Interessen überhaupt verschwinden." Troeltsch, Ernst: Politische Ethik und Christentum, Göttingen 1904, S. 32.

keit hält Eckart Otto zu Beginn seiner „Theologischen Ethik des Alten Testaments" fest: „Die historische Distanz verbietet eine normative Applikation alttestamentlicher Handlungsanweisungen auf die heutigen Gesellschaften."[13]

In einer stärker systematisierenden Betrachtungsweise ergeben sich auf der Grundlage dieser Überlegungen weitere Einwände gegen die Vorstellung, man könne auf der Grundlage theologisch-ethischer Reflexion Maximen für die Begründung des christlichen Handelns bereitstellen. Denn eine genauere Analyse der christlichen Soziallehren in der Moderne fördert schnell zu Tage, dass deren maßgebliche Entwicklungen und Leitideen den sie umgebenden Gesellschaften entspringen. Die Legitimation durch spezifische theologische Argumente, auch durch Rekurs auf die Schrift, spielt demgegenüber eine untergeordnete, in mancher Hinsicht vielleicht sogar nachgeordnete Rolle: Die Gewichtung der teilweise differenten oder auch auslegungsbedürftigen Äußerungen der Schrift und der theologischen Lehrbildung folgt unverkennbar immer auch den Leitlinien der jeweils umliegenden Kultur. Dieser Sachverhalt resultiert daraus, dass, wie es bereits Ernst Troeltsch prägnant festgestellt hatte, die Religion nur einen Teilbereich der objektiven Ethik darstellt, gegenüber welcher die anderen Hauptformationen Familie, Staat, Ökonomie, Wissenschaft und Kunst jeweils ganz eigene Entwicklungsgeschichten und Sachlogiken haben. „Die christliche Ethik findet sie als selbständige Zwecke von eigener Logik und selbstmächtiger Herrschaften vor und hat ihnen gegenüber nur die Möglichkeit einer Auseinandersetzung und Regulierung, aber nicht die einer selbständig von ihr ausgehenden Konstruktion."[14]

Schließlich, und das ist das wohl stärkste Argument gegenüber dem Ansinnen, handlungsleitende Maßstäbe aus theologischer Reflexion begründend gewinnen zu wollen, ist in einer

---

[13] Otto, Eckart: Theologische Ethik des Alten Testaments, Stuttgart u. a. 1994, S. 11.
[14] Troeltsch, Ernst: Grundprobleme der Ethik. Erörtert aus Anlaß von Herrmanns Ethik, in: Zeitschrift für Theologie und Kirche (ZThK) 1/1902, S. 165.

solchen Perspektive die Charakteristik des Handelns gar nicht adäquat erfasst – und zwar gerade die Charakteristik *christlichen* Handelns. Sich im Handeln zu orientieren ist nämlich keineswegs einfach gleichbedeutend mit „sich nach Gründen orientieren". Die überwiegende Mehrzahl von Handlungen vollziehen wir, ohne uns dezidiert über die zu Grunde liegenden Normen aufzuklären, auch ohne zuvor rational nach den Gründen für die Handlung zu suchen. Wir fragen in der Regel gar nicht „Warum soll ich etwas tun?", sondern „Was soll ich tun?". Dieses „Was" lässt sich aber nicht schon durch die Suche nach Gründen erheben, sondern verdankt sich verschiedenen Faktoren. Ethisches Wissen, Orientierungswissen, ist zu einem Großteil von Intuitionen und Erfahrungen geprägt.

Dass sich das Handeln weniger an zuvor rational vorgebrachten Gründen als vielmehr an Intuition und Erfahrungen orientiert, bedeutet aber nicht, dass es sich hierbei um irrationale oder zumindest um nicht kommunikable Sachverhalte handelt. Auch diese Handlungen folgen einer ganz spezifischen Logik, die sich durchaus angeben und beschreiben lässt. Aber die hier getroffenen Entscheidungen werden nicht durch Begründungsstrategien vorbereitet, sondern ergeben sich aus einem bestimmten Verständnis der Situation. Dieses Verständnis, seine Voraussetzungen und die ihm zu Grunde liegenden Gedankenverbindungen lassen sich durchaus rational rekonstruieren, man kann sie auch im Gespräch anderen vermitteln. Aber es handelt sich hierbei nicht im strengen Sinne um Begründungen von Handlungsnormen, die allgemeinverbindlich und damit unabhängig von bestimmten Prämissen gültig sind. Im Gegenteil, das Hauptaugenmerk beim Nachzeichnen der spezifischen Gedankenverbindungen, die zu einer konkreten Entscheidung der ihr entsprechenden Handlungsweise geführt hat, liegt gerade darin, die Besonderheiten und eben nicht die allgemeingültigen Strukturen dieser einzelnen Entscheidung darzulegen und verstehbar zu machen. In diesem Sinne hat es Ethik sehr viel mehr mit Verstehen als mit Begründen zu tun. Diese Charakterisierung, um es nochmal zu wiederholen, bedeutet keineswegs, dass rationale Reflexion für das Handeln keine Rolle spielen würde. Sie steht lediglich in einer anderen Funktion zum Handeln, nämlich nicht als unmittelbare Begründung, sondern auf dem Umweg über das Situationsverstehen, das wiederum maßgeblich durch historisch gewordene – und darin relative – und institutionell vermittelte Vorstellungen von Gütern, Werten und Normen geprägt ist.

In der ethischen Fachdiskussion der vergangenen Jahre ist diese Neuausrichtung der Ethik innerhalb wie außerhalb der Theologie intensiv diskutiert worden. Das Hauptaugenmerk liegt hier darauf, dass die Komplexität der Handlungssituationen, aber auch das für unsere ethische Kultur fundamentale Prinzip der Achtung vor der Würde des Einzelnen und seiner konkreten Situation es verbieten, generalisierbare, d. h. von der konkreten Situation abstrahierende Normen aufzustellen. Die Fallbeispiele der medizinischen Ethik, aber auch der politischen Ethik liefern dazu instruktive Beispiele: Die Problemlagen des Schwangerschaftsabbruchs bekommen ebenso wenig eine generalisierende Sichtweise wie die diffizilen Entscheidungsprobleme bei Behandlungsabbruch, Therapieverzicht und Sterbehilfe am Ende des Lebens.

Gegenüber der vorrangig auf generalisierbare Normen, auch christliche Normen fokussierten Ethik ist hierbei gerade in der angelsächsischen Theoriebildung die Tradition der aristotelischen Tugendethik wiederbelebt worden. Sie gewinnt ihre Plausibilität daraus, dass es in der Struktur ethischer Orientierung gar nicht vorrangig um das Wissen und damit um die rationale Deduktion handlungsleitender Gründe geht, sondern um das Tun des Guten. Darüber hinaus ist die in der deutschsprachigen Tradition der Ethik vorherrschende, platonisierende Sichtweise unzutreffend, derzufolge man das richtige Handeln nur wissen müsse, die Anwendung dann nicht mehr das Problem darstelle. Gegen diese Sicht hat schon Aristoteles eingewendet, dass es uns nicht interessiere zu wissen, was ein guter Arzt ist, sondern dass unser Interesse auf einen gut handelnden Arzt gerichtet sei.

In dieser tugendethischen Theoriebildung ist dabei das Element besonders herausgearbeitet worden, das sich, um eine

Unterscheidung von Johannes Fischer aufzunehmen, nicht primär in moralischer, sondern in sittlicher Orientierung niederschlägt. Solche sittliche Orientierung ist dadurch gekennzeichnet, dass sie ihre Maßstäbe für konkrete Handlungen nicht von außen bezieht, sei es aus einer rationalen Begründung oder aus den Orientierungsnormen einer moralischen Gemeinschaft, sondern dass diese sich aus einer bestimmten Haltung des Einzelnen ergeben. Es ist offenkundig, dass diese Sichtweise große Nähe hat zu den in der lutherischen Reformation ausgearbeiteten Gedanken. Nicht, weil es moralisch gut oder geboten ist und die Billigung irgendeiner Instanz genießt, sondern weil es einer im Glauben fundierten Grundhaltung entspringt, ist ein bestimmtes Handeln für den Einzelnen verbindlich.

So wie es aber nun den Glauben nicht ohne dogmatische Reflexion gibt, so gilt nun auch für die dem christlichen Handeln vorangehende Grundorientierung: Ein prämoralisches Orientierungspotenzial existiert nicht aus sich selbst, sondern verdankt sich einer kognitiven Konstruktion, der bewusst gewordenen Glaubenserfahrung und nicht zuletzt der Sozialisation, die ihrerseits wieder auf die Institutionalisierung entsprechender Sozialisationen und der darin eingebetteten Güter zurückgreift. Genau darin bedarf auch die christliche Lebensführung der theologischen Reflexion, und zwar in wiederum einer individuellen und einer gemeinschaftsbezogenen Perspektive. Der Aufbau individueller Sittlichkeit erfordert es, die differenten Alltagsentscheidungen deutend und verstetigend zugleich zu einem Lebensentwurf und zu einer unverwechselbaren Identität zusammenzudenken. Erst auf Grund einer solchen Verstetigung ist es möglich, sich in konkreten Entscheidungssituationen zu orientieren, ohne sich im Dickicht der Einzelanforderungen zu verlieren. Dennoch handelt es sich dabei eben um keine Handlungsbegründung, sondern um das reflexive Erheben eines prämoralischen Orientierungspotenzials, gewissermaßen einer entlastenden ethischen Ritualisierung.

Als eine reflexiv erhobene Konstruktion stellt sich das Ethos aber nicht nur in individueller, sondern auch in überindividueller Perspektive dar. Christliche Sittlichkeit ist, um mit

Troeltschs prägnanter Formulierung zu sprechen, nichts Einheitliches, sondern etwas Vielspältiges, dessen Vereinheitlichung erst das Problem, nicht bereits den Ausgangspunkt darstellt.[15] Auch hier gilt, dass eine solche Vereinheitlichung notwendig ist zum Aufbau kollektiver Identitäten und zur Formulierung jener entgegenkommenden Lebensformen, ohne die die verfahrensorientierten Konfliktlösungsmechanismen moderner Gesellschaften nicht funktionieren können, ohne die aber auch individuelle Orientierung in strittigen Einzelsituationen nicht zu Stande kommt.[16]

In der Beschreibung, der Konsistenzprüfung des christlichen Ethos und der Sicherstellung seiner Kommunikabilität liegen nun die besonderen Herausforderungen der evangelischen Ethik als wissenschaftlicher Disziplin. Wie schon bei den Überlegungen zum Verhältnis zwischen Glauben und Theologie, so ergibt sich auch hier für den Bereich der Lebensführung: Diese Reflexion ist nicht allein eine deskriptive, sondern immer auch eine normative Aufgabe. Denn jede Konstruktion muss notwendigerweise mit einen Minimum an definierenden Prinzipien arbeiten, mit denen die geschichtlichen Erscheinungsformen zunächst strukturiert und interpretiert werden können, ehe diese Deutungen selbst zur Präzisierung der Ausgangsdefinitionen beitragen können. Dennoch handelt es sich bei der Ethik immer um vorläufige Prinzipien, die beständig verändert und angepasst werden müssen. John Rawls hat dafür den Gedanken des „Überlegungsgleichgewichts" in die Diskussion eingebracht.

Solche Prinzipien sind freilich nicht an sich selbst fassbar, sondern immer nur im Medium und in der Brechung ihrer his-

---

[15] Vgl. ebd., S. 167.

[16] Dementsprechend konstatiert auch Habermas, Jürgen: Erläuterungen zur Diskursethik, Frankfurt a. M. 1991, S. 25: „Soviel ist richtig: Jede universalistische Moral ist auf entgegenkommende Lebensformen angewiesen. Sie bedarf einer gewissen Übereinstimmung mit Sozialisations- und Erziehungspraktiken, welche in den Heranwachsenden stark internalisierte Gewissenskontrollen anlegen und verhältnismäßig abstrakte Ich-Identitäten fördern. Eine universalistische Moral bedarf auch einer gewissen Übereinstimmung mit solchen politischen und gesellschaftlichen Institutionen, in denen postkonventionelle Rechts- und Moralvorstellungen bereits verkörpert sind."

torischen Realisierung. Diese Struktur lässt sich nun noch einmal theologisch re-interpretieren: Dann verweist sie darauf,
dass das Handeln Gottes zwar unserem eigenen Handeln und
Verstehen vorgängig ist, wir aber seiner auch nie anders als in
seinen geschichtlichen Amalgamierungen teilhaftig werden.
Eine solche Zugangsweise schützt vor falschem Letztbegrün-
dungspathos, in dem es die die eigene Urteilsbildung leitenden
Interpretationskategorien selbst als kontextuell-historisch bedingt darstellt. In dieser konkret-geschichtlichen Fundierung
sind solche Leitkategorien zwar keinesfalls beliebig, bleiben
sie doch konstitutiv an ihre jeweiligen Rahmenbedingungen gebunden; sie können aber auch nicht mit absoluter Gewissheit
aufwarten.[17] Evangelische Ethik tradiert hier ein Potenzial der
Selbstrelativierung, das in deutlichem Gegensatz steht zu einer
gerade auch auf philosophischer Seite verbreiteten normativis-
tischen Fehleinschätzung christlicher Ethik. Die Korrelation
von Gottesglaube und ethischer Orientierung bewirkt in der
hier vorgetragenen Perspektive keine metaphysische Unterfüt-
terung und Autoritätsverstärkung sittlicher Normen, sondern
gerade umgekehrt deren Relativierung.[18]

5. Conclusio: Glauben und Wissen

Von diesen Überlegungen aus möchte ich nun in einem letzten
Schritt das Vorangegangene zusammenfassen und zugleich aus
einer anderen Perspektive auf die Notwendigkeit theologischer
Reflexion des Glaubens aufmerksam machen. Dazu möchte ich
meine vorangegangene Argumentation im Gespräch mit Jürgen

---

[17] Berger, Klaus: Ein Buch wie jedes andere auch? Die Schrift zwischen Exegese
und Applikation, in: Die Kunst des Auslegens. Zur Hermeneutik des Christentums in der Kultur der Gegenwart, hrsg. von Reiner Anselm, Stephan Schleis-
sing und Klaus Tanner, Frankfurt a. M. u. a. 1999, S. 169–184, bes. S. 171,
hat in diesem Zusammenhang – in Weiterführung eines Gedankens von Ernst
Troeltsch – von „begrenzter Allgemeinheit" gesprochen.
[18] Vgl. Fischer, Johannes: Theologische Ethik. Grundwissen und Orientierung,
Stuttgart 2001, S. 83 ff.

Habermas noch einmal konkretisieren – auch wenn ich das im Unterschied zu einem anderen prominenten Theologen nicht im direkten Gespräch tun kann, scheint es mir lohnenswert, denn Habermas' Außensicht des Verhältnisses von Glauben und Wissen akzentuiert die Notwendigkeit der Theologie noch einmal aus einer etwas anderen Perspektive.

In der Theologie des 20. Jahrhunderts ist die Vorgängigkeit und die Selbstständigkeit des Glaubens vor allem mit der konstitutiven Differenz zwischen Gott und Mensch begründet worden: Die Grundaussagen der Schöpfungslehre, die Bestimmungen von Anthropologie und Sündenlehre und besonders die Lehre von der Rechtfertigung allein aus Glauben verweisen sämtlich darauf, dass es dem Menschen aus eigener Kraft nicht möglich sei, das wahre Heil zu erkennen, geschweige denn, es zu erlangen. Vielmehr, so die übereinstimmende Meinung evangelischer Dogmatik, bedarf es dazu einer göttlichen Offenbarung. Strittig war und ist dabei nur, wie der Einzelne dieser Offenbarung teilhaftig werden könne. Nun wäre es ein Leichtes, von dieser Struktur aus doch der Theologie den Primaten gegenüber dem Glauben zuzuschreiben, indem man nämlich argumentiert, dass gerade das Wissen um die Vorläufigkeit der Gotteserkenntnis und der Erlösungsbedürftigkeit des Menschen selbst eine theologische Aussage darstellt. Aber ganz abgesehen davon, dass sich dieses Argument leicht aushebeln lässt, indem man darauf verweist, woher denn die Theologie dieses Wissen beziehe, scheint mir die besondere Pointe und auch die besondere Bedeutung der Unterscheidung von Gott und Mensch erst dann zum Ausdruck zu kommen, wenn man ihre Bedeutung für die Gestaltung des Zusammenlebens gerade auch in modernen Gesellschaften mit bedenkt. Jürgen Habermas hat darum in seinen jüngsten Veröffentlichungen zu Recht darauf hingewiesen, dass auch aufgeklärte, liberaldemokratische Gemeinwesen sich für die ethische Orientierung des Reservoirs der Religion bedienen müssen.[19] Zugleich jedoch kann

---

[19] Zuerst deutet sich das an bei Habermas, Jürgen: Nachmetaphysisches Denken. Philosophische Aufsätze, Frankfurt a. M. 1988, S. 23, in der Formulie-

die staatliche Gemeinschaft unter den Bedingungen modern-pluraler Lebenswelten, aber auch unter den Bedingungen eines den Menschenrechten verpflichteten Gemeinwesens nur dann Religion und ihren Einfluss auf Verhalten und Meinungsbildung der Bürger akzeptieren, wenn es gelingt, die religiösen Gewissheiten in politisch verhandelbare Positionsbestimmungen zu transformieren. Nur unter diesen Voraussetzungen ist es möglich, auf das Orientierungs- und Sinnerschließungspotenzial der Religion zurückzugreifen, ohne freilich dabei deren immanente Fundamentalismen, nämlich die Unverhandelbarkeit ihres in der individuellen Glaubensüberzeugung begründeten Absolutheitsanspruchs, zu übernehmen. In Habermas' eigenen Worten: Genau diesen „Reflexionsschub" hat die Theologie zu leisten. Darin denkt sie eben nicht nur einer vorgegebenen Wahrheit nach, wie Karl Barth im Anschluss an Anselm von Canterbury das Verhältnis von Glauben und Wissen beschreiben wollte. Sondern indem die Theologie zugleich die Wahrheitsansprüche des Glaubens im Blick auf die Gestaltung des Zusammenlebens begrenzt, ermöglicht sie allererst ein gedeihliches Zusammenleben in der noch nicht erlösten Welt.

---

rung: „[Ich] glaube nicht, dass wir als Europäer die Grundbegriffe unseres moralischen Denkens ernstlich verstehen können, ohne uns die Substanz des heilsgeschichtlichen Denkens der jüdisch-christlichen Tradition anzueignen." Diese Wertschätzung der Tradition bleibt aber noch eingebettet in ein Emanzipationsmodell. Denn zumindest im Blick auf den wichtigen Bereich der politischen Gerechtigkeit gilt für Habermas, Jürgen: Die Einbeziehung des Anderen, Frankfurt a. M. 1996, S. 123, auch 1996 noch, dass eine solche Gerechtigkeit, „die auf eigenen moralischen Beinen steht, [...] von seiten der Wahrheit religiöser oder metaphysischer Weltbilder keine Rückendeckung mehr" braucht; erst in seiner Friedenspreisrede hat Habermas diese Auffassung dahingehend revidiert, dass er nun auf die bleibende Bedeutung der religiösen Motivik für die liberale Vernunft ausgeht, vgl. Ders.: Glauben und Wissen. Friedenspreis des deutschen Buchhandels 2001, Frankfurt a. M. 2001, S. 20–25.

Glaube oder Vernunft?

Vom Kampf um die Freiheit Gottes

Gerhart Herold

1. „Versus deum" – welche Richtung meint der Papst?

„Papst zeigt den Rücken" – so schrieb die Süddeutsche Zeitung im Juli 2007. Benedikt XVI. habe bei der Sonntagsmesse erstmals den Gläubigen den Rücken zugewandt. Was ist daran bedeutsam? Der Papst wendet sich weg von der Gemeinde und hin zu einem scheinbar fernen Gott. Anders das II. Vatikanum: Es glaubte die Gegenwart Gottes in der Gemeinde. Deshalb forderte es den Volksaltar. Der war gewiss nicht immer ein ästhetisches Glanzstück. Aber er gab der Messe die Richtung „versus populum". Wer mit Paulus der Überzeugung ist, die Gemeinde sei „der Leib Christi" (1 Kor 12,12 ff.), der wird diese Richtung nicht mehr aufgeben. Der Papst wendet sich jedoch in die Gegenrichtung und nennt dies „versus deum".[1]

Schon in einem Fernsehinterview des Jahres 2003 plädierte Ratzinger dafür, der Liturgie ihre ursprüngliche Gebetsrichtung zurückzugeben: „versus orientem, die Ausrichtung nach Osten"; denn diese „gemeinsame Ausrichtung des Priesters und des Volkes auf den Herrn … könnte eine Hilfe sein".[2] Ich frage mich: Feiern wird nur dann „mit dem Kosmos, mit der Welt" und „richten uns aus auf die Zukunft der Welt und unserer Geschichte"? Stehen wir vor dem „Ende des Volksaltars", wie die Süddeutsche nun titelt?[3] Die Frage klingt einfacher, als sie ist. Es geht nicht um eine liturgische Variante, über die sich unter Feinschmeckern streiten ließe. Es geht um nicht weniger

---

[1] Vgl. Süddeutsche Zeitung (SZ), 7./8.7.2007.
[2] EWTN/Katholisches Fernsehen weltweit, Interview vom 8.9.2003.
[3] Vgl. SZ, 7./8.7.2007.

als um die Mitte des christlichen Glaubens, ja jeder Religion: das Gottesbild.

2. Die Regensburger Vorlesung

Der Papst hielt am 12. September 2006 in Regensburg seine vielbeachtete Gastvorlesung „Glaube, Vernunft und Universität – Erinnerungen und Reflexionen". Protestantische Theologen stellten fest, er wende sich mit dem Kernsatz „Nicht vernunftgemäß handeln, ist dem Wesen Gottes zuwider" zwar auch gegen den Islam. Das wurde durch das weltweite Echo deutlich. Aber seine eigentliche Stoßrichtung gehe gegen den Protestantismus, und zwar mit einem Stichwort, das ihm zum Fundament seiner Theologie geworden ist: die „Hellenisierung des Christentums". Er sieht darin einen normativen Wechsel der Paradigmen und betont, der Weg der Kirche führe zwingend von Jerusalem über Athen nach Rom.[4] Deshalb wirft er den Kirchen der Reformation vor, sie wollten diesen Prozess der Inkulturation des Christentums rückgängig machen, weil ihre Theologen sich zurückwenden zum historischen Jesus.[5]

---

[4] „Dieses innere Zugehen aufeinander, das sich zwischen biblischem Glauben und griechischem philosophischem Fragen vollzogen hat, ist ein nicht nur religionsgeschichtlich, sondern weltgeschichtlich entscheidender Vorgang, der uns auch heute in die Pflicht nimmt ... Das kritisch gereinigte griechische Erbe gehört wesentlich zum christlichen Glauben". Alle nicht weiter verorteten Zitate stammen aus Benedikt XVI.: Glaube, Vernunft und Universität. Erinnerungen und Reflexionen, in: Apostolische Reise Seiner Heiligkeit Papst Benedikt XVI. nach München, Altötting und Regensburg, 9. bis 14. September 2006. Predigten, Ansprachen und Grußworte, hrsg. vom Sekretariat der Deutschen Bischofskonferenz, Bonn 2006, (Verlautbarungen des Apostolischen Stuhls; 174), S. 72–84.

[5] „Die Reformatoren sahen sich einer Fremdbestimmung des Glaubens durch ein nicht aus ihm kommendes Denken gegenüber ... Ihr ,sola scriptura' sucht demgegenüber die reine Urgestalt des Glaubens, wie er im biblischen Wort ursprünglich da ist ... damit er ganz wieder er selber sein könne." Auf diese erste Welle der Enthellenisierung des Christentums folge eine zweite in der Zeit der liberalen protestantischen Theologie des 19. und 20. Jahrhunderts. „Als Kerngedanke erscheint [dort] die Rückkehr zum einfachen Menschen Jesus und zu

Damit hätten diese Kirchen den Anspruch aufgegeben, sich christliche Kirche nennen zu dürfen.

Ratzinger setzt in Regensburg eine Kontroverse fort, die seine Theologie kennzeichnet: Jesus oder Christus, der jüdische Lebensstil des Nazareners oder das griechische Denken des Aristoteles, Jesus oder die Kirche? Es geht dabei um die philosophische Frage nach der Vernunft und deren Wurzeln in Gott. Wichtiger aber ist mir eine andere Frage, die weit darüber hinaus in das Feld der Seelsorge und der Menschenliebe führt. Denn ich betone mit Eugen Biser: Das Christentum ist eine therapeutische Religion.[6] Ich bin davon überzeugt: Eine Religion, die nicht dem Menschen dienen will, sondern einem fernen Gott, ist und bleibt unnötig. Die Kernfrage heißt deshalb: Wo findet der Mensch Heilung und Heil? In der anthropologischen Analogie zu Jesus von Nazareth, der die Menschwerdung Gottes gelebt hat bis zur Selbsthingabe? Oder in der ekklesiologischen Analogie zur Kirche von Rom, die in ihrer institutionellen Struktur ebenso wie in der Pyramide ihres dogmatischen Lehrgebäudes die Distanz zu Gott zum Wesen des Christentums erhebt? Wo findet der Mensch Heilung und Heil? In dem Stil zu leben und zu glauben, wie ihn Jesus zum Modell machte, als er Menschen zurief „Folge mir nach"? Oder in den Riten, Dogmen und Hierarchien einer Kirche? Hans Küng verweist darauf, dass Jesus immer dazu aufrief „Folge mir nach" und nie sagte „Schreibe mit".

3. Glaube oder Vernunft?

Ratzinger provoziert letztlich diese Frage, denn er besteht mit einem ungeheuer vehement vorgetragenen Nachdruck auf der Bedeutung der Vernunft für das Christentum und für dessen

---

seiner einfachen Botschaft, die allen Theologisierungen und eben auch Hellenisierungen voraus liege: Diese einfache Botschaft stelle die wirkliche Höhe der religiösen Entwicklung der Menschheit dar". Ein solcher Versuch aber lasse „vom Christentum nur ein armseliges Fragmentstück übrig."

[6] Vgl. Biser, Eugen: Glaubenserweckung. Das Christentum an der Jahrtausendwende, Düsseldorf 2000, S. 161.

Gottesbild: „Der kirchliche Glaube hat immer daran festgehalten, dass es zwischen Gott und uns, zwischen seinem ewigen Schöpfergeist und unserer geschaffenen Vernunft eine wirkliche Analogie gibt". Ja, „von den tief religiösen Kulturen der Welt wird" der „Ausschluss des Göttlichen aus der Universalität der Vernunft als Verstoß gegen ihre innersten Überzeugungen angesehen".

Er provoziert damit das Missverständnis, als sähe sich ein Glaube, der sich dieser Prävalenz der Vernunft verweigert, im Bereich der Unvernunft. Das kann nicht sein. Es geht mir, wenn ich vom „Glauben" rede, um die Prämisse, unter der wir Menschen die Wirklichkeit und damit Gott wahrnehmen: Sind wir mit Gott verbunden in einer objektiven Weltvernunft, deren Ordnung beide umschließt? Ratzinger spricht in Regensburg davon, dass „unser Sinn für das Wahre und Gute" ein „wirklicher Spiegel Gottes" sei. Dem vermag ich nicht zu folgen, denn zum einen unterliegt nichts auf Erden einem größeren Wandel als die Kategorie des „Wahren und Guten". Zum anderen aber verändert eine solche Prämisse das Wesen unserer christlichen Religion, die Wahrnehmung Gottes. Sie holt den Menschen heraus aus der unmittelbaren Begegnung mit Gott, indem sie dafür einen Maßstab benennt. Sie verführt den Menschen in eine trügerische Distanz zur Wirklichkeit und zu Gott – nichts anderes geschieht in einem hierarchisch wie liturgisch ausgeprägten Kultus. Philosophisch wie theologisch muss ich mich dem verweigern. Ich frage mich: Begegnet uns hier wieder die andere Blickrichtung der Messe, wie sie der Papst nun in der Sixtina zelebrierte?

Ich gehe den Weg zurück, den der Papst als typisch für die Reformation, aber für ihn selbst ungangbar bezeichnet: zurück zu den geschichtlichen Quellen des Christentums, zu den Sprachen der Bibel. Die Worte, mit denen beide, Griechen und Hebräer, vom „Glauben" sprechen, bieten eine Alternative zur Vernunft: Für den Griechen bezeichnet „pistis" das „Vertrauen". Er beschreibt damit zwar auch eine Beziehung, wie das parallel die „Vernunft" tut. Aber „pistis/Vertrauen" umreißt nicht einen vorgegebenen Raum, dessen ontologischen Kern der

Mensch erfassen könnte. Der Begriff tastet Gottes Freiheit nicht an.[7] Ähnlich bleibt die hebräische „ämunah" auf der anthropologischen Ebene und benennt nur die Reaktion des Menschen auf Gott, ohne Gott selbst in irgendeiner Weise einzubinden. Wörtlich meint „ämunah" die Erfahrung, „eingehüllt zu sein und getragen zu werden vom Gewandbausch der Mutter".[8] Beide, „pistis" und „ämunah", bleiben auf der Erfahrungsebene. Sie kennen neben Gott und dem Menschen kein Drittes, etwa eine „Weltvernunft". Ähnlich zeigt sich der spezifische Sprachgebrauch der Stoa: Sie spricht von der „pistis" als der Treue, die der Mensch zu sich selbst und zu seinem Nächsten wahrt. Und jetzt kommt die Überraschung: Darin – und nicht in der Vernunft – beweist sich für die Stoa die Verwandtschaft des Menschen mit Gott.[9]

Deshalb kann ich nicht harmonisierend von „Vernunft *und* Glaube" reden, denn „Glaube" setzt eine andere Beziehung zwischen Mensch und Gott als „Vernunft". Ich bezweifle, dass der Evangelist Johannes im Prolog seines Evangeliums mit dem „Logos" das ordnende Prinzip meint, das seit Uranfang die Welt durchwaltet. Die „Sapientia Salomonis" bietet einen anderen Zugang: „Da sprang dein allmächtiger Logos vom Himmel, vom königlichen Thron herab als harter Krieger mitten in das dem Verderben geweihte Land" (18,15). Im Kontext von „ämunah/pistis" sehe ich in Gottes Offenbarung einen unaufhörlichen Prozess voller Dynamik. Der Mensch kann dem nicht durch Erkenntnis, sondern nur durch Vertrauen entsprechen.

Gerne lese ich deshalb, dass z. B. Homer den „Logos" nie im Singular gebraucht, sondern nur im Plural.[10] „Logoi", das sind – so möchte ich recht vereinfacht sagen – die Geschichten, wie sie das Leben schreibt. Der Prolog des Johannes datiert zwar 1000 Jahre später. Doch er spricht davon, dass der Logos

---

[7] Theologisches Wörterbuch zum NT, Band VI, S. 182.
[8] Ebd., S. 183.
[9] Ebd., S. 181 f.
[10] Ebd., Band IV, S. 73 f.

„Fleisch" wurde, Leben wurde. Warum lässt sich nicht von da aus der bekannte Hymnus des Philipperbriefes so lesen: Der Logos hat sich „erniedrigt" in viele „logoi", in das Leben (Phil 2)? In der Debatte um „Vernunft und Glaube" höre ich den Jesus der Bergpredigt, wie er den großen kosmischen Perspektiven die kleine irdische entgegensetzt: „Sorgt nicht für morgen, denn der morgige Tag wird für das Seine sorgen. Es ist genug, dass jeder Tag seine eigene Plage hat" (Mt 6,34).

4. Was ist „Hellenisierung"?

Als sich die junge Kirche der griechisch-römischen Welt zuwandte, wandte sie sich ab vom Judentum – ein in sich leider logischer Prozess. Der schleichenden Entjudaisierung fiel auch der hebräische Jesus zum Opfer. Ihn überlagert nun der griechische Christus. Damit stellt sich die Frage nach der Beziehung des Menschen zu Gott völlig neu, denn die Kirche sucht nicht mehr die Erfahrung der Dynamik der göttlichen Liebe, sondern die Statik und Stabilität einer den Kosmos umfassenden Verwandtschaft. Diese Verwandtschaft zwischen Gott und Mensch macht für Benedikt das Wesen der „Hellenisierung" aus: „Zutiefst geht es dabei um die Begegnung zwischen Glaube und Vernunft." Deshalb kann man sagen: „Nicht mit dem Logos handeln, ist dem Wesen Gottes zuwider".

Diese Suche nach einer Wesensverwandtschaft des Menschen mit Gott wirft meines Erachtens eine gefährliche Frage auf: Will der Mensch über sein Menschsein hinaus und baut er das Sein auf wie eine Pyramide, die von der Erde bis in den Himmel reicht? Ist die weihnachtliche Inkarnation noch nicht die Erlösung, sondern nur deren Anfang? Ist sie nur die göttliche Kondeszendenz, der die Himmelfahrt des Menschen erst noch folgt? Wird Gott Mensch, damit der Mensch Gott werde? Ist nicht die Erde mit ihrer „Schöpfung" der Raum Gottes, sondern ein ferner Himmel? Das weckt eine fatale Erinnerung: War es nicht die Schlange, die dem Menschen einflüsterte, das Menschsein genüge nicht und die bessere Wahl wäre es, zu

„sein wie Gott"? Horst Eberhard Richter nannte das den „Gotteskomplex".[11]

Nur vordergründig schafft die Hellenisierung dem Christentum eine neue, tragfähige Gottesbeziehung. Tatsächlich aber verliert die junge Kirche damit die Gotteserfahrung, wie sie Jesu Wort und Tat kennzeichnete. Auch für die Hellenisierung des Christentums gilt die alte Weisheit: Wenn einer innehält in der Dynamik einer Beziehung und nach deren Begriff und Maßstab sucht, dann hat er diese Beziehung schon verloren. Spürt das auch der Papst? Liebt er deshalb die Blickrichtung „nach Osten" in eine jenseitige, andere Welt? Die griechische Kirche vertrat einstmals die These, der Priester reiche Brot und Wein in der Messe als „phármakon athanasías", als „Pharmazie der Unsterblichkeit". Das bedeutet: Es heilt nicht mehr die Kommunion mit Jesus inmitten seiner Gemeinde, sondern es heilt nur der Aufstieg der Seele zu höherem Sein. Gott wird nicht erfahren in der Nähe der Liebe, sondern in der Distanz der Unsterblichkeit. Schon die griechische Mythologie spiegelt diese Kontroverse: Asklepios war der erste therapeutische Gott des Griechentums. Als er es wagt, durch eine Totenauferweckung die Grenze zwischen Sterblichen und Unsterblichen zu überschreiten, tötet ihn Zeus, weil er das System dieser Religion vom Einsturz bedroht sieht. Ähnlich ergeht es Jesus: Als er den Lazarus von den Toten auferweckt, fassen die Hohenpriester den Todesbeschluss (Joh 11). Ich muss nicht betonen: In beiden Fällen begegnen wir einer Mythologie, deren Tradenten sich an eine gen Himmel ragende Hierarchie klammern, weil sie die Nähe Gottes als eine Bedrohung erleben, die alles verändern („heilen") würde.

Ich frage: Brauchen religiöse Institutionen diese Distanz? Leben sie von dem schier unüberbrückbaren Abstand zwischen Gott und Mensch, Himmel und Erde? Das ist es, was mich stutzig macht, wenn der Papst auf der Hellenisierung des Christentums als einem normativen Paradigmenwechsel besteht. Das hellenistische Denken stabilisiert eine Götterwelt fernab der Er-

---

[11] Vgl. Richter, Horst-Eberhard: Der Gotteskomplex. Die Geburt und die Krise des Glaubens an die Allmacht des Menschen, Reinbek 1979.

de. In diese Pyramide zeichnet sich die hellenistisch geprägte Kirche ein und entwickelt das bekannte Bild der Hierarchie, der „heiligen Ordnung", die hinabreicht bis zum „Volk". Wenn wir in diesem Kontext heute von einem „Laien" sprechen, benutzen wir nur noch eine verbale Ruine: „Laie" war ursprünglich ein Ehrentitel, über den hinaus es Höheres nicht gab: „zum Volke Gottes gehörig". Die Hellenisierung depravierte ihn zum Ohnmachtstitel dessen, der über sich die schier unendliche Pyramide der Geistlichkeit sieht und selbst unfähig ist, Gott „gültig" zu begegnen. Hierarchie verdunkelt das Bild des therapeutischen Gottes, wie es Jesus mit seiner Person, seinem Wort und seiner Tat gezeichnet hat. Das raubt den Menschen den, der sie liebt und sie heilen will. Für mich bleibt das Fazit: Die Hellenisierung verführte das Christentum zur Abkehr von dem Jesus der Evangelien und damit zu einer kaum verhüllten dogmatischen und klerikalen Arroganz – ich sage das auch im Blick auf manches Jahrhundert der Kirchen der Reformation.

Ich notiere in dem Zusammenhang noch eine weitere dunkle Konsequenz, die mit der Hellenisierung einherging: Paulus warnt zwar in 1 Kor 1 davor, dass das „Wort vom Kreuz" den Griechen eine „Torheit" sei. Aber die „Weisheit" der Griechen vermag es schnell, Jesu Tod einem neuen Verstehensmuster zu unterwerfen: dem Opferkult, der auch in der griechischen Kultur allgegenwärtig war. Er liefert den Schlüssel zum Verständnis des Todes Jesu und macht aus dem Zeichen der Liebe und Selbsterniedrigung Gottes eine vernünftige Leistung. So vermag die Priesterkaste den vermeintlich unendlichen Abstand zwischen Gott und Mensch zu überbrücken – und Gott, der Unbedingte, wandelt sich zum Bedingten. Jesu Leidenschaft galt der ebenso unverfügbaren wie bedingungslosen Liebe Gottes. Wer aber vom „Opfer" spricht, bleibt in der Kategorie der Bedingung und der Vernunft. Er braucht Priester, stabilisiert Hierarchie – und hält Gott auf Abstand.

Das bedeutet: Wir dürfen in der kulturellen Kohärenz des Christentums zum Hellenismus nur ein Durchgangsstadium sehen, das durch geschichtliche Gegebenheiten zustande kam. Es brachte in gleicher Weise Entfaltung und Verengung. Wer dafür dauerhafte Gültigkeit fordert, vergisst das dritte Gesicht im christlichen Gottesbild, den Heiligen Geist. Der sorgt dafür, dass sich die Inkarnation des Logos fortsetzt in den Kulturen der Menschheit. Ratzinger erklärt die hellenistische Inkulturation der Botschaft Jesu für verbindlich. Als reformatorisch geprägter Theologe sehe ich darin das Problem jener Globalisierung, die sich die römische Kirche zum Programm gemacht hat: Wer die Aufgabe der „Stellvertretung Christi auf Erden" den Kindern und den Armen nimmt[12] und sie zum Monopol des Bischofs von Rom erklärt, der braucht eine auch kulturell weltumspannende Basis. Doch damit setzt er seine Kirche einer tödlichen Gefahr aus, wie wir unschwer am Erfolg der Pfingstkirchen in Lateinamerika sehen können.

5. Nicht Willkür, sondern Freiheit Gottes

Der Glaube lebt vom Vertrauen auf die unverfügbare Gegenwart Gottes. Das schließt jede Bedingung aus – die Bedingung, wie sie eine Opfertheologie setzt, ebenso wie die Bedingung eines „Kosmos der Vernunft". Der Glaube des Menschen – weniger wohl „der Glaube der Kirche" – braucht den freien Gott. Es scheint, als sehe der Papst darin das eigentliche Kontra zum Islam – nicht in der Gewalt. Der Islam kämpft für Gottes Freiheit, weil er die Glaubwürdigkeit Gottes wahren will. Deshalb geht einer seiner Theologen so weit, zu erklären, „dass Gott auch nicht durch sein eigenes Wort gehalten sei und dass nichts ihn dazu verpflichte, uns die Wahrheit zu offenbaren. Wenn er es wollte, müsste der Mensch auch Götzendienst treiben" – der Papst zitiert das in Regensburg voller Ablehnung. Aber er rührt damit an die fundamentale Frage: Ist Gott frei oder ist er gebunden? Brauchen wir ein Analogon, ein Drittes im Bunde zwischen Gott und Mensch?

Die Stoa sah das Analogon zwischen Gott und Mensch nicht in einem beiden gemeinsamen Dritten, sondern in der

---

[12] Vgl. Mt 18,5; 25,40.

185

Treue zu sich selbst. Dies sei der Logos, der beide verbindet; denn wie Gott voller Vertrauen ist und frei, so soll es auch der Mensch sein.[13] Diese Treue zu sich selbst ist ein Kennzeichen Gottes auch in der Hebräischen Bibel. Ich zitiere Deuterojesaja: „Außer mir ist nichts. Ich bin der HERR, und sonst keiner mehr, der ich das Licht mache und schaffe die Finsternis, der ich Frieden gebe und schaffe Unheil. Ich bin der HERR, der dies alles tut" (Jes 45,6–7). Hier wird deutlich: Gott ist frei. Dieser Kern der prophetischen Botschaft öffnet die Augen für die Wahrnehmung der Wirklichkeit. Wer Gottes unverfügbare Freiheit glaubt, bekommt ein anderes Verhältnis zur Wirklichkeit. Wer für Gottes Freiheit kämpft, kämpft für Gottes Treue zu sich selbst – und kämpft analog dazu für die Freiheit des Lebens und um den unbedingten Grund seines Vertrauens, auch wenn die Wirklichkeit noch so „unvernünftig" erscheint. Es würde den Menschen ängstigen, wenn Gott sich abhängig machen würde von einem wie auch immer gearteten Maßstab.

Jesus schlug der religiösen Hierarchie Jerusalems ihre Maßstäbe aus der Hand – denken wir nur an die sogenannte „Tempelreinigung": Sie lässt nicht nur die Tauben fliegen und die Münzen rollen, sondern sie setzt ein Signal gegen den gesamten Opferbetrieb. Jesus unterwirft damit das Wesen der jüdischen Gottesbeziehung dem Wandel, der mit der Zerstörung des Tempels im Jahre 70 dann auch tatsächlich eingetreten ist – symbolisch lassen Matthäus und Markus zur Todesstunde Jesu den Vorhang im Tempel zerreißen (Mk 15; Mt 27). Was Jesus brachte und wofür er starb, war einzig die Liebe, und die kennt keinen Maßstab. Der Mensch sehnt sich im Grund seines Herzens nach der unverhüllten Freiheit der Liebe Gottes. Wenn Ratzinger den freien Gott des Islam als einen Gott der „Willkür" diskreditiert, berührt er auch den fundamentalen Dissens zwischen dem römisch-katholischen Christentum und den Kirchen der Reformation.

Doch das Problem reicht tiefer. Wir begegnen ihm nicht nur in der Kontroverstheologie, sondern auch in der Ökologie.

---

[13] Vgl. Theologisches Wörterbuch zum NT, Band VI, S. 181 f.

Die aristotelische Seins-Pyramide konstruiert das Verhältnis des Menschen zur Schöpfung auf ihre ganz besondere Weise: Sie erlaubt nur dem Menschen eine „unsterbliche Seele" und verweist die Tiere auf die hinteren Ränge der bloßen „Sachen". Jesus öffnete die anthropozentrische Engführung des Glaubens (Mt 6, 26 ff.). Gott ist so frei, uns in allem Leben zu begegnen. Der Kampf um die Freiheit Gottes ist auch ein Kampf um die Bewahrung der Schöpfung.[14] Weil Aristoteles außerordentlich statisch denkt, führt die Hellenisierung des Christentums auch hier in einen scharfen Gegensatz zu Jesus und dem hebräischen Weltbild. Dort steht das Prinzip des Lebens über allen anderen, auch über dem Prinzip der Vernunft. Es mag sein, dass Hegel deshalb die Reformation für die „Hauptrevolution" der Neuzeit hält; denn sie hat die Unmittelbarkeit des einzelnen Christen zu Gott durchgesetzt und „das Prinzip des freien Geistes zum Panier der Welt gemacht". Komplementär dazu nennen Albert Schweitzer und Martin Buber die Hellenisierung des Christentums die „Urkatastrophe der europäischen Religionsgeschichte".

6. „Gott ist die Liebe" (Enzyklika Dez. 2005)

Benedikt XVI. kann auch anders. Noch im Jahr seiner Wahl hat er eine erste Enzyklika geschrieben. Sie trägt nicht den Titel „Gott ist die Vernunft", sondern „Gott ist die Liebe". Das klingt versöhnlich; denn die Liebe ist mehr als die Vernunft. Sie ist mit Paulus die Schwester des Glaubens und der Hoffnung (1 Kor 13). Ich möchte darauf abschließend hinweisen und damit deutlich machen: Mir geht es nicht um eine bloße konfessionelle Auseinandersetzung, sondern um die gemeinsame Suche nach unserem Bild von Gott.

---

[14] Vgl. Drewermann, Eugen: Ich steige hinab in die Barke der Sonne. Meditationen zu Tod und Auferstehung, Olten 1992, S. 228 ff; Jörns, Klaus Peter: Notwendige Abschiede. Auf dem Weg zu einem glaubwürdigen Christentum, Gütersloh 2004, S. 231 ff.

Deshalb schließe ich mit Benedikts Worten: „Ja, es gibt Vereinigung des Menschen mit Gott – der Urtraum des Menschen –, aber diese Vereinigung ist … Einheit, die Liebe schafft, in der beide – Gott und der Mensch – sie selbst bleiben".[15]

---

[15] Benedikt XVI.: Enzyklika Deus caritas est an die Bischöfe, an die Priester und Diakone, an die gottgeweihten Personen und an alle Christgläubigen über die christliche Liebe, 25. Dezember 2005, hrsg. vom Sekretariat der Deutschen Bischofskonferenz, Bonn 2006 (Verlautbarungen des Apostolischen Stuhls; 171), S. 16.

Abschied vom irdischen Paradies

Zur Diskussion um politische Heilslehre und bedrohtes Menschenrecht

Thomas Brose

War die DDR keine Diktatur, sondern ein Sozialparadies? In ihrer repräsentativen Studie „Soziales Paradies oder Stasi-Staat?"[1] gehen die Autoren Monika Deutz-Schroeder und Klaus Schroeder der Frage nach, welches Geschichtsbild Jugendliche in Ost und West mit der Existenz des kleineren deutschen Teilstaates verbinden. Der Kenntnisstand der Sechszehn- bis Siebzehnjährigen ist erschreckend gering und verdreht. Über die Hälfte aller Befragten aus Berlin, Brandenburg, Nordrhein-Westfalen und Bayern weiß nicht einmal, wer die Berliner Mauer errichtet hat – viele tippen auf die Bundesrepublik oder die Alliierten. Auch zeigt sich etwa ein Drittel der ostdeutschen Schüler überzeugt, Konrad Adenauer und Willy Brandt seien DDR-Politiker gewesen.

Aber manifestiert sich hier allein eine Art zeitgeschichtlicher Analphabetismus? Ich denke, die Ergebnisse der Studie berühren noch tiefere Regionen. Sie bringen nicht bloß defizitäre Geschichtskenntnisse an den Tag, sondern erweisen sich da als signifikant, wo es – fast zwanzig Jahre nach der friedlichen Revolution von 1989 – um substanzielle Wahrnehmungsunterschiede in Ost und West geht. Gräben werden sichtbar. Als entscheidend für die Einstellung gegenüber der zweiten deutschen Diktatur erweisen sich Herkunft und Prägung: Ostdeutsche Jugendliche neigen nämlich mit 60 % deutlich dazu, die DDR zu verklären (bei 73 % Ablehnung im Westen). Im Osten Deutschlands, ist zu konstatieren, bleibt eine familiäre Erzählkultur le-

---

[1] Vgl. Schroeder-Deutz, Monika/Schroeder, Klaus: Soziales Paradies oder Stasi-Staat? Das DDR-Bild von Schülern – ein Ost-West-Vergleich, Stamsried 2008.

bendig und wirksam, die den vormundschaftlichen Staat beschweigt und beschönigt. Diese Tatsache als ostalgisch-verklärend zu qualifizieren, hat kaum analytische Relevanz. Die in Richtung „Soziales Paradies" tendierenden Äußerungen erscheinen vielmehr als hörbar gemachter Nachhall „politischer Religion".[2] Lebensriten und Weltdeutungsmuster der atheistischen DDR – so die hier vertretene These – existieren weiter in „säkularisierter" Form: als Echo der großen Erzählungen (Jean-François Lyotard) vom irdischen Paradies. Die Schriften der „Klassiker" dieses Genres von Marx bis Mao haben im 19. und 20. Jahrhundert – das ist nicht zu vergessen – zeitweise ähnliche Verbreitung gefunden wie die Bibel oder der Koran.

„Die Idee des Sozialismus ist gut, aber die Politiker waren unfähig, sie zu verwirklichen." Diese Meinung vertraten im Jahr 1995 79 % der repräsentativ befragten Ostdeutschen. Nur 19 % äußerten sich skeptisch und sahen in der Idee des Sozialismus „ein zum Scheitern verurteiltes System".[3] Für Gegner längst als menschenfeindliche Illusion entlarvt, gilt die politische Utopie Befürwortern weiter als Vorgriff auf eine bessere Welt. In diesem Beitrag soll – in drei Schritten – jene Spur verfolgt werden, die die Gesellschaftsidee bei ihrem Weg von der Utopie in die politische Wirklichkeit deutlich sichtbar hinterlassen hat. Eine richtungsweisende Markierung dafür bietet der Menschenrechtsgedanke, wie er sich in klassischer Gestalt in zwei grundlegenden Erklärungen, der Virginia Bill of Rights von 1776 und der französischen Déclaration von 1789, manifestiert. Beide besitzen fundamentale Übereinstimmungen: Sie verkünden angeborene, vorstaatliche Rechte, deren Geltungsgrund außerhalb des vom Staat gesetzten Rechts liegt.[4]

---

[2] Als „politische Religion" qualifiziert der Philosoph und Staatsrechtler Eric Voegelin politische Heilslehren, die Staat, Rasse oder Klasse mit dem Ziel sakralisieren, ein innerweltliches Paradies zu schaffen; vgl. Voegelin, Eric: Die politischen Religionen, Wien 1938.

[3] Umfrage des Bielefelder Emnid-Instituts, in: Der Spiegel 27/1995, S. 46.

[4] Vgl. zum Ganzen die von mir betreute Studie christlicher Sozialethiker: Vogel, Bernhard (Hrsg.): Im Zentrum: Menschenwürde. Politisches Handeln aus

1. „Karl Marx war ein deutscher Philosoph." – Wissenschaftliche Weltanschauung, geschichtliche Notwendigkeit und die Ablehnung der Menschenrechte

„Karl Marx war ein deutscher Philosoph."[5] Mit diesem Diktum gelingt Leszek Kolakowski eine ungemein pointierte Interpretation. Im Geburtsjahr des Trierer Gesellschaftskritikers 1818 an die Berliner Universität gerufen, erhebt Hegel, der deutsche Meisterdenker, vor einem staunenden Auditorium den Anspruch, die ganze bisherige Geistesgeschichte zu vollenden – und darin folgt ihm Marx nach.

Im Jahr 1843 nach Paris emigriert, zieht Marx in der „Kritik der Hegelschen Rechtsphilosophie. Einleitung" eine erstaunliche Bilanz: „Für Deutschland ist die Kritik der Religion im wesentlichen beendet, und die Kritik der Religion ist die Voraussetzung aller Kritik."[6] Nach Feuerbach erscheint ihm die Aufgabe der Religionskritik im Wesentlichen bewältigt. Aber das noch zu lösende Problem bestehe darin, die primären Ursachen der mit religiösem Glauben angezeigten „Entfremdung" herauszuarbeiten: die Zerrissenheit der Gesellschaft. Denn „dieser Staat, diese Sozietät produzieren die Religion, ein verkehrtes Weltbewußtsein, weil sie eine verkehrte Welt sind."[7] Aber was bedeutet das: „verkehrte Welt"? Wie muss man sich das „verkehrte Bewusstsein" vorstellen? Und auf welchem Weg ist es zu überwinden? Die Antwort des Linkshegelianers erweist sich als verhängnisvolle Weichenstellung. Religion: Das ist für ihn „Opium des Volkes",[8] eine von der Gesellschaft produzierte Droge, die den Willen zur Veränderung auslösche. Aber alles komme darauf an, diese verkehrte Welt zu revolutio-

---

christlicher Verantwortung, Christliche Ethik als Orientierungshilfe, Berlin 2006.

[5] Kolakowski, Leszek: Die Hauptströmungen des Marxismus. Entstehung, Entwicklung, Zerfall, 3 Bände, hier Band II, München, 3. Aufl., 1981, S. 15.

[6] Marx, Karl/Engels, Friedrich: Werke, hrsg. vom Institut für Marxismus-Leninismus beim ZK der SED, Band 1, Berlin, 15. Aufl., 1988, S. 378.

[7] Ebd.

[8] Ebd.

nieren. Das ist geradezu ein moralischer Imperativ für Marx. Das religiöse Vakuum wird von ihm umgehend gefüllt: An die Stelle eines transzendenten Gottes setzt er ein innerweltliches Wissen um das Ziel der Geschichte. Gerät der Einzelne in Konflikt mit dem „historischen Fortschritt", kann er sich – wie der Philosoph in dem ebenfalls 1843 erschienenen Essay „Zur Judenfrage" dekretiert – keineswegs auf etwas „Abstraktes" wie Menschenwürde oder Menschenrechte berufen.

Mit der „Judenfrage" reagiert Marx auf Bruno Bauer. Dieser hatte behauptet, Juden hätten nicht die gleichen Fähigkeiten zur Emanzipation wie ihre protestantischen Mitbürger. Der sozialistische Theoretiker dagegen ist überzeugt: „Das Privilegium des Glaubens ist ein allgemeines Menschenrecht."[9] Er begnügt sich aber nicht damit, Bauer zu widerlegen. Die „Judenfrage" besitzt für ihn keinen eigenständigen Stellenwert. Er benutzt sie jedoch, um die bürgerliche Gesellschaft prinzipiell in Frage zu stellen. Der in den Menschenrechten apostrophierte Mensch sei bloß „eine historisch beschränkte Figur", die letztlich als die des egoistischen Bourgeois dechiffriert werden müsse. Der Rechtsstaat erscheint ihm allein als Mittel zur Emanzipation der Bourgeoisie, nicht aber zur vollen Befreiung jedes Menschen. Wirkliche Emanzipation von Juden – der Menschen überhaupt – sei unter den herrschenden politischen Bedingungen unmöglich. Das kapitalistische System mit seiner Profitmoral erscheint Marx – wie er kaum genießbar formuliert – als Verkörperung des „weltlichen Juden". „Betrachten wir den wirklichen weltlichen Juden, nicht den Sabbatsjuden, wie Bauer es tut, sondern den Alltagsjuden [...] Welches ist der weltliche Grund des Judentums? Das praktische Bedürfnis, der Eigennutz. Welches ist der weltliche Kultus des Juden? Der Schacher. Welches ist sein weltlicher Gott? Das Geld." In heute kaum erträglicher rhetorischer Zuspitzung setzt Marx den egoistischen kapitalistischen Geist mit den Zielen des „weltlichen Juden" gleich. Indem er das Judentum zur Chiffre für bourgeoises Privateigentum erhebt, formuliert er:

---

[9] Ebd., S. 363.

„Die Judenemanzipation in ihrer letzten Bedeutung ist die Emanzipation der Menschheit vom Judentum."[10] Vor dem Hintergrund solch antijudaistisch-apodiktischer Äußerungen bleibt schließlich zu fragen, inwieweit Marx' nie von ihm thematisierte jüdische Prägung die quasireligiöse Attitüde seiner Schriften zu erklären vermag.

Marx übernimmt die Hegelsche Kategorie „bürgerliche Gesellschaft". Diese gilt ihm als zu überwindendes Durchgangsstadium auf dem Weg zu endgültiger Selbstbefreiung. Wie Hegel auf der Suche nach Einheit von Allgemeinem und Besonderem, bestimmt er die Aufhebung gesellschaftlicher Widersprüche jedoch auf andere Weise. „Erst wenn der wirkliche individuelle Mensch den abstrakten Staatsbürger in sich zurücknimmt und als individueller Mensch [...] Gattungswesen geworden ist, erst wenn der Mensch seine ‚forces propres' als gesellschaftliche Kräfte erkannt und organisiert hat und daher die gesellschaftliche Kraft nicht mehr in der Gestalt der politischen Kraft von sich trennt, erst dann ist die menschliche Emanzipation vollbracht."[11] Zu den philosophischen Konsequenzen, die sich aus dieser Voraussetzung ergeben, gehört, dass die Gesellschaft – das Ganze, gegenüber dem Individuum, dem Einzelnen – normative Bedeutung erlangt.

Die Beschreibung einer paradiesischen Welt im „totalen Gegensatz zur bestehenden"[12] entzieht sich klarer Darstellung. Dies führt dazu, dass Marx sich quasitheologisch – via negativa – zumeist damit begnügt, die untergehende kapitalistische Welt in dunklen Tönen zu malen, um die lichte Gestalt der kommunistischen Gesellschaft hervortreten zu lassen. Für das sozialistische Verständnis der Menschenrechte gelte danach: Weil in der klassenlosen Gesellschaft ohne Privateigentum und ohne Staat keine Interessengegensätze mehr existierten, entfallen Konflikte zwischen Besonderem und Allgemeinem. Überzeugt von der völlig neuen Qualität zwischenmenschlicher Be-

---

[10] Ebd., S. 372 f.
[11] Ebd., S. 370.
[12] Ebd., S. 426.

ziehungen, sieht der revolutionäre Denker keine Notwendigkeit, über individuelle Freiheit unter nichtentfremdeten Verhältnissen nachzudenken. Denn individuelle Existenz und gesellschaftliches Wesen würden im Kommunismus zusammenfallen. Daher erscheinen Marx alle Sollensgebote und Wertsetzungen – auch die Achtung des Individuums als Rechtssubjekt mit unantastbarer personaler Würde – völlig überflüssig. Nicht zufällig wurde der Personenbegriff in der DDR als „politisch reaktionär" (vgl. Punkt 3) diffamiert.

Im 1867 publizierten „Kapital" geht es Marx weiter darum, Geschichte „wissenschaftlich" zu analysieren. Endzweck dieses Werkes sei, wie er im Vorwort zur ersten Auflage formuliert, das ökonomische Bewegungsgesetz der modernen Gesellschaft zu enthüllen. Mit diesem autoritativen Anspruch stellt sich Marx in eine zweifache Tradition: in die der Hegelschen Geschichtsphilosophie, die die universale Geistesgeschichte zu begreifen glaubt, und die der exakten Naturwissenschaft. Exemplarisch erhält diese Überzeugung an herausgehobener Stelle ihre Bekräftigung, nämlich in Friedrich Engels' 1883 gehaltenem Nachruf auf den führenden kommunistischen Theoretiker: „Wie Darwin das Gesetz der Entwicklung der organischen Natur, so entdeckte Marx das Entwicklungsgesetz der menschlichen Geschichte."[13]

Für „letzte Fragen", die zuvor von der Religion beantwortet wurden, erklärt Marx die „wissenschaftliche Weltanschauung" zuständig. Sinnfragen werden als politisch lösbare Probleme deklariert: Erlösung von allen Übeln wird nicht mehr vom neuen Himmel und der neuen Erde, sondern von der neuen Gesellschaft und dem neuen Menschen erwartet. Damit wird die mühsam erarbeitete Trennung von Politik und Religion, von Glaube und Wissen rückgängig gemacht. Die christlich-abendländische Scheidung der „geistlichen" und „weltlichen" Gewalt wird – wie Leninismus und Stalinismus später menschenverachtend demonstrieren – aufgehoben. Der totalitär geführte

---

[13] Marx, Karl/Engels, Friedrich: Werke, hrsg. vom Institut für Marxismus-Leninismus beim ZK der SED, Band 19, Berlin, 15. Aufl., 1988, S. 335.

Staat wird zum Alleinherrscher ohne Appellationsinstanz (Menschenrechte). Heilssehnsucht wird politisch pervertiert: mit furchtbaren Konsequenzen für Millionen menschlicher Existenzen.

2. „Wir sagen, dass unsere Sittlichkeit völlig den Interessen des proletarischen Klassenkampfes untergeordnet ist." Zur Exekution der utopischen Gesellschaftsidee in der Sowjetunion

Bereits fünf Jahre nach der deutschen Erstveröffentlichung wird „Das Kapital" 1872 ins Russische übersetzt. Der armdicke Band erscheint den zuständigen Zensoren „viel zu schwierig und abstrus, als daß er staatsgefährdend werden könnte". Daher hält es keiner der beamteten Prüfer für nötig – so der Historiker Orlando Figes – „die Veröffentlichung dieses ‚streng wissenschaftlichen Werks' zu verhindern."[14] Aber Marx' Kapitalismuskritik wird daraufhin – für seinen Verfasser selbst unerwartet – im feudalistischen Zarenreich zum Verkaufsschlager. Figes: „Die ‚wissenschaftliche' Natur der marxistischen Theorie berauschte Rußlands radikale Gemüter, die schon vom Rationalismus und Materialismus der sechziger Jahre durchtränkt waren. Marx' historische Dialektik schien der Gesellschaft das zu bieten, was Darwin der Menschheit geliefert hatte: eine logische Evolutionstheorie. Sie war ‚seriös' und ‚objektiv', ein umfassendes System, das die menschliche Gesellschaft erklären konnte. Und in diesem Sinne war sie eine Antwort auf die urrussische Suche nach einem Wissen, das absolut war."[15]

Das ist der Kontext, in dem die sozialistische Gesellschaftsutopie bei Wladimir Iljitsch Uljanow oder Lenin wirksam wird. Der durch das marxsche Denken verschlossene Zugang zu ei-

---

[14] Figes, Orlando: Die Tragödie eines Volkes. Die Epoche der russischen Revolution 1891–1924, Berlin 2008 (Originalausgabe: A people's tragedy. The russian revolution 1891–1924, London 1996), S. 152.
[15] Figes: Die Tragödie eines Volkes, S. 153.

nem philosophischen Konzept von Menschenwürde und Personalität zeigt bei dem Jurastudenten und Anwalt Folgen. Als Führer der Bolschewiki ist Lenin bereit, die absolutistische Heilslehre mit rücksichtsloser Inhumanität durchzusetzen.

Der millionenfache Mord, der in der Ära Lenins und Stalins in der Sowjetunion verübt wird, ist kein Rückfall in kulturlose Vorzeit; er lässt sich nicht allein auf die „kriminellen Energien" einzelner Führer reduzieren. Vielmehr erweist sich hier, welch zerstörerisches Potenzial politische Religion freizusetzen vermag: Die „Utopie der Säuberung" – so ein authentischer kommunistischer Begriff – gehört dabei zentral zum neuen immanenten Glaubensbekenntnis. Brutale Gewaltausübung ist darum keineswegs Ausdruck heißer Leidenschaft, sondern kalte Exekution einer Logik der „Säuberung". „Das Vokabular des Marxismus und der politischen Ökonomie des Kapitals verwandelte sich über weite Strecken der bolschewistischen Propaganda in eine regelrechte ‚Dämonologie‘." Im Jahr 1917, so Gerd Koenen in seiner Studie „Utopie der Säuberung. Was war der Kommunismus?", verfasste Lenin kurz nach der Machtergreifung ein internes Memorandum, „das offenbar der Erziehung der eigenen Kader dienen sollte und von Stalin erst zehn Jahre später, am Vorabend der Kollektivierung publiziert wurde. Darin forderte Lenin mit gewollt brutaler Deutlichkeit ‚die Säuberung der russischen Erde von allem Ungeziefer‘." Angefangen damit, dass man „an einem Ort" zehn Reiche ins Gefängnis stecken solle bis zu der Empfehlung: „An einem vierten Ort wird man einen von zehn, die sich des Parasitentums schuldig machen, auf der Stelle erschießen." Koenen: „Man bemerkt die Logik der Steigerung des Terrors auf einer Skala, die nach oben hin offen war."[16]

„An den schlimmsten Exzessen aus den schlimmsten Jahren des Stalinismus gibt es absolut nichts", urteilt Kolakowski, „was sich nicht mit den Leninschen Grundsätzen rechtfertigen ließe, wenn man nur zeigen kann, daß die Sowjetmacht da-

---

[16] Koenen, Gerd: Utopie der Säuberung. Was war der Kommunismus?, Berlin 1998, S. 63 ff.

durch gestärkt wurde."[17] Trotzdem bleibt die Frage virulent, warum totale Diktatur und fortgesetzter Terror in der Bevölkerung nur verhaltenen Widerstand fanden. Das extreme Maß der Hinnahme ist nicht allein durch Opportunismus und Angst zu erklären. Politische Religion, so die hier explizierte These, ist ein wesentlicher Stabilitätsfaktor stalinistischer Systeme. Dieser Erklärungsansatz macht verständlich, warum es hochgebildete „Parteigläubige" gab, die sich politisches Denken und Handeln wie Unmündige vorschreiben ließen. Dabei manifestiert sich jenes Defizit, das aus einer nicht vollzogenen Trennung von Glaube und Wissen resultiert und menschliche Heilssehnsucht politisch pervertiert.

Der Despot Stalin hat den roten Terror keineswegs erfunden, sondern von Lenin übernommen; er hat die eliminatorischen Züge des Bolschewismus systematisiert und den Missbrauch menschlicher Glaubensbereitschaft ins Gigantische gesteigert. „Wie konnte all das geschehen?", fragt Jahrzehnte später der Schriftsteller Lew Kopelew stellvertretend für seine Generation in dem autobiographischen Band „Und schuf mir einen Götzen". Noch im Jahr 1932 requiriert der gläubige Kommunist Lebensmittel an der ukrainischen „Getreidefront", obwohl Hungersnot längst um sich greift. Kurz darauf fallen dem „großen Hunger" (Голодомор) weit über vier Millionen Ukrainer, darunter ungezählte Kinder, zum Opfer. Kopelews Antwort auf die Frage seiner Mitschuld am „Holodomor" fällt ganz persönlich aus, weist aber über individuelles Handeln weit hinaus. Der Autor beschreibt, wie ihn ein blinder Parteiglaube antreibt, den unmenschlichen Auftrag kalt und gefühllos zu exekutieren: „Damals glaubte ich unverbrüchlich an die Notwendigkeit der ‚sozialistischen Umwandlung des Dorfes' [...] glaubte, wir würden ein in der Geschichte der Menschheit noch nicht dagewesenes gerechtes System schaffen, das allen Menschen ohne Ausnahme Frieden, Freiheit und alles Glück der Erde brächte."[18]

---

[17] Kolakowski: Die Hauptströmungen des Marxismus, S. 573.
[18] Kopelew, Lew: Und schuf mir einen Götzen. Lehrjahre eines Kommunisten, Göttingen 1996, S. 338 f.

Der redivinisierte Staat ist auch für den ukrainischen Komsomolzen Stepan Podlubnyj – sein Tagebuch ist erst in den 1990er-Jahren publiziert worden – eine quasigöttliche Größe, über die hinaus nicht gedacht werden kann. Unter dem Datum 14.8.1933 notiert er als Zeuge der rücksichtslosen Zwangskollektivierung Stalins: „Es herrscht dort eine unglaubliche Hungersnot. Die Hälfte der Leute ist verhungert. Jetzt ißt man dort gekochte Rübenschalen. Es gibt massenhaft Fälle von Kannibalismus [...]. Ich weiß nicht, warum, aber ich habe überhaupt kein Mitgefühl dafür. So muß es sein, damit die bäuerliche kleinbürgerliche Psychologie leichter zur von uns benötigten proletarischen umerzogen wird. Und die, die verhungern – sollen sie ruhig. Wenn sich schon einer nicht gegen den Hungertod verteidigen kann, bedeutet das, er ist willensschwach. Was kann so einer schon der Gesellschaft geben?"[19]

Keinesfalls zufällig bildet auch für Lenin die von Hegel inspirierte dialektische Methode ein unverzichtbares Instrumentarium.[20] Das lässt sich an den 1914/15 entstandenen „Philosophischen Heften" ablesen. In diesen Notizen nimmt die Auseinandersetzung mit dem Meisterdenker einen zentralen Platz ein. Fasziniert vom Anspruch objektiver Natur- und Geschichtserkenntnis, betrachtet der radikale Berufsrevolutionär seine Lektüre als Schlüssel zu totaler Welterkenntnis. „Im Kapital", formuliert der ideologische Kämpfer, „werden auf eine Wissenschaft Logik, Dialektik und Erkenntnistheorie (man braucht keine 3 Worte: das ist ein und dasselbe) des Materialismus angewandt, der alles Wertvolle von Hegel übernommen und dieses Wertvolle weiterentwickelt hat."[21]

Nach erfolgreicher Revolution wird die orthodoxe Kirche

---

[19] Tagebuch aus Moskau 1931–1939, aus dem Russischen übersetzt und hrsg. von Jochen Hellbeck, München 1996, S. 112.

[20] Vgl. Brose, Thomas: Menschenwürde und Staatstheorie: Zur Auseinandersetzung mit Hegels „Rechtsphilosophie", in: Umstrittene Menschenwürde. Beiträge zur ethischen Debatte der Gegenwart, hrsg. von Thomas Brose und Matthias Lutz-Bachmann, Berlin 1994, S. 69–100.

[21] Lenin, Wladimir Iljitsch: Philosophische Hefte, in: Werke, Band 38, Berlin, 7. Aufl., 1981, S. 316.

mit offenem Terror bekämpft. Religiöse Ersatzfunktionen werden immer stärker von der kommunistischen Ideologie übernommen (Feiertage, Ikonen, gebetsartige Anrufungen). Als sittlich gilt gemäß Lenins Dialektik alles, was dem großen Ziel des Kommunismus dient. Konkret: Was immer die Sowjetmacht fordert, lässt sich moralisch rechtfertigen. Unmissverständlich erklärt der Parteiführer 1920: „Wir sagen, daß unsere Sittlichkeit völlig den Interessen des proletarischen Klassenkampfes untergeordnet ist." Als moralisch gut erscheint ihm alles, „was der Zerstörung der alten Ausbeutergesellschaft und dem Zusammenschluß aller Werktätigen um das Proletariat dient, das eine neue, die kommunistische Gesellschaft aufbaut."[22]

Wird eine solche Moralauffassung zum sittlichen Fundament eines Staates erhoben, ist die Unverletzlichkeit menschlicher Personen nicht mehr zu rechtfertigen. Individuelle Rechte können – nach der jeweils von der Parteiführung eingeschätzten Notwendigkeit des dialektisch verlaufenden Geschichtsprozesses – gewährt und verweigert werden. Für den Einzelnen gibt es gemäß dieser Maxime gegenüber dem absoluten Staat und seiner paradiesischen Zielsetzung keinerlei Möglichkeit, die Gewährleistung unveräußerlicher Rechte einzuklagen. Der Bürger gilt nicht als Rechtssubjekt. Wo aber das irdische Paradies verkündet wird, ist, wie Alexander Solschenizyn zu zeigen vermag, die Hölle nicht weit. Dem Prozess der totalen „Säuberung", „der bewussten und gewollten Annihilation",[23] setzt der religiöse Autor im „Archipel GULag" darum den literarischen Versuch entgegen, die Namen ungezählter Opfer nicht der Vergessenheit preiszugeben: „All jenen gewidmet, die nicht genug Leben hatten, um dies zu erzählen."[24]

Denissowitsch „schlief ein, restlos zufrieden. Der Tag war für ihn heute sehr erfolgreich verlaufen: Er war dem Arrest ent-

---

[22] Lenin, Wladimir Iljitsch: Die Aufgaben der Jugendverbände, in: Werke, Band 31, Berlin, 7. Aufl., 1978, S. 281 ff.

[23] Maier, Hans: Das Doppelgesicht des Religiösen. Religion – Gewalt – Politik, Freiburg 2004, S. 47.

[24] Solschenizyn, Alexander: Der Archipel GULag 1918–1956. Versuch einer künstlerischen Bewältigung, München 1973, S. 6.

gangen, [...] mittags hatte er sich einen Extrabrei organisiert". Solschenizyns Helden glückt an diesem einen Tag im Lager fast alles: Sogar zusätzlichen Tabak weiß er sich zu besorgen.[25] Nachdem es dem späteren Nobelpreisträger unter Chrustschow gelungen war, seinen „Iwan Denissowitsch" 1962 in einer angesehenen Literaturzeitschrift zu publizieren, erfolgte ein ungeheurer Durchbruch. Die Erzählung, die den Alltag eines Häftlings wie beiläufig beschreibt, trifft ins Herz der sowjetischen Gesellschaft; sie führt zur ersten öffentlichen Auseinandersetzung mit dem Stalinismus. Solschenizyn gelingt es, den Verstummten eine Stimme zu geben. Damit wird plötzlich ein humaner Raum eröffnet, in dem sich – wie mit Emmanuel Levinas hier nur anzudeuten – „Menschwerdung" ereignet. Namenlose „Verbrecher" und „Volksschädlinge" werden plötzlich als Nachbarn und Nächste erkannt. Wie Levinas, der in der Tradition der Hebräischen Bibel steht, zeigt, ist es das „Antlitz des Anderen", das unmittelbar spricht: in seiner Schutzlosigkeit, seinem Unbedecktsein, seiner Blöße und seinem Blick. Es macht aus anonymen Wesen Mitmenschen. „Die Infragestellung meiner Selbst durch den Anderen macht mich dem Anderen in unvergleichlicher und einziger Weise solidarisch."[26]

Gegenüber absolutistischen Herrschaftsformen stellt das Leninistische Staatsmodell eine drastische Verschärfung dar: Dort war der Machtanspruch nicht totalitär, denn der Bereich des Politischen war begrenzt; die Gesellschaft wurde nicht zum Objekt staatlicher Politisierung. Unter sowjetischen Bedingungen dagegen übersteigt die Ideologisierung jedes Maß. Verlangt wird jetzt völlige Zustimmung zu quasireligiösen Glaubensformeln und totale Mobilisierung für das „Wohl des Volkes". Das von Marx prognostizierte „Absterben" wird negiert durch die unerhörte Machtsteigerung eines redivinisierten Staates.

---

[25] Solschenizyn, Alexander: Ein Tag im Leben des Iwan Denissowitsch, Augsburg 2005, S. 160.
[26] Levinas, Emmanuel: Die Spur des Anderen. Untersuchungen zur Phänomenologie und Seinsphilosophie, Freiburg/München 1983, S. 224 f.

3. Der beste Staat der deutschen Geschichte: Die delegitimierte Gesellschaftsutopie in der DDR

Die DDR verstand sich selbst als besten Staat der deutschen Geschichte, als Verkörperung einer ganz neuen historischen Epoche. Auch das „sozialistische Recht" sei daher „gegenüber dem bürgerlichen Recht ein qualitativ neuer, höherer Rechtstyp", weil diese Art von Recht „der Schaffung einer ausbeutungsfreien sozialistischen und später kommunistischen Gesellschaft dient; weil es die menschliche Persönlichkeit nicht deformiert, sondern allseitig entwickeln hilft."[27] Ausdruck dieses Selbstverständnisses ist die strikte Ablehnung der Kennzeichnung des Menschen als „Person" zugunsten von (sozialistischer) „Persönlichkeit". Das ist kein Streit um bloße Worte. Vielmehr heißt es im parteioffiziellen „Philosophischen Wörterbuch" zum Personenbegriff: „Für das Verständnis der marxistisch-leninistischen Auffassung vom Wesen der Persönlichkeit ist die ganze bisherige Deutungsweise der Person ungeeignet." Er erweise sich sogar als „wissenschaftlich nicht haltbar und politisch reaktionär", sofern er „eine abstrakte Natur des Menschen, ein abstraktes Vernunftwesen zur Ausgangsbasis hat und die Individuen als isoliert, von der Gesellschaft losgelöst" auffasst.[28]

Negiert wird damit die in der christlich-abendländischen Tradition gemachte Entdeckung des Menschen als Rechtssubjekt. „Person" steht für individuelles Schutzrecht gegenüber staatlicher Verfügungsgewalt. Jede Person ist Träger unveräußerlicher Menschenrechte, deren Geltungsgrund außerhalb des vom Staat gesetzten Rechts liegt. Demgegenüber steht „Persönlichkeit" für die primäre Bestimmung des Menschen als gesellschaftliches Wesen. Hilfe zur allseitigen Entwicklung der Persönlichkeit bedeutet danach: Formung gemäß staatlichen Vorgaben.

---

[27] Wörterbuch zum sozialistischen Staat, hrsg. von der Akademie für Staats- und Rechtswissenschaft der DDR, Art. „Recht", Berlin 1974, S. 304.
[28] Klaus, Georg/Buhr, Manfred (Hrsg.): Philosophisches Wörterbuch, 2 Bände, hier Band 2, Leipzig, 12. Aufl., 1976, Art. „Person", Sp. 920b.

„Nach zwei Millionen Jahren Vorbereitungszeit", argumentiert Jürgen Kuczynski, der „Nestor" der Gesellschaftswissenschaften in der DDR, „wurden in der Großen sozialistischen Oktoberrevolution die ersten Spatenstiche zum Bau einer solchen [kommunistischen – T.B.] Gesellschaft getan [...]. Nicht darauf kommt es an, ob es hundert oder fünfhundert Jahre noch dauern wird, bis das Gesetz sich voll erfüllt hat, daß jeder Einzelne das wird, was er ist, sondern darauf, daß wir auf dem richtigen Weg sind, eine Gesellschaft zu schaffen, in der jeder all seine Fähigkeiten voll entfalten kann."[29] Die geschichtsphilosophische Dogmatik, mit der Kuczynski seine Glaubenssätze noch Jahre nach der Unterzeichnung der Schlussakte von Helsinki verbreitet, erschreckt. Für einmalige Menschen ist es ganz und gar nicht belanglos, Durchgangsstadium eines nach Jahrhunderten zählenden Prozesses zu sein und die eigene unwiederholbare Existenz auf dem Altar des Fortschritts aufzuopfern. Hier wird eine Spur sichtbar, die sich – über Lenin und Marx – bis hin zur Hegelschen Geschichtsphilosophie zurückverfolgen lässt: Denn die Idee, so Hegel, bezahle den „Tribut des Daseyns und der Vergänglichkeit nicht aus sich, sondern aus den Leidenschaften der Individuen."[30]

Die Unterschrift unter dem deutsch-deutschen Grundlagenvertrag von 1972, die Aufnahme in die UNO im Jahr 1973 sowie die Ratifizierung der KSZE-Schlussakte von Helsinki 1975 brachten die SED-Machthaber in eine Zwangslage. Einerseits wollte das „bessere Deutschland" – gemessen an internationalen Menschenrechtsstandards – Reputation gewinnen, andererseits durfte innenpolitisch keine Lockerung zugelassen werden. Daher erschien es z. B. opportun, Ausreisen per Visum oder auf Antrag als Ventil zu benutzen und Freizügigkeit vorzutäuschen. Allerdings hatte die Führung eines dabei nicht genügend einkalkuliert: die subversive Kraft des Men-

---

[29] Kuczynski, Jürgen: Menschenrechte und Klassenrechte, Berlin 1978, S. 165.
[30] Hegel, Georg Wilhelm Friedrich: Vorlesungen über die Philosophie der Geschichte, in: Jubiläumsausgabe in 20 Bänden, hier Band 11, hrsg. von Hermann Glockner, Stuttgart 1928, S. 63.

schenrechtsgedankens. Wer daher den abrupten Machtverfall des DDR-Regimes analysiert, hat einen schleichenden Delegitimierungsprozess einzukalkulieren. Hinter der sozialistischen Fassade zerfiel die ideologische Substanz. Und es waren nicht zuletzt die Kirchen, die dazu beitrugen, das politische System als totalitären Religionsersatz durchschaubar zu machen.

Der revolutionäre Leipziger Durchbruch vom 9. Oktober 1989 verdeutlicht: Die Denkfigur angeborener, unveräußerlicher, durch staatliches Gesetz nicht antastbarer Rechte und Freiheiten demonstrierte ihre weltstürzende und geschichtsmächtige Potenz. Die schlagende Losung „Wir sind das Volk" ist als Synonym für die Forderung nach Abdankung des vormundschaftlichen Regimes und Gewährung demokratischer Grundrechte zu interpretieren. Der Zusammenhang zwischen Missachtung von Menschenrechten und dem Entzug der Existenzberechtigung erscheint im Fall DDR evident. „Menschenrecht" erweist sich damit erneut als ein jedes positive Recht transzendierender Maßstab.

„Die innere Logik einer Gesellschaftsidee, die die Rolle des Individuums niedriger veranschlagt als das Gemeinwohl eines abstrakten Menschheitsbegriffs, treibt zur Inhumanität."[31] Diese selbstkritische Aussage des einstigen Politbüromitglieds Günter Schabowski führt ins Zentrum der Diskussion um „politische Heilslehre und bedrohtes Menschenrecht". Marx' praxissüchtige Utopie des Überflüssigwerdens von (Menschen)Recht, Staat und letztlich Politik scheitert furchtbar an der condition humaine. Ein fruchtbares Scheitern wird daraus, wenn die Unheilsgeschichte seiner großen, quasireligiösen Erzählung Ernst genommen wird. Denn wie die jüngsten Ergebnisse der Studie „Soziales Paradies oder Stasi-Staat" unterstreichen, bleibt weiterhin eine Hypothek abzutragen: Der Abschied vom irdischen Paradies fällt – zumal in atheistisch geprägten Landschaften – äußerst schwer.

Weltvergessenen Ferndiagnosen müssen darum konturenreiche Nahaufnahmen entgegengesetzt werden. Ideologisch

---

[31] Schabowski, Günter: Auszugsweise Dokumentation seiner Erklärung vor dem Berliner Landgericht, in: Berliner Tagesspiegel, 29.2.1996, S. 5.

verbrämte Menschenrechtsverletzungen sind im schulischen Unterricht zu benennen, um fortwirkende Deformierungen zu erkennen. Das gilt z. B. in Hinblick auf den planmäßigen Einsatz von Sozialtechniken und psychologischem Wissen, um Kinder in der DDR für geheimdienstliche Tätigkeit anzuwerben oder Andersdenkende zu „zersetzen".[32]

Auseinandersetzung darf nicht nach dem Muster von Entlastung und Immunisierung geschehen: Fehlentwicklungen, ja Entartungen seien zuzugeben, die große Gesellschaftsidee als solche aber bleibe davon unberührt. Diese Argumentationsfigur ist längst durchschaut. Wer sich auf eine unangreifbare Utopie zurückzieht, hat aus blutiger Diktaturgeschichte nichts gelernt. Die Behauptung, der reale Sozialismus sei in Wirklichkeit gar keiner gewesen, wird aus der Perspektive der Opfer entkräftet. Darüber hinaus ist zu fragen, was – etwa im Religionsunterricht – getan werden kann, um durch den Bezug zu transzendenter Wirklichkeit vor „Diesseitsvertröstung" zu schützen. Das aber ist bereits Stoff für weitere Diskussionen.

---

[32] Vgl. Behnke, Klaus/Fuchs, Jürgen (Hrsg.): Zersetzung der Seele. Psychologie und Psychiatrie im Dienste der Stasi, Berlin, 2. Aufl., 1995.

Ist die Aufklärung Religion geworden?

Implikationen der Regensburger Rede Papst Benedikts XVI. *

Reinhold Esterbauer

Viele heutige Zeitdiagnostiker sind sich nicht mehr so sicher, dass Religion vollständig aufgeklärt werden kann. So spricht etwa Jürgen Habermas von einer „postsäkularen Gesellschaft", die sich auf das „Fortbestehen religiöser Gemeinschaften in einer sich fortwährend säkularisierenden Umgebung" einstellen müssen wird.[1] Fragt man nach Gründen für die Resistenz des Christentums gegenüber seiner völligen Aufklärung, so findet man beim derzeitigen Papst eine provokante These. Sie lautet: Im Christentum ist Aufklärung Religion geworden.

Im Folgenden möchte ich fragen, inwieweit sich diese Auffassung halten lässt angesichts postmoderner Aufsplitterung der Vernunft, in Anbetracht der Eigenständigkeit des Glaubens gegenüber der Vernunft und im Hinblick auf die Individualisierung heutiger religiöser Praxis. Abgeschlossen werden die Überlegungen mit der Frage nach den Konsequenzen einer solchen Position für den Versuch, der heutigen Korrosion des Christlichen gegenzusteuern.

---

* Der vorliegende Text ist die Kurzfassung eine Aufsatzes, der von der „Freiburger Zeitschrift für Philosophie und Theologie" für 2008 zur Publikation angenommen wurde.
[1] Habermas, Jürgen: Glauben und Wissen. Friedenspreis des Deutschen Buchhandels 2001. Laudatio: Jan Philipp Reemtsma (Sonderdruck), Frankfurt a. M. 2001, S. 13.

1. Einheit der Vernunft

Beobachtet man die Resonanzen, die die Regensburger Vorlesung von Papst Benedikt XVI. ausgelöst hat, so fällt auf,
dass Stellungnahmen, die Religionsgemeinschaften gegen Vor-
würfe des Papstes zu verteidigen suchen, meist auf den Vernunftbegriff rekurrieren. Das ist weiter nicht erstaunlich, stellt
doch der Papst das Verhältnis von Glaube und Vernunft in das
Zentrum seiner Überlegungen. Sein Kriterium für die Bewer-
tung einer Religion ist ein Zitat von Manuel II. Palaiologos,
wonach nicht vernunftgemäß zu handeln dem Wesen Gottes
zuwider sei: „[...] τὸ μὴ σύν λόγῳ ποιεῖν ἀλλότριον Θεοῦ /
[...] unvernünftiges Handeln [ist] Gott fremd [...]."[2]

Mithilfe dieser Stelle machte der Papst in seiner Vorlesung
die Vernunft zum Kriterium für die Qualität religiösen Handelns. Interessanterweise haben die Kritikerinnen und Kritiker
diese These so gut wie gar nicht in Frage gestellt, sondern haben defensiv versucht, die eigene Glaubensgemeinschaft als
Gruppierung zu erweisen, die diesem Vernunftkriterium entspricht. Auslöser für Anfragen war sowohl für Vertreter des Is-

---

[2] Manuel II.: Dialoge, VII, 1.6 (zit. nach: Manuel II. Palaiologos: Dialoge mit
einem Muslim. Kommentierte griechisch-deutsche Textausgabe von Karl Förstel. Band 1 [CIsC.G 4], Würzburg/Altenberge 1993). Zur Datierung des Textes
und zum Verhältnis von Wirklichkeit und literarischer Fiktion siehe die von
Karl Förstel verfasste Einleitung zu dieser Ausgabe, bes. S. XII–XXXI. Benedikt XVI. gibt den deutschen Text so wieder: „[...] und nicht vernunftgemäß –
nicht ‚σύν λόγῳ‘ – zu handeln, ist dem Wesen Gottes zuwider." Die Regensburger Vorlesung zitiere ich nach der folgenden Print-Ausgabe: Benedikt XVI.:
Glaube und Vernunft. Die Regensburger Vorlesung. Vollständige Ausgabe.
Kommentiert von Gesine Schwan, Adel Theodor Khoury und Karl Kardinal
Lehmann, Freiburg i.Br. 2006. Auf die Textänderungen zwischen dem Vortrag
vom 12.9.2006 und dem revidierten Text vom 11.10.2006 auf der Vatikan-
Homepage www.vatican.va/holy_father/benedict_xvi/speeches/2006/septem
ber/documents/hf_ben-xvi_spe_20060912_university-regensburg_ge.html,
Stand: 2.11.2006, bzw. der Printversion von Anfang Dezember 2006 gehe ich
nicht näher ein. Die späteren Versionen enthalten einige Verdeutlichungen im
Haupttext und darüber hinaus die kommentierenden Fußnoten, die Benedikt
XVI. nach den Protesten angefügt hat. Im Folgenden gebe ich die Textstellen
mit der Sigle GV und Seitenzahl an.

lam als auch des Protestantismus, dass der Papst ihre Religionsgemeinschaften bezichtigt hat, diesem Vernunftkriterium nicht in gleicher Weise entsprochen zu haben oder zu entsprechen wie seine eigene Kirche.

Ein wichtiger Streitpunkt in Bezug auf die Regensburger Rede lässt sich folglich vor allem an der Frage festmachen, welche historisch greifbare Ausgestaltung des Vernunftbegriffs den Kern des Christentums ausmache und ob eine solche Konzeption historisch relativ sei oder nicht. Benedikt XVI. greift diesbezüglich auf Positionen zurück, die sich jahrzehntelang durch seine Stellungnahmen zum Verhältnis von Glaube und Vernunft gezogen haben. Beispielsweise behauptet er schon 1959 in seiner Bonner Antrittsvorlesung, dass „die philosophische Wahrheit in einem gewissen Sinn konstitutiv mit in den christlichen Glauben hineingehör[e]"[3] und dass „die Aneignung des philosophischen Gottesbegriffs" durch die Väter „wesensnotwendig"[4] gewesen sei. Während er 1959 mit der Formulierung „in einem gewissen Sinn" und mit der Meinung, dass die erwähnte Aneignung „nicht immer kritisch genug erfolgte", noch vorsichtig formulierte, schrieb er beispielsweise 1983 weniger behutsam: „Das Christentum ist […] die in Jesus Christus vermittelte Synthese zwischen dem Glauben Israels und dem griechischen Geist."[5] Fast 20 Jahre später vertritt Ratzinger mit Berufung auf Justin den Märtyrer, dass das Christentum die zur Wahrheit gelangte Philosophie[6] repräsentiere und dass im Christentum „Aufklärung Religion geworden und nicht

---

[3] Ratzinger, Josef: Der Gott des Glaubens und der Gott der Philosophen. Ein Beitrag zum Problem der theologia naturalis, hrsg. und mit einem Vorwort versehen von Heino Sonnemans, Leutesdorf, 2. Aufl., 2005, S. 29.

[4] Ratzinger: Gott des Glaubens, S. 34.

[5] Ratzinger, Joseph: Europa – verpflichtendes Erbe für die Christen, in: Europa. Horizonte der Hoffnung, hrsg. von Franz König und Karl Rahner, Graz 1983, S. 61–74, hier S. 68.

[6] Vgl. Ratzinger, Joseph: Der angezweifelte Wahrheitsanspruch. Die Krise des Christentums am Beginn des dritten Jahrtausends, in: Flores d'Arcais, Paolo / Ratzinger, Joseph: Gibt es Gott? Wahrheit, Glaube, Atheismus, Berlin, 2. Aufl., 2006, S. 7–18, hier S. 10. Dieser Aufsatz erschien erstmals 2000.

mehr ihr Gegenspieler"[7] sei. Mit dieser Definition des Christentums wird eine bestimmte historische Gestalt seiner Entfaltung als seine genuine Form vorgestellt, hinter die nicht zurückzugehen ist und die sich nur als so konstituierte wandeln kann.

Diese Haltung wird auch im Statement des damaligen Präfekten der Glaubenskongregation anlässlich der Debatte mit Jürgen Habermas 2004 in München greifbar, wenn er von einer „notwendige[n] Korrelationalität von Vernunft und Glaube, Vernunft und Religion" spricht, die zu „gegenseitiger Reinigung und Heilung" führen könne.[8] Und schließlich heißt es auch in der Regensburger Rede in gleichem Duktus: „[...] die Grundentscheidungen, die [...] den Zusammenhang des Glaubens mit dem Suchen der menschlichen Vernunft betreffen, [...] gehören zu diesem Glauben selbst und sind seine ihm gemäße Entfaltung." (GV 28 f.)

Naheliegenderweise war die Kritik an solchen Positionen nicht nur der Vorwurf der „Halbierung des Geistes des Christentums"[9] von Johann Baptist Metz, der meinte, Vernunft sei kein Privileg Griechenlands, sondern auch ein Erbe aus dem Judentum, sondern auch derjenige der falsch verstandenen Hellenisierung. Wenn man nämlich daran geht, eine Wesensdefinition des Christentums zu geben, läuft man Gefahr, eine Bestimmung zu fixieren, die geschichtslos ist und daher nicht bloß den Anstrich einer platonischen Hinterwelt an sich hat, sondern mit der man auch Inkulturationsformen diskreditiert, die ohne die griechische Begrifflichkeit auskommen möchten. Die Hellenisierung des Christentums wird damit zur unhinter-

---

[7] Ratzinger: Wahrheitsanspruch, S. 9.

[8] Ratzinger, Joseph: Was die Welt zusammenhält. Vorpolitische moralische Grundlagen eines freiheitlichen Staates, in: Habermas, Jürgen / Ratzinger, Joseph: Dialektik der Säkularisierung. Über Vernunft und Religion, mit einem Vorwort von Florian Schuller, Freiburg i. Br., 2. Aufl., 2005, S. 39–60, hier S. 56 f.

[9] Vgl. Metz, Johann Baptist: Anamnetische Vernunft. Anmerkungen eines Theologen zur Krise der Geisteswissenschaften, in: Zwischenbetrachtungen. Im Prozess der Aufklärung, Jürgen Habermas zum 60. Geburtstag, hrsg. von Axel Honneth u. a., Frankfurt a. M. 1989, S. 733–738, hier S. 734.

gehbaren Voraussetzung für jede Inkulturation gemacht. Das bedeutet weiterhin, dass man eine bestimmte Form geschichtlicher Ausprägung zur übergeschichtlichen Norm erhebt, an der sich jede andere Ausformung des Christentums auszurichten hat.

Diese Konzeption hat den Münchener protestantischen Theologen Friedrich Wilhelm Graf dazu bewogen, dem Papst die Ablehnung „alle[r] Konzepte der Theologie als historischer Kulturwissenschaft des Christentums" vorzuwerfen. Stattdessen sei es Benedikt XVI. darum zu tun, eine „theologia perennis" in der Form „metaphysische[r] Theologie" zu etablieren und exklusiv als einzig zureichende Weise, Theologie zu treiben, in den Vordergrund zu rücken – ein für Graf zu „steile[r] Anspruch".[10]

Mehr noch als die Kritik Grafs ist die Stellungnahme des Ratsvorsitzenden der Evangelischen Kirche in Deutschland (EKD), Bischof Wolfgang Huber, davon geprägt, für den Protestantismus diejenige Vernunft zu reklamieren, die der Papst diesem abspricht, insofern er drei Enthellenisierungswellen anführt, von denen er zwei dem Protestantismus zuschreibt. Zum einen sieht Benedikt XVI. in Martin Luthers Sola-Scriptura-Prinzip eine Abwertung der Vernunft, insofern die Reformatoren gemeint hätten, damit den ursprünglichen biblischen Glauben jenseits aller Metaphysik gewinnen zu können (vgl. GV 23 f.). Zum anderen habe die liberale Theologie des 19. und 20. Jahrhunderts die zweite Enthellenisierungswelle gebracht. So habe Adolf von Harnack zwar das Christentum „mit der modernen Vernunft in Einklang" zu bringen versucht, in der Tradition der kantischen Selbstbeschränkung der Vernunft aber die Gottesfrage als „unwissenschaftliche oder vorwissenschaftliche Frage erscheinen lassen" (GV 27).

Bischof Huber ist es nicht vornehmlich darum zu tun, in seiner Konfession alternative Vernunftformen aufzuweisen, sondern zu zeigen, dass im Gegensatz zur Meinung des Papstes

---

[10] Graf, Friedrich Wilhelm: Eine Wissenschaft, die sich für das Ganze zuständig weiß, in: Süddeutsche Zeitung, 6.12.2006, S. 16.

für den Protestantismus sehr wohl die Verknüpfung von Glaube und Vernunft in Anspruch zu nehmen sei. Huber stellt lapidar fest: „Die Verbindung von Glaube und Vernunft gehört zu den bestimmenden Merkmalen des Protestantismus"[11] und sieht den Grund dafür im Glauben selbst gegeben.

Die Rationalität des eigenen Glaubens wurde nach den Anfragen des Papstes naturgemäß auch in der Erklärung vom 12.10.2006 zum Thema gemacht, die muslimische Gelehrte weltweit unterzeichnet haben. Zwar geht es darin nicht primär um diesen Aspekt der Regensburger Vorlesung, doch ist ein Kapitel dem „Gebrauch der Vernunft" im Islam gewidmet. Es wird festgestellt, dass es „im islamischen Denken die Trennung zwischen ‚Vernunft' auf der einen Seite und ‚Glauben' auf der anderen Seite in dieser Form"[12] nicht gebe. Doch wird nicht behauptet, dass der Islam widervernünftig sei, sondern vielmehr die besondere Einheit zwischen Offenbarung und Vernunft hervorgehoben, wenn es heißt: „In den ausgereiftesten Hauptrichtungen der islamischen Gesteswissenschaft [sic!] gelang es den Muslimen über Jahrhunderte hinweg, die Wahrheiten der koranischen Offenbarung und die Ansprüche menschlicher Vernunft miteinander in Einklang zu bringen, ohne daß sie das eine dem anderen geopfert hätten."[13] Es widersprächen sich Glaube und Vernunft also nicht, sondern sie seien im Islam integriert.

Bemerkenswert an den vorgestellten Stimmen ist eine defensive Haltung, mit der betont wird, dass die eigene Religion oder Konfession in der Hochschätzung der Vernunft keinesfalls dem Katholizismus hinterherhinke, sondern möglicherweise sogar die bessere Vernunft-Religion sei. Vernunft hoch zu schätzen gilt sogar innerhalb der Religionen bzw. Konfessionen

---

[11] Huber, Wolfgang: Glaube und Vernunft, in: FAZ, 31.10.2006, www.faz.net/s/RubBF7CD2794CEC4B87B47C719A68C59339/Doc~E596A7F190C45474888EE866EC632BA47~ATpl~Ecommon~Scontent.html, Stand: 14.12.2006.

[12] Offener Brief an Seine Heiligkeit, Papst Benedikt XVI., in: Islamica Magazine 18/2006, Kapitel „Der Gebrauch der Vernunft", www.islamicamagazine.com/online-analysis/open-letter-to-his-holiness-pope-benedict-xvi.html, Stand: 13.12.2006.

[13] Offener Brief, Kapitel „Der Gebrauch der Vernunft".

als ein Wert, dessen Inanspruchnahme die Vernunftkritik in den Hintergrund treten lässt. Damit beugen sich die Kritiker der Richtschnur, die der Papst vorgelegt hat, und versuchen zu zeigen, dass die eigene Religion bzw. Konfession diesem Kriterium völlig entspreche, stellen den Maßstab selbst aber nicht in Frage. Dies ist umso bemerkenswerter, als in Zeiten der Moderne-Kritik auch die Vernunft nicht ungeschoren davongekommen ist, vornehmlich ihre Universalität. Postmoderne Vernunftkonzeptionen werden offenbar von offizieller Seite nicht wirklich ernst genommen.

2. Aufklärung als Religion

Die Anfragen, die die Papst-Kritiker vor dem Horizont allgemeiner Hochschätzung der Vernunft aufwerfen, machen allerdings eine andere Vernunft geltend als die, die der Papst propagiert. Die Differenzierungen liegen auf der Ebene geschichtlicher Wandelbarkeit und der Frage nach unterschiedlichen Dimensionen der *einen* Vernunft. Im Kontext der Regensburger Rede führt das dazu, dass die Exklusivität des Rationalitätskonzeptes der griechischen Antike in Frage gestellt wird. Schon Metz bringt eine synchrone Pluralität ins Spiel, die zwar nicht unterschiedliche „Vernünfte" identifizieren möchte, aber mehrere Konstitutionsmomente für die eine christliche Vernunft geltend macht. Damit ist noch nicht die Veränderbarkeit einer einheitlichen Vernunft durch die Geschichte angesprochen, sondern der vorgängige Prozess der Einswerdung einer Vernunft, die schließlich einer Religion ihr Gepräge gegeben hat. Im Unterschied zu Benedikt wird dieser Konstitutionsvorgang nicht mehr als Verschmelzung des einen Glaubens mit der einen Vernunft angesetzt, sondern als Homogenisierung mehrerer Vernunftmomente mit dem Glauben.

Wendet man die Frage der Pluralisierung von der synchronen in die diachrone Perspektive, trifft man den Mainstream der Kritik an der Papstrede. Benedikts Meinung, dass die Aufklärung dem Christentum im Grunde genommen nichts anhaben könne, weil im Christentum Aufklärung Religion geworden sei, wie es im zitierten Aufsatz aus dem Jahr 2000 heißt, bestimmt auch den Inhalt der Vorlesung in der Regensburger Universität. Wenn das Christentum nach Benedikt XVI. die griechische Aufklärung so in sich integriert hat, dass diese zu seinem Wesensmoment geworden ist, und wenn deshalb die Aufklärung des 17. und 18. Jahrhunderts im Christentum nicht ihre Gegnerin, sondern ihre Entsprechung gefunden hat, wird nicht nur das Christentum als Wesensbegriff angesetzt, sondern auch die Aufklärung. Genauso wenig wie es demnach eine Entwicklung des Christentums geben kann, vermag sich Aufklärung zu wandeln. Die konkrete geschichtliche Ausfaltung ist Änderung nur an der Peripherie eines eigentlich unveränderbaren Kerns. Mir scheint, dass Benedikts Wesensbestimmung des Christentums deshalb nicht nur eine starke heilsgeschichtliche, sondern auch eine manifeste geistesgeschichtliche These impliziert, nämlich darüber, was Aufklärung war und ist. Wegen seiner „Option für den Primat der Vernunft" bleibt das Christentum für den Papst „auch heute Aufklärung".[14] Mit einer solchen Position ist der Anspruch verbunden, dass das Christentum sogar die Aufklärung gegen Vernunftkritik hochhalten müsse; und zugleich kann der Papst behaupten, dass die „Selbstkritik der modernen Vernunft […] ganz und gar nicht die Auffassung ein[schließe], man müsse nun wieder hinter die Aufklärung zurückgehen und die Einsichten der Moderne verabschieden" (GV 29). Vielmehr stellt er das Christentum als Religion der Zukunft vor, die die Aufklärung in sich aufgehoben hat und daher dem aktuellen Vernunftverständnis entspricht.

Umgekehrt weist die Kritik an der Position des Papstes naturgemäß darauf hin, dass die Aufklärung nur in ihrem starken antiklerikalen und antichristlichen Bestreben richtig verstanden werden könne, insofern die Vernunft sich gegen den Glauben stellen musste. „Dabei bereitete gerade die Trennung von Religion und Vernunft und die strikte Abgrenzung ihrer

---

[14] Ratzinger: Wahrheitsanspruch, S. 17.

Geltungsbereiche" – so Oliver vom Hove – „der friedfertigen Zivilisation, wie wir sie kennen, den europäischen Boden."[15] Für die Gegner erscheint der Versuch des Papstes, das Christentum als Religion gewordene Aufklärung zu stilisieren, eine Immunisierungsstrategie, mit der der historische Konflikt neutralisiert werden soll, um für das Christentum eine Zukunftsperspektive in einer aufgeklärten europäischen Gesellschaft möglich zu machen.

3. Ausdifferenzierung und Individualisierung des Religiösen

Die Reaktionen auf die Regensburger Rede des Papstes sind nicht bei der Kritik an Benedikt XVI. stehen geblieben. Vielmehr gibt es neben der Verteidigung[16] des Inhaltes der Vorlesung auch Kritik an der Kritik. Kardinal Walter Kasper befasst sich mit der protestantischen Diskussion und fragt verwundert, warum man bei der Darstellung der eigenen Hochschätzung der Vernunft weder auf Luther noch auf Barth rekurriere, sondern sich an deren Stelle auf Friedrich Schleiermacher und Adolf von Harnack berufe. Für Kardinal Kasper ist es „offensichtlich, daß mit der Berufung auf Schleiermacher und mit der Ehrenrettung von Harnack im gegenwärtigen Protestantismus eine Weichenstellung"[17] geschehe. Mit Bezug auf diese Autoren stelle man die „evangelische Kirche als Kirche der Freiheit" dar und mache „Individualität, Innerlichkeit, Freiheit, Gewissen zu den entscheidenden Kennzeichen des protestantischen Profils", woraus „sich wiederum dessen innere Nähe zur aufgeklärten modernen Welt und ihrem Frei-

---

[15] Siehe Vom Hove, Oliver: Krampf der Kulturen, in: Die Presse/Spectrum, 7.10.2006, S. VIII.

[16] Vgl. beispielsweise Splett, Jörg: Glaube und Vernunft. Zur Regensburger Rede Papst Benedikts XVI., in: Internationale Katholische Zeitschrift 36/2007, S. 524–536.

[17] Kasper, Walter: Glaube und Vernunft. Zur protestantischen Diskussion um die Regensburger Vorlesung von Papst Benedikt XVI, in: Stimmen der Zeit 225/2007, S. 219–228, hier S. 220.

heitspathos" ergebe.[18] Darin liege allerdings eine „immanente Gefahr", die Schleiermacher selbst bemerkt habe, nicht aber seine Nachfolger, nämlich „die Gefahr der Zersplitterung bis hin zur Selbstauflösung".[19]

Kasper sieht in der Programmatik des Papstes, die er näher an Luther selbst als an den von seinen Gesprächspartnern Bischof Wolfgang Huber, Friedrich Wilhelm Graf und Wilhelm Gräb[20] favorisierten Theologen Schleiermacher und von Harnack verortet wissen möchte, den Versuch, vor der Gefahr überbetonter Individualisierung zu warnen. Er meint, dass der Papst die Schwierigkeit jeder Theologie anspreche, die anstelle der Metaphysik die Anthropologie als primäre philosophische Bezugsdisziplin für die Theologie festlege, nämlich die Relativierung und Vergeschichtlichung des Glaubensfundaments. Mit seinem Festhalten an der Metaphysik kann der Papst nach Kasper – anders als der neue protestantische Individualismus und auf katholischer Seite Rahner, der diese Wende auch mitgemacht habe – den Boden für eine Kritik an der aktuellen Wissenschaft gewinnen, die sich auf empirische Verifizierbarkeit oder Falsifizierbarkeit beschränkt.[21]

Ich denke, dass Kaspers Verteidigung des Papstes eine Schwierigkeit sichtbar macht, die nicht nur den Papst pointiert Stellung beziehen lassen hat, sondern auch ein Problem berührt, das sich nicht nur einem Papst, dessen Amt auch das der Vermittlung der Einheit der Kirche ist, besonders aufdrängt. Es ist dies die Frage, wie sich die Einheit in der Vielfalt zeigen kann und inwieweit die Subjektivierung des Religiösen, wie sie in westlichen Gesellschaften voranschreitet, mit einer allgemeinen Glaubenslehre noch vereinbar ist. Der Papst möchte die Ausdifferenzierung nicht praktisch, sondern theoretisch unterfangen

---

[18] Kasper: Glaube und Vernunft, S. 221.
[19] Ebd.
[20] Vgl. neben den schon angeführten Beiträgen von Huber und Graf: Gräb, Wilhelm: Selbst denken nicht möglich. Der Papst nimmt die Vernunft für die katholische Kirche in Anspruch: Eine protestantische Gegenrede, in: Zeitzeichen 12/2006, S. 53–55.
[21] Vgl. Kasper: Glaube und Vernunft, S. 225.

und durch das Fundieren des Differenten in übergeschichtlicher Wahrheit – sowohl mit Bezug auf geschichtliche Veränderung als auch hinsichtlich individueller Unterschiedenheit – prinzipiell bannen. Paradoxerweise soll dieser Versuch allerdings dem Christentum wieder Geschichte eröffnen, nämlich Zukunft. Vergangenheit wird mit metaphysischen Fundierungen neutralisiert als etwas, das im Vergleich zum Ursprung keine wirkliche Erneuerung zu bringen vermochte.

Abgesehen von der damit einhergehenden Verharmlosung eigener historischer Schuld und abgesehen von der Neutralisierung gefährlicher Erinnerung im Sinne anamnetischer Vernunft zeigt sich auch Zukunft in besonderer Gestalt: Sie unterscheidet sich nicht wesentlich vom Ursprung und verliert dadurch – theologisch gesehen – eschatologische Radikalität. Nicht nur ihr utopisches Moment wird unterbestimmt, sondern auch die Hoffnung auf Erlösung des Negativen verharmlost. Benedikt XVI. propagiert indirekt eine Vernunfteschatologie, die wegen des metaphysischen Charakters der Vernunft einer Vernunftprotologie sehr ähnlich ist. Heilsgeschichtlich ausgerichtete Theologie ist damit wesentlich zurückgenommen.

Die Frage, die der Papst wieder aufwirft, ist diese: Gibt es das authentisch Christliche durch die Geschichte hindurch? Anders formuliert: Ist das Konstante einzig die Veränderung selbst? Oder ist von einem bleibenden Gehalt auszugehen, der sich womöglich unterschiedlich zeigt, aber gerade weil die geschichtliche Ausformung kontingent bleiben muss, auf ein Übergeschichtliches verweist? Die Antworten Benedikts sind eindeutig und lassen sich durch das folgende Motiv charakterisieren: Der Papst scheut einen Kulturkatholizismus. Anders als Karl Barth setzt er freilich nicht das im Glauben zugesprochene Wort dagegen, sondern die christlich gewordene Metaphysik. So problematisch diese Position heute ist – sie hat doch eine Stärke, nämlich die Möglichkeit der Kultur- und Gegenwartskritik. Diese hat aber eine bestimmte Form und ist insofern stark eingeschränkt, als sie sich nicht als allgemeine Vernunftkritik artikulieren kann, die aus dem Glauben stammt, weil dieser der Vernunft nicht wirklich gegenübersteht. Daher ist sie auch in Bezug auf die Dialektik der Aufklärung verhalten. Die Gegenwartskritik bleibt auf das Kriterium eingeengt, nach dem das Auseinanderdriften von Glaube und Vernunft widernatürlich sei, verliert jedoch die Eigenständigkeit des Glaubens gegenüber der Vernunft.

4. Probleme

Mit seiner Rede in Regensburg hat der Papst neben anderen die folgenden, wie mir scheint, aktuellen Fragenkomplexe zur Diskussion gestellt und darauf eine Antwort versucht: Zum einen geht es ihm darum, eine Lösung für das Problem vorzuschlagen, wie man der Korrosion des authentisch Christlichen gegensteuern könnte. Ich hoffe, gezeigt zu haben, wie schwer dies heute durch den Rückgriff auf eine idealtypische Form des Christentums ist, dessen Verformungen als historische Verfehlungen dieses Ideals dargestellt werden, das seinerseits mit *einer* konkreten Ausgestaltung des Christentums in der Geschichte gleichgesetzt wird. Derzeit steht man vor der Schwierigkeit, wie eine solche Vermittlung zwischen heutigem Glaubens- und Vernunftverständnis aussehen könnte. Erschwert wird ein derartiger Versuch noch dadurch, dass die Christentumsgeschichte durch die vom Papst erwähnten Enthellenisierungswellen davon immer weiter weggeführt hat. So sehr der Papst eine theoretische Lösung des Problems über die Betonung der Philosophie forciert, so muss doch klar sein, dass die Weise philosophischen Denkens, die er favorisiert, heute nur von einer kleinen Minderheit akzeptiert wird, also eine neuerliche Verknüpfung von Glaube und so verstandener Philosophie derzeit keine Aussicht hat, eine universale Einheit zwischen Glaube und Philosophie zu erreichen. Dagegen scheint mir derzeit der Fokus auf einer bestimmten einheitlichen Praxis zu liegen, oder man gibt vereinheitlichende Ansprüche überhaupt auf.

Das zweite Problem ist eines, dem sich auch Jürgen Habermas widmet und das mit der Kritik an den Ausführungen des Papstes nicht aus der Welt geschafft ist. Es geht, um mit Habermas zu sprechen, um die Frage, „wie sich die moderne Vernunft, die sich von Metaphysik verabschiedet hat, im Verhältnis zur Religion verstehen soll"[22]. Im Unterschied zu Benedikt XVI., der auf die Renaissance der Metaphysik in der Gegenwart setzt, hält Habermas diese Form, philosophisch zu denken, für vergangen und möchte wissen, ob bzw. inwiefern ein Verhältnis zwischen der nachmetaphysischen Philosophie und der christlichen Religion möglich sei.[23]

Habermas fragt zwar aus der Perspektive einer modernen philosophischen Strömung, die ihrerseits mit den postmodernen Ansätzen nichts anfangen kann. Aber er stellt das Selbstverständnis der Philosophie in ihrer Relation zum Glauben in Frage, zeigt also Interesse an der Religion. Ohne Habermas das Wort reden zu wollen, dessen Konzeption zum Teil Religionen funktional unterbestimmt, möchte ich seine Frage – mutatis mutandis – aus der Perspektive gegenwärtigen Glaubens wiederholen. Dann geht es nicht mehr darum, „wie sich die moderne Vernunft, die sich von Metaphysik verabschiedet hat, im Verhältnis zur Religion verstehen soll", sondern um das Selbstverständnis des Christentums in seinem Bezug zur Situation heutiger Philosophie. Die neue Frage lautet: Wie soll sich gegenwärtiges Christentum im Verhältnis zu moderner Vernunft verstehen, die sich von Metaphysik verabschiedet hat? Diese Frage stellt Benedikt XVI. nicht, weil er nicht annimmt, dass gegenwärtige Philosophie wirklich postmetaphysisch sei, und weil er meint, gegenwärtigem Denken Metaphysik wieder zumuten zu können.

Das dritte Problem, das der Papst anspricht, ist die Frage nach der Weite der Vernunft angesichts ihrer naturwissenschaftlichen Selbstbeschränkung auf das empirisch Nachweisbare. Anders als Wilhelm Gräb, der die Kritik des Papstes an der „neuzeitliche[n] Selbstbeschränkung der Vernunft" (GV

---

[22] Habermas, Jürgen: Ein Bewusstsein von dem, was fehlt. Über Glauben und Wissen und den Defaitismus der modernen Vernunft, in: NZZ online, 10.2.2007, www.nzz.ch/2007/02/10/li/articleEVB7X.print.html, Stand: 16.11.2007.
[23] Vgl. ebd.

25) als Hinweis darauf wertet, dass das „römische Christentum […] mit der Wissenschaft und der modernen Kultur unverträglich [sei]"[24], halte ich die diesbezüglichen Äußerungen des Papstes für eine wichtige Gegenwartskritik. Wenn – wie Benedikt XVI. meint – die Konzeption heutiger Wissenschaftsrationalität zum einen die mathesis universalis platonisch unterstellt, Verifikation und Falsifikation zu alleinigen Kriterien der Gewissheit macht und die Funktionalisierung der Natur hochhält, wird nicht nur die Gottesfrage eine „unwissenschaftliche oder vorwissenschaftliche Frage" (GV 27). Es wird zugleich der Mensch selbst „verkürzt" (GV 27). Davon geben heute nicht nur einige neurowissenschaftliche Leugner der Freiheit oder des Selbstbewusstseins Zeugnis, sondern auch jene Versuche, die dem Menschen seine Sonderstellung absprechen, indem sie ihn zum Tier oder gar zur Maschine degradieren. Demgegenüber plädiert der Papst für eine „Ausweitung unseres Vernunftbegriffs und -gebrauchs" (vgl. GV 30).

Benedikt rührt an dem heute allgemeinen Konsens, „nach welchem die Rationalität auf die Verfahren der (Natur-)Wissenschaften monopolistisch fixiert ist und all das, was darüber hinausgeht, der Privatheit und den naturwüchsigen Fluktuationen der Mentalität überlassen bleibt"[25]. Das Abdrängen theologischer und anthropologischer Fragen in das bloß Subjektive bzw. die Aberkennung von deren Realitätsgehalt, weil sie nicht eindeutig lösbar sind, macht die Frage nach wissenschaftlichen Rationalitätsstandards aktuell.

Mit einer solchen Haltung verkürzt man nämlich Wirklichkeit und blendet wichtige Dimensionen aus, die vorschnell als irrational abgeschrieben werden. Darin besteht nicht nur die Gefahr, dass solche Bereiche schnell ideologisch besetzt werden können, sondern liegt auch die Schwierigkeit, dass

---

[24] Gräb: Selbst denken nicht möglich, S. 54.
[25] Schönberger, Rolf: Weite der Vernunft. Philosophische Reflexionen über die Grenzverläufe der Vernunft, in: Die „Regensburger Vorlesung" Papst Benedikts XVI. im Dialog der Wissenschaften, hrsg. von Christoph Dohmen, Regensburg 2007, S. 131–142, hier S. 132.

man selbst humane Errungenschaften der Säkularisierung wie die allgemeinen Menschenrechte allzu leicht in Frage stellt; man denke diesbezüglich nur an manche biopolitischen Bestrebungen. Mir scheint die Forderung des Papstes, den Vernunftbegriff aus seiner gegenwärtigen Einengung herauszuführen, eine notwendige Kritik an der aktuellen Wissenschafts- und Technikgläubigkeit zu sein.

Doch ob die Grundlegung seiner Forderung allein in derjenigen Konzeption von Wissenschaft möglich ist, wie sie ihm vorschwebt, erscheint mir fraglich. Benedikt behauptet nämlich, dass wir die Bedrohungen, die sich aus der gegenwärtigen Situation der Einengung von Rationalität ergeben, „nur" dann bewältigen können, „wenn Vernunft und Glaube auf neue Weise zueinanderfinden" (GV 29). Vielleicht genügt es, dass der Versuch, die Weite der Vernunft wiederzugewinnen, allein aus humanitären Gründen angezeigt ist; oder es rebelliert schon der säkulare Mensch gegen seine Naturalisierung und wehrt sich gegen reduktionistische Verkürzungen – ganz ohne religiösen Impetus.

Weder naturalistische Engführungen noch vorschnelle religiöse Festlegungen sollten besonnener wissenschaftlicher und politischer Eigenanstrengung Abbruch tun. Es ist nämlich keine unwesentliche Aufgabe heutiger Meinungsbildung, auf die Offenheit des Vernunftdiskurses zu achten, und zwar nicht nur um Gottes, sondern auch um des Menschen willen. Freilich impliziert eine solche Haltung den Blick über die eigene Tradition hinaus, den Respekt vor den Nachbarreligionen und -konfessionen sowie das Sich-Einlassen auf die Naturwissenschaften, auch wenn sich hier, besonders für die christliche Positionen, „ein weites Feld der Widerstände"[26] auftut.

---

[26] Schwan, Gesine: „Mut zur Weite der Vernunft." Braucht Wissenschaft Religion?, in: Benedikt XVI.: Glaube und Vernunft. Die Regensburger Vorlesung. Vollständige Ausgabe. Kommentiert von Gesine Schwan, Adel Theodor Khoury und Karl Kardinal Lehmann, Freiburg i.Br. 2006, S. 33–75, hier S. 75.

Autorenverzeichnis

Anselm, Reiner, Prof. Dr.
Ordinarius für Theologische Ethik an der Universität Göttingen, Geschäftsführer des Zentrums für Religion, Wirtschaft und Politik an der Universität Zürich

Böhr, Christoph, MdL, Dr.
Mitglied des Landtags Rheinland-Pfalz, Trier, Lehrbeauftragter an der Universität Düsseldorf

Brose, Thomas, Dr.
Religionsphilosoph und Theologe, Mitglied der Europäischen Akademie der Wissenschaften und Künste, Lehrbeauftragter an der TU Dresden

Christophersen, Alf, PD Dr.
Wissenschaftlicher Oberassistent am Lehrstuhl für Systematische Theologie und Ethik der Ludwig-Maximilians-Universität München

Esterbauer, Reinhold, Prof. Dr. Dr.
Leiter des Instituts für Philosophie an der Katholisch-Theologischen Fakultät der Universität Graz

Herold, Gerhart, Dr.
Referent für theologische Projekte der Evangelisch-Lutherischen Kirche in Bayern, München

Hildmann, Philipp W., Dr.
Referent der Akademie für Politik und Zeitgeschehen der Hanns-Seidel-Stiftung, Lehrbeauftragter an der Universität Eichstätt

Kissler, Alexander, Dr.
Kulturjournalist, München (www.alexander-kissler.de)

Kreiner, Armin, Prof. Dr.
Ordinarius für Fundamentaltheologie an der Katholisch-Theologischen Fakultät der Ludwig-Maximilians-Universität München

Lill, Rudolf, Prof. Dr.
Professor em. für Neuere und Neueste Geschichte an der Universität Karlsruhe, Köln

Ockenfels, OP, Wolfgang, Prof. Dr. Dr.
Ordinarius für Christliche Sozialwissenschaften an der Theologischen Fakultät der Universität Trier

Rauscher, SJ, Anton, Prof. Dr. Dr. h.c. mult.
Direktor der Katholischen Sozialwissenschaftlichen Zentralstelle, Mönchengladbach

Schieder, Rolf, Prof. Dr.
Ordinarius für Praktische Theologie und Religionspädagogik, Sprecher des Forschungsbereichs Religion und Politik, Humboldt-Universität zu Berlin

Schweidler, Walter, Prof. Dr.
Ordinarius für Philosophie an der Ruhr-Universität Bochum

Spaemann, Robert, Prof. Dr. Dr. h.c. mult.
Professor em. für Philosophie an der Ludwig-Maximilians-Universität München, Stuttgart

Zehetmair, Hans, Dr. h.c. mult.
Staatsminister a.D., Vorsitzender der Hanns-Seidel-Stiftung, München